上海市人民政府
发展研究中心系列报告

周振华 肖林 权衡 等 / 著

供给侧结构性改革与宏观调控创新

中国经济分析
2015—2016

2015—2016
ANALYSIS
OF CHINA'S ECONOMY

格致出版社 上海人民出版社

前　言

　　中国经济体制改革与经济发展已经走过了30多个年头。回首凝眸，筚路蓝缕，逸态横生；抬首远瞻，椎轮大辂，大成有望。在中国经济发展正处在重要的转型发展的关键阶段，面对发展的实践和经验，面对全面深化改革的战略部署，也面对一系列新的矛盾和问题，对我们经济理论工作者来说，也提出了不可推卸的历史责任，即要求我们面对新的形势、新的问题，提供新的研究成果，作出我们的新贡献。其中最重要的任务，就是如何站在中国学者独特的地位上，对中国体制改革和经济发展的历程及其面临的各种问题作出全面、系统而客观的理论与经验实证的分析，揭示改革与发展的内在规律性要求，比较准确地把握经济发展趋势，为社会各界的经济决策及其科学发展提供有价值的参考意见。组织经济学界的同仁们共同撰写《中国经济分析》系列研究报告，就是我们在这种历史要求下尝试作出努力的一种方式。

　　《中国经济分析》系列研究报告的组织撰写工作，已有20多个年头。从1992年始，我们已陆续出版了《走向市场》(1978—1993)、《企业改制》(1994)、《地区发展》(1995)、《增长转型》(1996)、《结构调整》(1997—1998)、《金融改造》(1999)、《挑战过剩》(2000)、《收入分配》(2001—2002)、《政府选择》(2004—2005)、《外部冲击与经济波动》(2008—2009)、《经济复苏与战略调整》(2009—2010)、《复苏调整中的双重压力：预防滞胀》(2010—2011)、《危机中的增长转型：新格局与新路径》(2011—2012)、《新机遇·新风险·新选择》(2012—2013)、《新改革·新开放·新红利》(2013—2014)、《走向新常态的战略布局：新增长、新结构、新动力》(2014—2015)。

2015—2016年度《中国经济分析》主题为"供给侧结构性改革与宏观调控创新",把供给侧结构性改革作为宏观调控创新发展的新转折、新变化加以分析和描述,其撰写仍按原有风格,保持这一系列研究报告的特点:

1. 着重对与整个国民经济有关的全局性、宏观性问题从各个角度进行分析。每一辑《中国经济分析》都有一个特定的主题,但对每一个主题都是从整个国民经济全局的角度加以考察;若集中论述某一部门或经济某一方面的发展,也是从它对宏观经济的影响以及整个经济与这一部门的关系方面加以分析。

2. 侧重于对经济发展过程的体制因素和体制变革问题的分析,并通过对此分析来进一步阐述经济发展中的技术进步和结构变化等。我们相信,即使在目前阶段,体制机制仍然是中国经济发展中更为基本的、决定技术进步和结构调整的因素。因此,我们希望自己的研究成果首先能为中国正在继续深化着的体制改革和经济发展服务。

3. 以对事实的实证分析为主,主要是向人们提供对引起经济问题的各种原因及其相互关系的科学解释,而不是以"政策建议"为取向。尽管我们也会从问题分析中引出一些"政策含义",并就一些问题提出对策建议,但基本上也只是一种"思路",而不是技术上的具体化的政策设计。我们认为,学者的主要任务是进行"分析"和提供"思路",为实际工作者(包括政府决策者和公司决策者)提供参考;后者利用这些"分析"和"思路",结合现实中的实际情况和当时各自面临的各种(利益)矛盾,才能最终作出具有现实可行性的具体对策。

4. 为社会各界提供客观而独立的分析,而不仅仅是一种现行政策的"解读"。由于政府是宏观经济政策的决策者和执行者,是中国经济体制改革的主要推动者之一,因此我们关于宏观经济问题、体制变革问题的分析,将首先可以为政府决策部门所利用。但是,第一,由于我们并不把"政府"本身看成理论上的那种超越一切利益矛盾、只是为最大化"社会福利"而工作的"社会计划者",因此我们把政府也作为一个特殊的、外在的分析对象,研究政府行为本身以及政府行为中所体现的各种社会矛盾,供社会各界参考。第二,由于我们是站在学者的角度观察和思考问题,可能较少考察更多的现实约束条件,一些对策思路和政策建议也许并不具有更多的可操作性。第三,本书只是学者的分析,而不代表政府及其机构的观点。

由于每一辑《中国经济分析》都有一个特定的主题,因此根据不同主题所涉及的专业要求,其撰写者时有变动,但每部书的基调和风格是一致的,整套丛书是前后连贯的。而且,每一部专著都会在以前研究的基础上有更深入的分析和新的发挥。最新奉献给读者的这本书,无论在分析方法和研究深度上都会有一些进步。希望读者给予支持和帮助,我们会继续努力,把《中国经济分析》系列研究越搞越好。

目 录

0 导论 供给侧结构性改革与宏观调控新思路 /001

0.1 供给侧结构性改革:理论定位 /001

0.2 应对经济下行和长期增长:供给侧结构性改革与宏观调控
创新 /003

0.3 宏观调控新思路:走向供给侧结构性改革和长期均衡增长 /007

0.4 经济新常态下的宏观调控:新方向和新实践 /009

0.5 本书的主题与分析结论 /015

1 全球和中国经济发展:新趋势和新动力 /021

1.1 2015 年全球经济增长的主要问题 /021

1.2 2016 年全球经济增长:脆弱复苏,持续分化 /026

1.3 国际金融:货币周期分化,或触发新的金融风险 /031

1.4 世界贸易:低速运行,大宗商品价格或见底 /036

1.5 全球投资:总体趋缓,中国贡献增多 /038

1.6 2016 年 G20 峰会杭州议程展望:防范新兴经济体金融风险 /040

1.7 中国经济增长新趋势:短期下探、供需两端发力助推长期
向好 /042

1.8 经济体制改革新形势:外逼内引,深化改革进一步释放制度
红利 /047

1.9 对外开放新形势:互利共赢中构建开放型经济 /048

1.10 本章小结 /050

2 中国货币流动性问题:金融监管亟待创新 /052

2.1 流动性进入与产业结构性改革 /053

2.2 金融新业态与金融监管创新 /057

2.3 国家信息安全层面上金融技术监管创新 /058

2.4 人民币贬值预期对资本项目监管的考验 /062

2.5 本章小结 /064

3 中国产能过剩与短缺并存:结构性改革新思路 /066

3.1 新常态下中国产能过剩与短缺并存的新特点 /066

3.2 产能过剩现状与判断 /075

3.3 产能过剩与短缺并存的原因 /082

3.4 新常态下优化结构与平衡供需的政策建议 /089

3.5 本章小结 /095

4 供给侧与需求侧的协同运用:宏观政策组合新思路 /097

4.1 供给侧经济学的来龙去脉及政策要点 /097

4.2 提升要素效率的供给侧结构性改革重点 /102

4.3 发掘需求侧的投资新潜力 /110

4.4 "补短板"是供给侧与需求侧动态平衡政策的精髓 /115

4.5 本章小结 /123

5 中国经济高债务问题:潜在风险及其应对策略 /124

5.1 中国债务的规模与结构 /124

5.2 中国债务对经济增长的影响 /134

5.3 中国应对高债务及其潜在风险的策略 /143

5.4 本章小结 /147

6　消费结构升级与潜在需求增长:新供给与新需求创造　/149

6.1　消费理论嬗变及其对中国的适用性　/149

6.2　中国消费结构变迁与升级实证分析　/154

6.3　互联网时代中国消费结构升级新趋势　/160

6.4　供给侧改革与启动新消费的政策建议　/163

6.5　本章小结　/167

7　新常态下房地产投资:从稳投资到稳增长的新思路　/169

7.1　房地产投资如何驱动经济增长　/169

7.2　房地产投资的困惑　/174

7.3　培育新常态特征的投资市场　/180

7.4　投资主体的创新是重要保障　/184

7.5　构建"稳投资"到"稳增长"的传导机制　/187

7.6　本章小结　/190

8　环保投资与中国经济增长:供给侧创新与新增长空间　/191

8.1　环保投资及环保产业发展的新机遇　/191

8.2　中国环保投资的现状与潜力　/195

8.3　中国环保投资新盈利模式与经济增长新潜力　/207

8.4　中国环保产业的发展前景　/212

8.5　本章小结　/215

9　对外开放新环境与中国经济增长:新规则和新动力重塑　/217

9.1　TPP 对中国投资贸易的转移效应及其应对　/217

9.2 "一带一路"为中国经济稳定增长提供新动力 ／222

9.3 本章小结 ／229

参考文献 ／230

后记 ／234

0 导论 供给侧结构性改革与宏观调控新思路

中国经济正在进入新常态。作为经济新常态下的一种新思维,中央提出了"供给侧结构性改革"这个重大理论和实践创新问题。根据中央有关权威人士的说法,供给侧结构性改革主要是指,"从国情出发,不妨用'供给侧+结构性+改革'这样一个公式来理解,即从提高供给质量出发,用改革的办法推进结构调整,矫正要素配置扭曲,扩大有效供给,提高供给结构对需求变化的适应性和灵活性,提高全要素生产率,更好满足广大人民群众的需要,促进经济社会持续健康发展"。这个重大的政策和实践创新,本身意味着中国经济新常态下宏观调控思路的创新,而且,这种创新本身在短期内具有应对经济下行的积极意义,长期内也具有重塑经济增长的内生动力的意义。

0.1 供给侧结构性改革:理论定位

在中国经济全面深化改革和创新转型发展的关键时期,我们提出供给侧结构性改革,同样具有很强的经济学发展的理论逻辑和中国特色的实践意义。

如何正确理解中国供给侧结构性改革,作出一个既符合中国特色社会主义政治经济学的理论逻辑,又能够符合中国特色市场经济发展实践要求的解释,显然是一个亟待解决和富有创新意义的任务。结合经济学供给分析、需求分析以及二者之间内在关系的分析逻辑和中国发展的特色和实践,我们认为,中国供给侧结构性改革至少应当有如下几点丰富的实践发展内涵和理论创新价值:

首先,从"供给侧分析"来看,提出了中国经济亟待解决的一个要害和实质问题,即供给侧的生产效率和经济增长效率问题。众所周知,20世纪80年代新增长理论与以往建立在边际报酬递减规律基础上的新古典增长理论即"旧增长理论"的不同之处，就在于强调决定经济长期增长的生产函数中的知识、技术等要素具有收益递增的特征，从而内生于劳动力要素、资本要素和土地要素，强调提升这些要素的生产效率，改变长期增长中的边际报酬递减趋势，强调通过知识、技术等要素创新，实现边际报酬递增型的新增长模式。今天，中国经济从增长意义上来说，所谓的创新驱动增长，本质上就是要实现收益递增型的新增长。因此，强调供给侧改革，就是必须高度重视传统三大要素即劳动力生产率、资本生产率和土地要素生产率的提高；高度重视并培育企业家创新精神及其内生的创新动力机制；高度重视创新机制推动的一系列"创新活动"，提升产品质量和环境质量，提高经济增长的效益。因此，中国特色的供给侧分析框架，需要解决的核心问题就是经济增长的效率、质量和效益问题。毫无疑问，所谓"提高供给侧质量体系"，理所当然也就成为供给侧结构性改革的首要任务。

其次，从"结构性调整"分析来看，中国经济亟需解决结构性矛盾和问题。当今，中国经济正在经历"经济增速下滑、工业品价格下降、实体企业盈利下降、财政收入增幅下滑、经济风险上升"即"四降一升"的背景和问题。之所以出现目前的"四降一升"，根本原因在于结构性产能过剩，结构性供给过剩与结构性需求不足并存，总体上供过于求，导致价格下降，企业投资预期收益下降，因此即使在银行利率和准备金率下调的情况下，企业投资意愿仍然不足，这就造成投资需求"断崖式下降"。所以，中国提出供给侧结构性改革，核心的问题就是加快结构调整，包括供需结构匹配、企业结构合理化、产业结构升级、全球价值链分工提升等。为此，必须通过完成"去产能、去库存、去杠杆、降成本、补短板"等任务，为经济"消肿"，为增长"减负"，从根本上解决中国经济供给侧的结构性问题，消除无效供给，提升有效供给，引致有效需求。当然，在去产能等一系列结构性调整过程中，必然会出现企业"关停并转"等短期阵痛，市场出清过程中也必然会出现经济下行和失业加剧等问题，这个时候加强适当的需求管理政策，包括运用积极的财政政策和灵活稳健的货币政策也是不可缺少的。正是从这个意义上说，中国供给侧的结构性调整的本质不是在"供给"或者"需求"之间进行简单选择的问题，而是需要从供需两端发力，在推进结构性调整过程中，保持经济稳定增长。

第三，从"改革"分析来看，中国经济仍然面临一系列亟待全面深化改革的重大任务和现实紧迫性。所谓的供给侧和结构性问题，本质上是一个资源配置问题。从新古典经济学供求分析框架来说，结构问题是假定不会出现的，因为市场机制与微观企业会自动通过供求机制和价格机制引导资源配置，实现市场出清。但是，这个分析逻辑的前提条件是必须有一个完善的市场机制，包括完善的商品市场机制和要素市场体系。显然，中国社会主义市场经济体制仍然不够完善，市场化改革尤其是要素市场化程度仍然十分滞后，许多市场化改革的任务尚未真正完成。也正因为如此，市场配置资源就无法形成市场出清机制，大量的领域和环节仍然存在资源错配的问题；所谓的"结构性过剩和结构性短缺并存"的结构性困境和问题，本质上就是资源错配的结果。因此，从这一点来说，"供给侧结构性改革"重点还是在"改革"也即"全面深化改革"上，即通过构建统一有效、竞争有序的要素市场体系，真正实现市场化配置资源；通过转变政府职能，进一步简政放权，为企业减负；通过进一步双向开放的战略，构建开放型经济新体系，以开放倒逼改革，最终构建公平竞争的国际化营商环境，形成有利于创新驱动发展的环境和内在动力。

因此，我们认为，中国供给侧结构性改革本身包含了"供给侧管理""结构性调整"和"深化改革"这样三层含义，而且这三者之间相互联系，互为一体，共同构成了新常态下未来中国经济改革和发展的大逻辑。在这个大逻辑中，供给侧是着力点，结构性调整是着重点，全面改革是关键。只有通过全面深化改革，才能真正解决结构性问题，从而才能优化供给侧的体系和质量，最终也才能够确保需求管理政策的有效性。因此，供给侧结构性改革是短期调整与长期增长的有机统一，是体制改革与结构升级的有机统一，也是供给管理与需求管理的有机统一。

0.2 应对经济下行和长期增长：供给侧结构性改革与宏观调控创新

面对 2015 年中国经济下行压力的进一步加大，究竟是继续出台"刺激经济"的政策确保经济短期增长，还是通过深化改革，调整结构，促进转型，保持经济长期稳定增长？显然，宏观调控又一次站在了十字路口。在我们看来，无论是"软着陆""硬着陆""强刺激""微刺激"或者是"调结构，促转型"，中国宏观调控的模式亟待改革和创新。[①]

首先，传统宏观调控方式的后遗症日渐明显，老的调控理念、方式和路径依赖已经难以为继，亟待反思和调整。无疑，在市场化转型和全球化发展进程中，中国传统宏观调控方式对于促进经济增长，调动中央和地方两个积极性，实现中国经济高速增长的奇迹中发挥了十分重大的积极作用，但与此同时，依靠行政主导的宏观调控方式和理念也带来很多问题和矛盾，对此需要反思和改革。一是老的调控方式是一种增长导向型的调控，目标就是实现高增长，结果很容易造成更多的经济波动和更短的周期，往往越是调控经济，增长波动性越强。所谓多年来形成的"一放就活，一活就乱，一调就收，一收就死"的调控怪圈，其背后的思想逻辑就是"唯 GDP 的调控思维"，结果必然是导致大量的资源错配和结构性产能过剩。二是老的调控方式实际上也带来很多失误和后遗症，例如目前仍然存在的压力巨大的产能过剩问题、地方政府债务风险问题、影子银行问题、房地产行业的风险等相互影响，相互制约，互为因果，其中的一个重要原因恐怕也在于不恰当的宏观调控方式。尤其是经济运行中出现的结构性困境，突出表现就是在宏观层面上，原有的货币发行思路与实体经济增长率不一致，即现有的货币发行实际上已经无法形成实体经济的有效增长；而在微观层面上，就是在投资驱动的增长框架下，企业投资预期利润率与银行利息率不匹配，即资本投资的边际收益下降，微观投资意愿严重不足。这可能是目前宏观调控遇到的一个很大难题。三是老的宏观调控更多注重政策性调节，忽视深化改革，甚至以宏观调控代替深化改革，造成政府职能转型缓慢，行政性审批制度改革和负面清单管理体制改革进展缓慢等。

其次，全球经济环境和制度条件发生的新变化和新趋势，要求改革和创新中国的宏观调控方式。从短期来看，2014 年美国量化宽松货币政策的调整和实时退出，2015 年美国启动加息通道，势必会影响全球经济增长与货币发行的再平衡；受其影响，欧洲和日本可能会跟进，这些变量和不确定性会对国际

---

① 参见权衡：《从"强刺激"到"深改革"：宏观调控模式亟待创新》，《文汇报》2014 年 5 月 13 日。

资本流动发生重要影响,也会对新兴市场和中国经济造成新的冲击。中国宏观调控在短期内必须适应全球经济和主要国家货币政策的改变而做出及时调整;显然原有的调控思路和方式无法适应新的变量和不确定性。从长期来看,全球经济运行和贸易规则正面临重构和重建,全球产业链、价值链和创新链正在发生深刻变化;这些变化要求从过去强调贸易和货物流动的便利化,到现在强调投资便利化,政府宏观调控的重点应当是营造符合国际惯例的公平竞争、投资准入国民待遇以及负面清单、投资便利化等制度环境;全球经济市场化和产业链、价值链、创新链的重构,都要求宏观调控更加突出市场化以及贸易更加便利化的新要求,因此就必须改革政府审批制度,转变政府职能,减少微观事务管理。可见,正在发生的全球经济环境和制度条件的新变化和新趋势,在客观上要求改革和创新中国宏观调控模式和方式。

最后,中国经济增长目前面临新问题和新需求也要求改革和创新的宏观调控方式。从经济增长来说,未来的中国经济需要一个全新的经济增长模式:这个增长模式是一个稳定的增长,而不是过去的大起大落的超常规增长;是一个内生性的增长,而不是仅仅依靠政策变量刺激后产生的大量后遗症的增长;是一个有质量、有效益的增长,而不仅仅是一个数量盲目扩张的单纯追求GDP 的增长;是一个更加强调经济增长效率的增长,而不仅仅是体现增长率的增长;是一个经济社会和生态协调并可持续发展的增长,而不是高投入、高耗能、高污染的,付出巨大生态代价和资源能源低效率使用的增长。换句话说,中国经济需要通过转型升级,形成一个全新的高质量、高效益的中国经济升级版。因此,宏观调控的主要任务必须着眼于如何打造中国经济升级版,而不仅仅是简单的增长优先的导向和目标。

中国经济已经进入了一个新的发展阶段。这个阶段有两大发展目标,一是成功跨越中等收入陷阱,进入中高收入发展阶段;二是转换经济增长的动力机制,形成内生性增长机制。2015 年中国人均 GDP 达到 7 800 美元,已经进入中等收入偏上或者说中高收入发展阶段。根据国际经验,这个阶段的战略性任务就是如何成功跨越中等收入陷阱,防止经济发展中出现诸如增长速度下降、收入差距扩大、产业升级困难、技术创新缓慢、社会矛盾激化等一系列所谓中等收入陷阱的现象。许多国家如南美、拉美国家以及南亚部分国家到了这个阶段以后往往长时期停留在中等收入阶段,同时伴随上述一系列增长困境和社会问题。需要特别指出的是,中等收入陷阱问题的实质就是经济增长源泉和动力枯竭,导致增速放缓;与此同时,收入差距和不平等扩大,从而使得经济社会系统长时期缺乏动力,尤其是缺乏创新驱动发展的新动力和新引擎,从而引发系统性矛盾和问题。

就中国发展而言,目前急需解决的两个问题就是收入差距扩大和经济增速放慢,二者相互交织在一起,可能会带来一系列新的经济社会矛盾和问题。因此,未来 10—15 年时期,正是中国经济发展能否成功跨越中等收入陷阱的关键阶段,一旦成功跨越这个阶段,那么中国经济一定会和其他成功跨越中等收入陷阱的国家一样,顺利进入中高收入国家行列。因此,从宏观调控的内容和目标来说,必须把重点放在如下两个基本方面:

第一,宏观调控必须通过推动包容性发展,实现公平正义,实现分享型的经济发展和真正的增长奇迹。中国经济过去 30 多年来的高速度增长,确实创造了奇迹。但是,摆脱传统的伴随收入差距不断扩大的增长模式,走向更加公平和分享型增长,才是真正的中国经济奇迹。从经济学的逻辑来看,必须同时关注经济增长和财富分配两大基本命题,只有把二者同时处理好,经济学的最终目标即社会福利最大化目标才能够实现。因此,中国经济前一个时期的高增长已经实现了速度意义上的奇迹,接下来必须高度重视经济增长的公平性和分享性,只有这样,才能够实现中国经济发展的福利最大化目标。因此,中国必须走包容性增长的道路,尤其是通过政府调控目标从效率导向的增长转向公平型的发展,通过营造发展意义而非增长意义上的机会公平、权利公平和规则公平的环境和氛围,实现包容性增长目标。这应当成为政府宏观调控的主要目标之一。

第二,宏观调控必须实施创新驱动发展新战略,培育经济增长的内生性动力。中国经济过去 30 多年来的增长主要依靠发挥比较优势,充分运用劳动力资源和人口红利、全球化红利,通过廉价的要素价格实现了廉价的工业化和快速城市化发展,宏观调控的最大特点就是通过放权让利,调动各方面积极性,充分挖掘要素红利,实现经济低成本的快速扩张,实现经济高速增长。但是到了今天,随着资源和要素比较优势衰减,特别是劳动力、土地等要素成本急剧上升,经济增长的廉价时代即将告别,因此传统的要素驱动增长模式已经难以为继,需要有新的增长方式和新的动力源泉。换句话说,经济增长必须依靠要素生产率即 TFP 的提升和资源配置效率的改进,依靠经济系统内部的创新机制,实现内生性的增长。因此,宏观调控不再是依靠传统比较优势战略,而是通过培育创新体系,加大科技创新投入以及制度创新和商业模式创新的环境优化,为提升全要素生产率和技术进步等要素效率提供良好的环境和氛围,把调控重点放在培育创新主体,营造创新环境,激化创新活力,培育创新驱动增长的内生性增长动力上,而不再是直接刺激或者干预经济增长本身。

0.3 宏观调控新思路:走向供给侧结构性改革和长期均衡增长

面对宏观经济形势和外部条件的变化以及中国经济发展的新阶段、新问题和新要求,宏观调控的方式不仅要创新,调控的理念和思路也必须发生改变和调整。在笔者看来,中国未来的宏观调控必须走向供给管理和长期均衡增长的新理念。①

从调控范式来说,中国的宏观调控基本上遵循的是凯恩斯主义的需求管理思路和范式。众所周知,有效的凯恩斯主义管理往往是在应对危机和萧条时期,通过强刺激实现经济复苏的一种短期增长方式。在短期内,当经济增长受到危机冲击,出现需求下降,失业加剧时,凯恩斯主张通过短期的强刺激计划,应对有效需求不足和危机问题。这一点被多次危机后各国的短期刺激计划和需求管理政策的实践证明是有效的,而且人们一般也倾向于认为凯恩斯主义需求管理方式具有典型的反危机式的逆向调节特点,并且具有明显的需求分析和短期分析特点。

但是,就经济增长来说,它本身是一个长期趋势的问题,核心是要解决如何实现经济长期稳定和长期增长的目标,并且是属于供给管理层面而非需求管理层面的问题。这不仅是由经济长期增长的特性决定的,而且也符合经济学和经济增长理论的分析逻辑。马克思在其经典政治经济学中分析资本主义

---

① 参见权衡:《从"强刺激"到"深改革":宏观调控模式亟待创新》,《文汇报》2014 年 5 月 13 日。

经济运行时，分别从具有内在逻辑一致性的价值论、生产论出发，立足供给分析，建立了经典的劳动—资本关系分析框架；关注长期增长的现代经济学也是通过建立生产函数理论，围绕劳动—资本要素投入结构，形成了著名的索洛—斯旺均衡增长理论等等。通过增长理论的这一分析框架，可以清晰地看到，长期经济增长其实就是从供给出发，即供给层面上的要素投入的数量、结构以及制度和体制的变化。

中国经济增长面临的问题、挑战以及长期增长模式转型问题，也确实表现出中国经济深层次的供给结构和投入结构及其内在的制度、组织和体制性问题，并且具有长期性、复杂性和艰巨性的特点。如果仅仅从需求分析出发，立足于短期性分析和经济波动特点，显然不能够十分有效地解释中国经济增长的问题。因此，从宏观调控的方法论来说，中国必须走出目前主流解释的误区，回到增长理论与供给管理的解释轨道和范式上来，实现长期增长的稳定和均衡目标。

党的十八届三中全会、四中全会以及 2016 年中央经济工作会议已经指出，科学的宏观调控，有效的政府治理，是发挥社会主义市场经济体制优势的内在要求；要发挥市场在资源配置中的决定性作用和更好发挥政府作用；加快政府职能转型，深化行政性审批制度改革，加快建设法制政府和服务型政府。这已经为加快改革和创新宏观调控方式指明了方向，也对改善宏观调控的效能提出了新的要求。

新一届中央政府也已经在不断创新宏观调控思路和理念，特别是面对经济下行的压力，官方也多次表态不会推出"强刺激政策"，并且明确指出"我们不会为经济一时波动而采取短期的强刺激政策，而是更加注重中长期的健康发展，努力实现中国经济持续健康发展"。为此，我们提出，必须坚持改革和创新宏观调控方式，正确处理好政府与市场的关系，跳出"增长型"宏观调控，围绕"结构调整，促进转型，深化改革"的调控重点，创新调控理念和思路，推动中国经济持续稳定增长，完善与"中国经济升级版"内在要求相一致的新型宏观调控体系。

第一，改革宏观调控导向，培养经济增长的内生性动力。宏观调控突出创新驱动发展的新动力，培育公平竞争的市场环境，发挥市场主体在自主创新和驱动发展转型过程中的主导作用和引领作用。

第二，创新宏观调控手段，以深化改革增强宏观调控的动力。坚持寓改革于调控中，以全面深化改革完善宏观调控手段体系，提升宏观调控的水平和能力；改变过去所谓的"加强和改善宏观调控"的提法，推进宏观调控方式和手段的转型和转变。

第三，创新宏观调控思路，推动需求管理转向供给管理。立足中国经济供给层面的要素投入数量、结构及其体制机制矛盾和困境，注重供给关系，推动技术创新和供给管理、产业结构升级和调整，提升整体供给管理的水平，实现"供给创造需求"的管理效应。

第四，创新宏观调控理念，推动短期增长目标管理转向长期发展管理。遵循经济的内在规律，处理好市场和政府的关系，坚持宏观调控中"市场的归市场，政府的归政府"的新思路，结合中国经济增长长期存在的问题和需求导向，弱化短期增长的总量平衡管理思路，强化长期增长的稳定和均衡管理思路，确保实现经济长期发展的目标。

中国经济正处在深化改革和转型创新的关键时期。宏观调控必须紧紧依靠深化改革，努力创新调控方式，积极推进简政放权，着力调整经济结构，超越"软着陆"与"硬着陆"的是非之辩，放弃"微刺激"与"强刺激"的错对之争，立足中国经济包容性增长与长期稳定和可持续发展目标，努力以全面深化改革为动力，积极改善宏观调控水平和能力，提升国家治理体系和治理能力现代化。

0.4 经济新常态下的宏观调控：新方向和新实践

中国经济增速近几年从两位数快速下滑到 2015 年的 6.9%，目前看来 2016 年经济还处在下行压力中，经济增速下降速度太快，至少不是正常的增速换挡。2015 年中国经济增长数据显示，尽管第四季度基本面出现了增长亮色，但其强度不足以支撑经济明显反弹，2015 年 GDP 增速为 6.9%，这是 1990 年以来中国 GDP 增速首次跌破 7%。对当前中国经济形势的判断，学界、商界存在着分歧：有一种观点认为，中国经济已经进入通缩；还有一种观点认为，中国经济是在"增速换挡"。我们认为,虽然经济增速下行、物价水平下降、企业效益下降等指标都是通缩的特征;但消费需求增长仍然正常,并没有呈现明显萎缩,而且社会上的流动性也没有表现出通缩中的特征。当前经济增速下滑原因在于结构性矛盾问题。[①]

改革开放30多年来,中国经济保持了年均9.8%的高速增长,创造了世界经济史上的奇迹,已成为全球第二大经济体。但是,从2010年第一季度开始,中国经济增长速度逐渐下滑,持续时间之长是改革开放以来从未有过的。2015年第三季度,中国经济增长速度仅为6.9%,比2010年第一季度的12.1%降低了5.2个百分点,降幅高达43%。

在经济增速持续下行的背后,是中国经济发展的内外部环境发生了重大变化。从外部看,世界经济走向低迷,发达经济体复苏缓慢,新兴经济体分化,全球经济调整趋于长期化,外需乏力成为常态。今后一个时期,全球供需结构失衡的深层次矛盾难以根本解决,世界经济仍处在再平衡过程中,出口对中国经济的拉动显著减弱。从内部看,支撑中国经济增长的结构性因素出现了深刻转变。[②]

第一,产能过剩日益严重,投资拉动效应逐渐递减。近年来,中国产业供过于求矛盾明显,特别是钢铁、有色金属、建材、化工、船舶等传统制造业尤为突出,一些行业产能利用率不足75%,处于严重过剩状态。并且,产能过剩行业已从传统行业扩展到风电、光伏等新兴产业,行业利润大幅下滑,大量企业经营困难。在这种情况下,大规模投资对经济增长的拉动作用十分有限,投资效益明显下降。

第二,人口红利趋于消失,制造业比较优势明显减弱。在过去相当长一段时期里,劳动力数量持续增长、人口抚养比稳步降低为中国经济提供了人口红利。但是,这一局面正在发生根本改变。2012年,中国劳动年龄人口首次出现绝对下降,比上年末减少345万人,此后连续三年持续下降,同时人口抚养比逐渐提高。由此导致劳动力供应短缺,工资成本过快上涨,削弱中国制造业的比较优势和国际竞争力。

---

① 参见周振华:《供给侧结构性改革"大棋"怎么下》,《解放日报》2016年1月21日。
② 参见肖林:《新常态下供给侧结构性改革的上海实践》,《文汇报》2015年12月12日。

第三，地方政府债务和资产泡沫加大，潜在金融风险不断集聚。近年来，中国金融体系中的风险逐渐累积，尤其是在地方政府债务、房地产、影子银行等领域更为集中。在实体经济不振的情况下，宽松性货币政策并未完全起到预期效果，实体经济特别是中小企业仍存在融资难、融资贵等问题，而更多过剩的流动性进入了房地产市场和股市，导致经济泡沫加大。2015 年 6 月以来，中国股市出现了较大幅度的震荡，已经暴露了投资者杠杆率过高等风险隐患。

第四，资源环境约束日益凸显，高消耗、高排放模式难以持续。过去 30 多年的高速增长，很大程度上是以资源能源大量消耗和环境污染加剧为代价的。由于土地、能源等要素价格偏低，环境污染成本未充分内部化，浪费资源、污染环境的问题日益突出。发达国家一两百年出现的环境问题，在中国 30 多年的快速发展里集中显现。

这些情况表明，当前中国经济面临的不仅仅是周期性问题，更多的是结构性问题。面对新常态下的"结构性减速"，单纯运用需求刺激措施已无济于事，问题的症结只有通过深层次结构性改革才能根本解决。2009 年以来，为应对全球金融危机的冲击，出台了大规模的"四万亿"投资计划，实施扩张性货币政策，尽管短期内取得一定效果，但并未从根本上扭转下行趋势，还带来产能过剩加剧，银行不良资产和地方政府债务扩大等问题。审时度势推进供给侧结构性改革，已经刻不容缓。

需要特别指出的是，过去我们讲的结构性矛盾，是指投资与消费结构、国民收入分配结构、产业部门结构、地区差异等问题。现在我们说的结构性矛盾与过去有所不同。比如，一方面，实体经济特别是中小企业，明显感觉流动性不足，融资难，借贷成本较高；而另一方面，虚拟经济里流动性又过多，也很活跃。这就是"资金错配"的问题，资本没有流动到应该流动的实体经济去，而在实体经济之外打转。再比如，一方面，出现产能过剩及大量库存；而另一方面，又存在明显的短缺。这个短缺也很复杂，是一种层次性短缺。现在很多人出境购物或者通过网络进行海淘，包括母婴产品，甚至大米豆油等，这些产品我们国内都能生产，但很多人还是要从国外买，原因在于国内提供的这些产品在层次与品质上与国外不同，这就是一种"要素错配"的现象。还有，现在短线操作也即追求短期收益的操作行为很多,但对于一些投资周期稍微长一点、收益周期稍微长一点,感兴趣的资本就很少,这反映的是"预期错配"的问题。按道理说,如果短期与中长期预期比较稳定的话,会有短期与中长期资源的合理配置,但现在预期不稳定,就产生了追求短期投入或者效益的现象。要解决这些结构性矛盾,依靠总量的宏观调控(包括总量需求侧与总量供给侧)是行不通的。

2015年12月召开的中央经济工作会议提出,2016年经济社会发展特别是结构性改革任务十分繁重,主要做好五大任务:去产能、去库存、去杠杆、降成本、补短板。这五大重点任务也是2016年供给侧结构性改革的五个重要方面。[①]

第一,去产能问题。产能过剩的载体主要是"僵尸"企业。所谓"僵尸"企业,一般存在于国企中,它们长期受到政府保护,缺少市场竞争,尽管已经无法产生效益,但在得到政府背书后它们仍能继续得到贷款,用贷款来发放工资、偿还利息,久而久之这些企业便形成僵尸状态。去产能,意味着市场出清。市场出清,就是解决"僵尸"企业。不解决"僵尸"企业,市场无法出清,也就无法真正去产能。解决"僵尸"企业,实际上是按照市场竞争规则,取消任何非市场的保护,真正体现出让市场发挥资源配置的作用。"僵尸"企业已经被很多经济学家看作中国经济的拖累。正如诺贝尔经济学奖获得者、美国纽约大学教授罗伯特·恩格尔说的,中国的资本市场没有非常有效地分配资本,资本无法优先分配给最具生产力、发展最快的公司,而是被掌握在了很多生产力不那么高,主要是"僵尸化"的企业中,并由此可能对金融机构的稳定构成危险。他甚至预测,中国并不会像欧美那样突然爆发金融危机;如果中国发生金融危机,将会表现得非常缓慢,而背后的推手就是大量的"僵尸"企业。因此,解决"僵尸"企业,既不能手软,也要稳妥。由于这里有许多沉淀成本,会带来许多摩擦,最大问题可能是下岗失业。要有稳妥的方案,保障员工下岗顺利与转岗到其他岗位。在这背后,政府要做一系列培训、提供工作岗位等措施。

第二,去库存问题。一提到"去库存",很多人认为,现在水泥、钢材等原材

---

① 参见周振华:《供给侧结构性改革"大棋"怎么下》,《解放日报》2016年1月21日。

料太多,要去库存。水泥、钢铁等原材料库存是很多,但通过经济周期变动,是可以释放出需求的,此外开拓其他新的用途、用替代方式也可以消化这些库存。比如,钢铁、水泥多了,造路、造桥可能不需要那么多,但我们要建设海绵城市、地下管廊等,都是需要水泥、钢材的。还可以开辟新的、有真正社会需求的投资渠道,包括环保、教育、养老领域的投资,都可以带动原来库存的消化。我们认为,目前中国经济最大的库存是房地产。要去房地产库存,一是通过促进住房消费,但一些二三线城市、很多四五线城市的房地产库存很大,通过消费拉动比较难;二是部分库存可以转化,如原来是商务楼,可以改变用途,变成创业空间、养老院与护理院、文化创意中心等新的投资途径,但很多房型是固定的,完全改作他用,难度也比较大。

第三,去杠杆问题。在诸多结构性矛盾中,如虚拟经济、房地产的膨胀,都是杠杆在起作用,一些杠杆起到扭曲结构的负效应。因此去杠杆与去产能也是联系在一起的。去杠杆也要具体分析,有些助推虚假繁荣、无序扩张的杠杆要取消、整治,而有些杠杆要调整或者要有新的杠杆替代。经济运行中,杠杆的作用是必不可少的,问题是要规范,要有监管,要把握"度"。比如,对地方融资平台要清理,但同时要开拓另外一些融资途径,如地方债券与企业债券等,替代原来不规范的融资杠杆。

第四,降成本问题。降成本是与提供有效供给相互联系的。一旦成本高企,企业利润空间就被压缩,所以要降低成本,特别是要降低交易成本。此外,需要适当降低企业生产经营中的劳动力成本、税负成本、商务成本等,确保企业在经济下行压力下投资预期收益增加,这样可以稳定投资预期和增长预期。

第五,补短板问题。2016年提出的"补短板",不是过去讲的因部门短缺而进行的补短板,现在经济结构中的短缺是层次性短缺,主要是高层次短缺。要弥补这种短缺可能需要整个产业链一起补短板,而不是过去那种某个产业部门补短板就可以解决的。前文提到的海淘、境外购物,就是当前层次性短缺的一个很好的例子。在境外购买的日用品,其层次与品质高,不仅是工艺精湛,而且也与所用材料有关。因此要补这个短板,就不仅是生产这类日用品的部门,而是与提供原材料的上游产业部门都有关系。因此补短板可能从上游就要开始了,要提高上游部门生产产品的层次与质量,然后是生产部门改进生产工艺等等,整个产业链有系统、有关联地进行科技创新,最终将整个产业链的品质提升上去。此外,除了商品的短缺,当前服务的短缺更加严重。"互联网＋"更多是解决消费者服务问题,就是扩大了消费者的需求,增加了消费者服务的供给,但涉及生产者的服务短缺还很大。

在推动供给侧结构性改革过程中,去产能、去库存、去杠杆、降成本、补短板等五大重点任务不是单独分开的,而是五位一体,五个重点任务有加有减。去产能、去库存、去杠杆的要素流出要有去向,补的部分就需要这些要素流入。在"去"的过程中,资金与劳动力等要素的转移与流动会产生比较大的摩擦。如劳动力的自由流动,就涉及一个技能的问题。劳动力流动到新部门,要适应新部门技能要求,就需要进行培训;设备在部门之间的转移就更难,有些通用设备可以转移到新部门,但有些是专用设备,直接转移过去新部门也无法使用,就要探索其他方式进行转移。五大重点任务的具体内容很多,但背后的病根都是体制机制问题,都要依靠改革创新来化解。五大重点任务是结构性地培养新增长点、增加有效供给,这是一场结构性改革,而不是结构性调整。在市场起决定性作用下,通常会促使资源在不同部门与领域之间流动,尽管也会有市场失灵,但不会出现非常严重的结构性问题。结构性问题背后,实质上是体制机制的问题,阻碍了生产要素和资源在不同部门与领域之间的流动和配置,逐渐累积形成严重的结构性问题。要解决,不是给出一些一般性的政策,而是要通过体制机制的改革,在更大程度上发挥市场对资源配置的决定性作用。此外,在推动结构性改革的实践过程中,也要处理好如下几个方面的问题:一是关于过剩问题。为何会有大量过剩产能?一般而言,过剩可能是市场失灵造成的,像发达国家的经济危机就是市场失灵引发的过剩。而我们的产能过剩,在这么短时间内就这么严重,恐怕不是用市场失灵就能够解释的。其中原因是各地的投资冲动,包括对基础设施建设的投资冲动,一哄而上,出现大量重复建设。二是所谓要培育新兴战略性产业,各地有条件没条件、有优势没优势全都发展新兴战略性产业,短期内就造成了过剩现象,这背后也是体制机制问题。三是所谓的成本高问题。其实主要是交易成本高,包括融资成本高、准入成本高、信息成本高、维权成本高。这背后是金融体制问题、市场准入体制问题、政府信息透明度问题、信用体系问题、产权保护问题。四是所谓的补短板方面,已经产生了一些有购买力的市场需求,但有效供给却出不来。这既有技术问题,又有体制机制的问题。一些部门还处在垄断地位,缺乏有效竞争,就难以形成有效供给。现在传统服务很多,但高端服务相对短缺,尤其是教育、医疗等高端服务。短缺原因就是,服务领域开放度还不够,进入门槛太高,没有引入充分市场竞争。总体而言,结构性问题表面看都是经济问题,但背后却是体制机制问题,要解决,只有通过改革。因此,加快去产能、去库存,不应依靠过去那种"关、停、并、转"的行政性手段,而要依靠市场力量,通过改革发挥市场性作用,进行市场并购、资产重组,让更多民营企业参与其中;可以通过提高产能能级来实现,即提升技术含量,减少、去掉那些低效产能,变为高效产能。还有一部分产能,可以通过"走出去""一带一路"建设等输出转移。简而言之,去产能,一是转移,二是提升,但两种途径肯定都是通过市场导向、市场手段实现。

0.5 本书的主题与分析结论

2015—2016 年度《中国经济分析》选择"供给侧结构性改革与宏观调控新思路"为主题开展分析。其目的是把供给侧结构性改革作为中国经济宏观调控创新发展的新转折、新变化加以分析和描述。显然,供给侧结构性改革既是为中国经济新常态探索新动力和新引擎,又是为中国经济宏观调控探索新思路和新模式。本书的主要结论如下:

基本结论之一:2015 年世界经济运行深受低增长、低通胀、低利率和高债务"三低一高"问题的困扰,复苏脆弱,增长艰难。2016 年的世界经济走势,一个总体判断是,复苏依旧难言乐观,分化加剧成为趋势,而且可能触发新一轮的经济和金融风险。从国际金融来看,随着美国加息"靴子"的正式落地,全球货币周期开始分化;从世界贸易来看,预计 2016 年全球贸易仍将维持低速增长,但增速可能会超过全球经济增长的速度。从全球投资来看,鉴于主要经济体增长的不均衡性、脆弱性和不确定性,全球对外投资趋缓态势难言好转,短期仍将维持震荡。受此影响,中国经济预计还会继续下探。2015—2016 年中国经济正处于转型改革的关键时期,外部需求疲弱,内部供需结构不匹配,供给结构和方式不适应需求的快速升级,是经济增长的主要瓶颈。未来两年,中国经济增长态势仍很严峻,经济增长或将进入一个平稳或小幅下滑的增长轨道。其中,化解产能过剩、降低企业成本、消化地产库存、防范金融风险等四方面内容是困扰经济上涨的重要因素。预计 2016 年和 2017 年中国经济增速将分别降至 6.78% 和 6.51%。不过,中国经济增长的积极因素日渐增多,稳增长政策的溢出效应将逐渐显现,长期增长的基本面较为乐观。2016 年稳增长仍旧是主要任务,核心目标是将经济增长方式由靠增加劳动力、资本、土地以及环境承载力的粗放投入,切换为依靠改革红利和创新红利,稳步重建新平衡,而非简单沿用传统理论和刺激政策稳增长,确保经济中长期稳步、健康增长。

基本结论之二:新常态下,中国经济下行压力凸显,未来的增长将更加倚重"供给侧",对货币流动性的监管也被提到新的高度。当今全球经济出现了"怪现象":一方面发达工业化国家通过"印钞机"刺激经济造成流动性泛滥,再通过"溢出效应"在国际金融市场上刮起"旋风";另一方面欧洲和日本等国家的物价还在下滑,通缩的阴影还没有彻底消失。美元利率提升传导到美元汇率上,美元升值周期将导致全球大宗商品出口国外债危机,大宗商品进口国则输入了通缩。目前遇到的问题不是金融衍生品自身问题,而是金融领域的杠杆放大,资金没有流向创新部门,而被"僵尸"企业捆绑和占用了的问题。为此,有限的信贷被占用和替代。2016 年初的人民币贬值预期和港币危机等已经初露端倪,维护人民币汇率基本稳定需要短期、中期和长期的引导。入篮SDR 后,人民币汇率波动参照一篮子货币只是过渡性的,因为这种方式是被动和滞后的。将来要根据中国自身的经济周期和通胀周期来决定。央行干预外汇市场的方式也要汲取他国历史经验,挖掘有中国特色的干预方式来,这需要考验监管者的"艺术"。

基本结论之三:产能问题仍是中国经济改革中的重要变量,一方面,诸多产业的产能过剩问题依然严重,化解的过程比较缓慢,并且出现了大量"僵尸"企业,严重影响了资源的优化配置。另一方面,部分高需求产能不能满足国内的需求,这既包括高端的中间产品和核心部件,也包括基本的生活用品。可见,中国产能过剩与供给短缺并存的"悖论"本质上是中国产业结构失衡的反映,中国众多企业和产业拥挤在低端的环节不仅造成了资源的浪费,而且往往在这些环节形成惨烈的价格竞争。低端的锁定又会通过"温水煮青蛙"的效应延缓着中国产业的技术升级,中国空有巨大的"大国市场"而无从发挥。因此,要改变供需错配的问题,需要实现深层次的结构的调整,同时防范可能的风险。短期内能做的或者说在次序上政策可以选择以下几方面,一是减税增收,主要以结构性减税为主,重点投向国家支持的服务业、先进制造业及战略性新兴产业;通过降成本间接增加企业主体的收入,重点降低制度性交易成本、企业的社会保险费、财务成本、物流成本等。二是中央政府适当增加开支,扩大赤字率,注重"调结构"和定向调控,财政重点定向支持教育、社会保障、智能制造等领域,这些方面也是释放供给侧的人力资本潜力、提高资本效率、促进创新的有效举措。三是供给侧改革的指向主要集中在劳动力、资本、土地、全要素生产率等要素上,因此,供给侧改革最终需要提高这些要素的配置效率。而要实现上述要素的升级,特别需要在国企改革、简政放权上深入推进。

基本结论之四:供给侧政策不是孤立于货币政策和财政政策之外的,更不会否定货币与财政政策,而是对上述两大政策的补充,管控供需两方面的政策协奏才能取得令人满意的效果。去产能、去库存、去杠杆、降成本、补短板,是2016年经济工作的五大任务。这五个关键词是破解中国供给侧与需求侧平衡调整的密码,也是中央和各级地方政府制定适合本地实际情况的政策的出发点、着力点。基于经济总量的增减效果,去产能、去库存、去杠杆政策使得现有生产活动总量减少,看上去把各种"僵尸"企业清理出资源配置体系,是一种减法。"去"本身就是一种损失,这可以从企业倒闭、兼并重组与工人转岗、失业等负面效应看出来,同时还有企业的利润损失和财政部的税收损失;也可以从产出和就业增长率下降从而国家经济能力多少有点削弱的结局看出来。降成本,也是一种减少支出的经济活动,在某些情况下,降成本一下子变为企业解雇工人的借口。通过提高生产效率来降低成本又归到"补短板"的投资上,持续地提高生产领域技术效率的途径是对生产设备进行技术更新和改造,就是一种新的有效的投资。为此,"三去一降"是"看跌状态";而"补短板"则是"看涨状态",是供给侧与需求侧动态平衡政策的精髓。

基本结论之五:2009年以来中国债务负担迅速增加,债务总额与同期

GDP 的比率从 2009 年的不足 140％,迅速放大到 2015 年的 220％左右。据统计,1996—2014 年间各部门的债务规模均呈现递增的趋势,居民部门债务规模增长比例高达 11 倍,金融机构部门债务规模增长 4 倍多,政府部门增长近 1.5 倍,而非金融企业增长约为 50％。债务是一把双刃剑,适度举债能够提高资金配置效率,增加社会福利;但是,过度举债则会酿成灾难,影响政府为居民提供服务的能力。因此,对于特定的负向冲击,债务水平越高,整个社会发生违约的可能性越大,不稳定因素增多。所以,债务最优水平的决定是信贷驱动的繁荣与债务违约引起的泡沫破裂之间的权衡。目前,中国现在的宏观经济形势是 2008 年以来所经历的债务快速累积的结果。要挽回局面,需要尽快改革货币政策的传导机制,同时依赖财政政策来处理债务和降低信贷密度。另外,引导社会资金流向稳健的债券市场和多样化的股权融资市场,利用解决当前债务拖累的时机大力推进和发展债券市场也有助于中国经济的成功转型。

基本观点之六:当前,中国已进入消费需求持续增长、消费结构加快升级、消费拉动经济作用明显增强的重要阶段。异军突起的互联网消费和海外消费,同长期以来低迷的国内消费需求形成鲜明反差,这表明消费需求不足的根源可能在于消费的供给侧因素,包括住房、医疗、教育的"供给不足",地方财政支出与公共服务供给扭曲,以及对土地要素、金融产品和劳动力供给的各类管制等;除此以外,商品流通领域的高税费成本、垄断与行业壁垒,以及缺乏诚信的消费环境,也都是造成消费需求难以启动的重要原因。为此,启动消费需求、优化内需结构的关键,就在于全面深入地推进供给侧结构性改革,稳定就业,提升居民收入水平,构建完善的社会保障制度,持续优化消费环境,由此共同形成扩大消费需求的长效机制。从经济发展潜力看,以传统消费提质升级、新兴消费蓬勃兴起为主要内容的新消费,及其催生的相关产业发展、科技创新、基础设施建设和公共服务等领域的新投资新供给,蕴藏着巨大发展潜力和空间,同时也有利于提高发展质量,增进民生福祉,推动经济结构优化升级,激活经济增长内生动力,实现持续健康高效协调发展。

基本观点之七:房地产投资对经济增长的牵引力,是通过一系列复杂的作用机制和环节来进行的。在供给侧结构改革的政策环境下,房地产投资将通过总量调整和结构调整等渠道,为宏观经济的增长提供可持续的动力。第一,在培育具备新常态特征的投资市场的过程中,必须在去库存、维持一定幅度的增长、积极调整结构等方面进行策略调整。第二,要鼓励投资主体积极创新,促使房企各类投资要素得到整合、实现投资价值最大化,对于经济活力的积极释放具备直接或间接的作用。第三,优化投资结构比总量调整更显重要。房地产市场分化的特征愈加明显,相对应地,投资层面的调整也需要吻合此类分化的特点,更加注重结构调整。通过结构调整,为房地产市场的投资创造更大的价值。第四,仅仅是投资层面的变革是远远不够的,而是要搭建一个从"稳投资"到"稳增长"的传导机制,把房地产市场的投资正能量传导到宏观经济的运行过程中,进而利好经济下行压力的释放,以及稳定或刺激经济增长。第五,从稳投资到稳增长,需要政府积极做协调。房地产业要发挥宏观经济的内核作用,同时也需要和其他产业保持较好的沟通机制。当然,搭建此类沟通的桥梁,应由相关政府通过政策制定和协调等来实现。

基本观点之八:伴随着中国经济增速放缓,调整经济结构、释放多余产能、减少能源消费的有利时机已经到来。当前及未来很长一段时期,作为一类新兴的朝阳产业,中国的环保产业将迎来快速发展的良好契机,较高的资本回报率将吸引更多的资本流入相关产业。大力推动环保科技进步、提升环保效率、提倡绿色 GDP,以期实现经济与环境的可持续发展。然而,中国环保产业发展仍存在较多的问题。比如,环保标准化体系还不健全,中央和地方在资源管理上权责还不够明晰,法律制度不够健全,科技实力还有待提升,部分地区政府的生态意识较为淡薄等。过去中国的环保产业投资主要依靠政府财政拨款,从长期看应该丰富环保投资的融资模式和盈利模式。未来应该通过政策激励与资本市场的金融创新,将政府政策与市场运作相结合的办法,使通过政府、企业、公益团体、风险投资所募集到的资本能够有效地被用于社会急需大型公共环保项目的兴建及新型环保创新产业的发展,形成良好的投资融资与盈利循环模式。此外,还应建立健全与环保产业相关的法律法规体系。环保产业已经由最初以保护生态环境为主要目标的单一发展功能,发展成为现今的一个新的潜在经济增长方向,但与之发展地位尚不相匹配的是,中国还没有覆盖全部环保行业的法律体系。因此,应对相关法律法规予以补充和完善,从而为同时实现环保产业的环境效益与经济效益提供必要的法制保障。

　　基本观点之九：全球化的重点已经从早期的货物贸易转向服务贸易和投资部门。美国主导的 TPP 规则无疑加大了发展中国家包括中国的外部压力，加强了国际贸易和国际投资的竞争效应。处于转型中的发展中经济体包括中国，需要在新的历史背景之下寻求立足之地和发展之势，通过进一步推行自贸区等方式与国际主流规则进行呼应和对接。包括在自贸区建设的进程中不断提高开放水平，加快服务业开放步伐，加快实施投资注入前国民待遇和负面清单管理制度，加快推进促进公平贸易和可持续发展领域的新议题规则制定等。在此背景下，中国提出的"一带一路"倡议，旨在促进经济要素有序自由流动、资源高效配置和市场深度融合，推动沿线各国实现经济政策协调，开展更大范围、更高水平、更深层次的区域合作，共同打造开放、包容、均衡、普惠的区域经济合作架构。当今世界正发生复杂深刻的变化，国际金融危机深层次影响继续显现，世界经济缓慢复苏、发展分化，国际投资贸易格局和多边投资贸易规则酝酿深刻调整，各国面临的发展问题依然严峻。"一带一路"倡议的提出顺应了全球价值链，秉持开放的区域合作精神，致力于维护全球自由贸易体系和开放型世界经济。"一带一路"倡议符合国际社会的根本利益，是国际合作以及全球治理新模式的积极探索，将为世界和平发展增添新的正能量。

1 全球和中国经济发展:新趋势和新动力

2015 年的世界经济运行深受低增长、低通胀、低利率和高债务"三低一高"问题的困扰,复苏脆弱,增长艰难。2016 年的世界经济走势,我们总的一个判断是,复苏依旧难言乐观,分化加剧成为趋势,而且可能触发新一轮的经济和金融风险。从国际金融来看,随着美国加息"靴子"的正式落地,全球货币周期开始分化;从世界贸易来看,我们预计 2016 年全球贸易仍将维持低速增长,但增速可能会超过全球经济增长的速度;从全球投资来看,鉴于主要经济体增长的不均衡性、脆弱性和不确定性,我们估计,全球对外投资趋缓态势难言好转,短期仍将维持震荡,受此影响,中国经济预计 2016 年还会继续下探,但随着供需两侧改革加码,以及发展开放型经济的进一步加快,长期将坚定向好。①

1.1 2015 年全球经济增长的主要问题

2015 年,世界经济在跌宕起伏中曲折前行。现在看来,过去一年的世界经济并不如全球许多机构在年初时预测的那般乐观,受低增长、低通胀、低利率和高债务的困扰,全球经济复苏仍然较为脆弱;许多国际机构不断调低增长预期,正是全球经济复苏不稳的真实反映。总的来看,2015 年世界经济运行凸显出五个方面的新问题。

1.1.1 新旧动能衔接不力

当前世界经济处在新旧动能转换和接续的阵痛期,全球都在合力寻找经

---

① 本章关于全球经济发展形势和趋势的分析内容根据上海社会科学院世界经济所宏观分析组分析报告《分化复苏的世界经济:新引擎、新风险、新常态——2016 年世界经济分析报告》(主要执笔者有权衡、张天桂、盛垒、周琢、张广婷、薛安伟、刘芳、陈陶然等)编写而成。

济增长新动力。从 2015 年的发展看,新动力继续集中在互联网、新能源、新材料等方面,这些新动力虽在酝酿但并不稳定,导致新旧动力切换颇为艰难。一是"互联网＋"刚刚起步。从德国的"工业 4.0"到美国的"工业互联网"再到中国的"互联网＋",新兴行业和领域的创业公司大量涌现,但是大多处在发展初期。习近平主席在 2015 年第二届世界互联网大会上也指出,要加快全球网络基础设施建设,推动网络经济创新。如表 1.1 所示,2003—2014 年全球互联网用户比重逐年攀升,而使用固定电话的人数在 2006 年后呈下滑趋势。"互联网＋"已然成为全球企业寻求新发展的重要途径,但距离通过互联网全面激活传统产业发展尚有一定距离。2015 年美国信息业对 GDP 的拉动还不到0.2 个百分点。

表 1.1　全球互联网与电话发展情况

年　份	宽带用户：每百人	互联网服务器：每百万人	电话线：每百人
2003	1.65	36.75	17.92
2004	2.60	52.71	18.74
2005	3.68	64.62	19.44
2006	4.70	72.91	19.26
2007	5.54	95.11	18.90
2008	6.10	110.53	18.60
2009	7.51	112.55	18.37
2010	8.19	154.27	17.76
2011	9.03	183.06	17.18
2012	10.14	180.71	16.67
2013	10.03	159.35	15.91
2014	9.60	188.95	15.18

资料来源：根据 Wind 数据库。

二是新能源进展不明。2015 年以锂电池为代表的新能源发展迅速,包括风能、太阳能、核能等都取得了较大进展,但产业化仍有待提升。尤其是新能源汽车在 2014 年爆发式增长后,2015 年增长乏力。根据世界银行的数据,美国的化石燃料能耗占所有能耗的比例近年来也呈下滑趋势,依靠可再生能源和废弃物产生的能耗占比在不断上升,但效果并不显著,人均能耗量下降不明显。

三是新材料方面有待突破。从制造业整体发展看,美、日、德、韩等国均把"再工业化""制造业升级成智慧或智能生产"作为国家战略重点加速推进,新材料和信息、能源并称为当前新技术的重要支柱,成为了各国争夺的科技高地。2015 年石墨烯、纳米材料、高性能碳纤维与复合材料、光电材料等新材料领域发展迅速,但是还有待进一步的技术突破才能给新能源汽车、可穿戴设备、医疗等产业带来新增长。

1.1.2　通缩恐慌卷土重来

2014 年国际原油价格的暴跌,一度引发全球通缩担忧。2015 年伊始,人们普遍认定油价的暴跌已经结束,并预期宽松的货币政策会通过通货再膨胀提振全球经济,由此大大消散了投资者的通缩恐慌。然而,2015 年的国际油价并未能扭转疲软之势,长期在 50 美元/桶以下徘徊,导致全球通缩恐慌情绪再次卷土重来。在石油价格暴跌带动下,全球大宗商品价格也表现得异常低迷,并带来全球通货紧缩的风险。如图 1.1 所示,除俄罗斯、巴西之外,世界主要国家 CPI 均呈下滑趋势,并在底部不断徘徊。其中,日本已经从 8 月开始出现连续 3 个月的负增长,同期马来西亚、俄罗斯、中国都出现了连续下降。通缩压力加大对 2015 年的经济增长造成巨大压力。随着美国历史性加息,全球

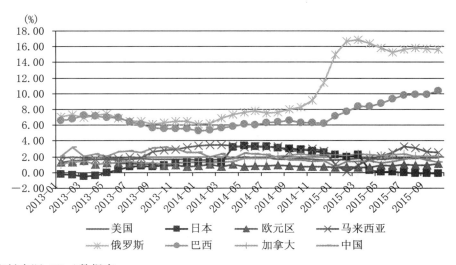

资料来源:Wind 数据库。

图 1.1　主要国家通货膨胀指数

通缩风险可能进一步加剧。

另外,从大宗商品的价格看,其价格在 2015 年全年表现不是保持低位就是不断下滑。根据 LME 的 3 个月期货合约,铅、铝和锌三种金属的价格走势一直在 2 000 美元/吨的低位徘徊,而镍和铜的价格也在不断下降。从变动趋势看,大宗商品价格并没有出现逆转回升的迹象。在此影响下,有些以进口大宗商品作为原材料的国家虽然国际贸易量保持增长,但是贸易额反而下降。如何破解大宗商品价格的持续低迷,成为了拯救世界经济增长的重要因素。

1.1.3 金融市场巨幅波动

在 2014 年的经济形势预测中,我们利用 VIX 指数(投资者恐慌指数)的分析明确提出了"投资者恐慌情绪加重"的判断,2015 年的金融波动验证了我们的这一预期。2015 年国际金融波动加剧,以中国 A 股为代表的全球股市在 2015 年 6 月到 8 月出现了一次集体暴跌,道琼斯指数在一个月内从 18 000 点跌到 15 300 点;中国 A 股在 2015 年 6 月升至 5 178 点的高点,但到了 7 月就大跌到 2 500 点,跌幅超过 50%;多伦多股票指数在短短 7 个工作日也跌失了 3 000多点,金融波动在全球范围内传递。如图 1.2 所示,2015 年全球股票市场波动

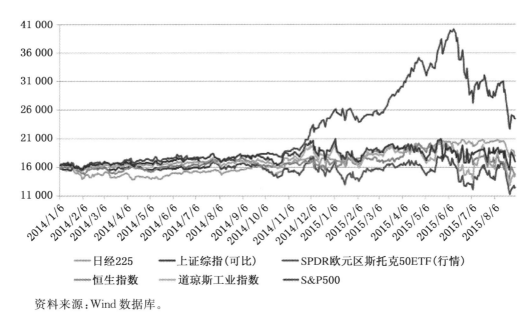

资料来源:Wind 数据库。

图 1.2 2014—2015 年全球主要股票市场指数变化

明显加大。此外,从全球货币市场看,欧元、日元、人民币兑美元都出现了不同程度的贬值,并且相互间的汇率波动也较 2014 年更加剧烈。货币的大幅波动乃至竞相贬值也造成了金融风险加剧。

1.1.4　全球债务高位累积

随着欧美等发达国家普遍采用量化宽松政策,全球货币政策趋于宽松,在需求管理型的发展方式下,全球债务高位累积。根据 IMF 的估计,全球债务出现了连续三年增长,债务风险加剧。总体看,发达经济体的债务率高于新兴经济体,如表 1.2 所示,2015 年发达经济体债务占 GDP 比重高达 105.4％,新兴经济体为 43.9％。全球债务在 2015 年继续扩张,债务高企一定程度上是各国应对危机过程中加杠杆的必然结果,世界经济的复苏艰难也加剧了各国的债务风险。

表 1.2　全球主要经济体债务占 GDP 比重(％)

	2011 年	2012 年	2013 年	2014 年	2015 年(E)
世　界	78.7	80.5	79.1	79.8	80.4
发达经济体	102.6	106.8	105.2	105.3	105.4
美　国	99.1	102.4	103.4	104.8	105.1
欧元区	86.5	91.1	93.4	94	93.5
日　本	229.8	236.8	242.6	246.4	246.1
新兴经济体	38.4	38.6	39.7	41.7	43.9
中　国	36.5	37.3	39.4	41.1	43.5
印　度	68.1	67.5	65.5	65	64.4
俄罗斯	11.6	12.7	14	17.9	18.8

资料来源:Wind 数据库、2015 年财务检测报告。

1.1.5　恐怖主义阴霾再起

全球经济治理一直是世界经济协调发展的短板,各国的协调机制在一定程度上不能满足复杂多变的世界经济形势,尤其是恐怖主义在 2015 年再次抬头。欧洲难民问题增加了流入国的经济、社会负担和风险,巴黎暴恐袭击给全球稳定增加了更多的不确定性,反恐形势愈加严峻,并再次成为全球治理的重要任务。随着全球化的日趋深化,各国之间经济、社会联系更加紧密,在国际货币金融体系、能源、贸易以及恐怖主义和难民危机等方面的全球治理难度也在不断加大。

总体上看,2015 年的世界经济有喜也有忧,艰难复苏、脆弱复苏、分化复苏、波动复苏的特点日益明显。复苏艰难曲折,世界经济表现出"新平庸",但是,机遇往往就蕴藏在平庸当中。全球经济增长在分化的过程中,经济结构、制度结构、分工结构都在不断调整。

1.2　2016 年全球经济增长:脆弱复苏,持续分化

经历艰难复苏的 2015 年,展望 2016 年,全球经济仍然面临不少挑战,复苏依旧难言乐观,分化加剧成为趋势。其中,发达经济体货币政策分化、大宗商品价格低位波动、地缘政治摩擦升级、暴恐袭击阴霾笼罩等都将成为制约经济企稳复苏的重要因素。短期内,这种疲弱、分化的增长态势将加剧各国社会、政治、经济发展的复杂性和不平衡性。

全球经济仍旧处在徘徊动荡的调整状态,复苏缺乏强有力的动能支持。具体地看,各国(或地区)复苏进程仍将延续缓慢且非均衡的分化态势:美国经济增长向好,但复苏基础不牢固;欧元区经济复苏步伐或被外部因素干扰,增长缺乏有力支撑;日本经济增长前景黯淡,或现衰退;新兴市场增速普遍减慢,但仍是全球"引擎"。据图 1.3 可知,危机前(即 2000—2007 年间)全球平均经济增长率高达 4.48%,危机后则一直处于低位,增长放缓明显,尤其是未来两年。本报告预测,2015—2017 年世界经济年增长率将分别为 3.00%、3.24% 和 3.43%,相较上年均有所下调,表明全球经济增长仍处于探寻可持续增长路径阶段,增长势头仍旧微弱。这与世行、IMF 和 OECD 等研究机构的预测结果基本一致(图 1.4)。

具体来看,各国(或地区)增长分化态势将进一步扩大。

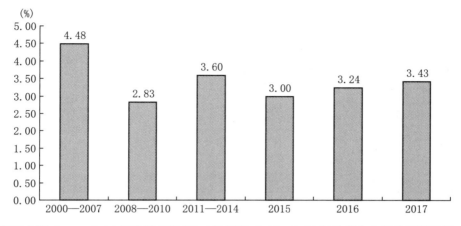

资料来源：2000—2014年数据来源 Wind 数据库，2015—2016年数据为本报告预测结果。

图1.3　全球经济增长率均值及预测值

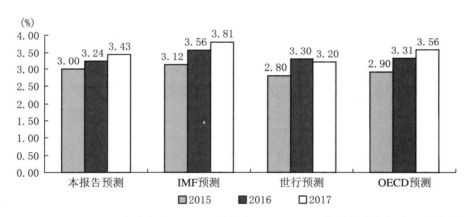

资料来源：2000—2014年数据来源 Wind 数据库，2015—2016年数据为本报告预测结果。

图1.4　各机构对2015—2017年世界经济增长率预测结果

1.2.1　发达经济体：增长不稳，谨慎乐观，各国应对政策分化妨碍复苏进程

1.美国：温和复苏，缺乏稳定性

美国经济虽总体表现良好，但冲击经济增长的下行因素仍然存在，货币政策对经济的支持作用逐渐消退，但结构性改革尚未取得实质性进展，经济复苏还未站稳脚跟。具体来看，其一，企业投资回升、房地产市场稳步上行、就业增加等利好因素将继续带动家庭消费复苏，成为拉动经济增长的首要因素，但作用有限。其二，美国货币政策常态化后，美元升值降低出口竞争力，主要贸易

伙伴(如欧盟、日本及主要新兴经济体)增速放缓,需求降低,限制美国出口进一步回升。其三,持续低油价将导致高成本的页岩油井丧失经济开采价值,削弱美国页岩气生产商的投资积极性,降低产量。整体看,短期内,美国经济增长波动依旧较大,经济仍处于危机后的恢复阶段。综合考虑,我们预计,美国2016年增速仍有放缓的可能,但增长趋于健康,复苏前景谨慎乐观,其中2017年经济增长可能低于2016年,增长率分别为2.90%和2.74%(见表1.3)。

表1.3　全球主要发达经济体和新兴经济体经济增速(%)

	2011	2012	2013	2014	2015	2016	2017
美　国	2.51	1.85	2.78	1.88	2.69	2.90	2.74
英　国	1.66	1.12	0.28	1.74	3.09	3.18	2.99
日　本	4.65	−0.45	1.45	1.54	0.41	0.34	0.39
欧元区	1.60	1.68	−0.45	−0.29	1.55	1.90	1.93
新兴经济体	5.79	4.74	3.41	3.09	3.95	4.14	4.38

资料来源:2010—2013年数据来自世行的WEO数据库,2014—2015年数据为本报告预测值。其中新兴经济体选取阿根廷、巴西、保加利亚、中国、捷克、中国香港、埃及、爱沙尼亚、匈牙利、印度、印度尼西亚、韩国、拉脱维亚、立陶宛、马来西亚、墨西哥、菲律宾、波兰、俄罗斯、新加坡、南非、泰国等22个国家和地区。

2. 欧元区:"内忧外患",不确定性增加

在内、外因素双重制约下,欧元区经济复苏前景充满变数,经济增长仍不稳健。风险源主要来自经济、政治及暴恐袭击三个方面:其一,经济方面,欧元区经济减债压力、实体经济缺乏新的增长点、失业率依然较高、结构改革步伐缓慢等多重因素仍将给经济增长产生很大压力。其二,政治方面,俄、土间军事冲突不断发酵甚至恶化,"难民潮"问题导致区内政府与公众矛盾加深等。其三,暴恐袭击阴影仍将笼罩,成为重要变数。但增长有利因素也将支撑经济继续复苏:其一,欧洲宽松货币政策和低油价将有助于提升消费和投资,继续成为支撑2016年和2017年经济增长的重要力量。其二,欧元区高负债成员国开始重视削减财政赤字和债务,整体财政状况将不断改善,且短期内希腊等国的退欧风险也明显降低,有助于稳定金融市场流动性,成为经济企稳的强心剂。其三,得益于量宽政策和一系列财政支持计划,欧元区企业出口和投资规模仍将稳步增长,由此促使贸易顺差增加,进而带动制造业回暖。具体看来,各成员国的增长趋势依旧分化,英国、西班牙、意大利经济增长势头强劲,德国

和希腊增长企稳,法国增长预期向下。综合考虑,本报告预测欧元区 2016 年和 2017 年经济将分别增长 1.90％和 1.93％(见表 1.3)。

3. 日本:增长下行,或陷衰退

日本经济仍在同步收缩,复苏艰难,通缩风险并未解除,激进的货币政策效力将逐渐减弱,增长不具可持续性。"安倍经济学"的固有局限性,使得政府无法从根本上解决本国人口老龄化加速、贫富差距扩大、社会保障费用增加、企业不断向海外转移带来产业空心化等经济社会的结构性问题。具体来看,一是居民收入和就业条件的改善,促使消费信心开始回升,但消费支出速度依旧缓慢,对经济增长支撑乏力。二是宽松货币政策的维持将导致日元贬值,对政府高负债形成重压,巨额债务的可持续性面临挑战。三是新兴经济体增长放缓,导致其外部需求降低,恶化企业增长前景。四是企业的设备投资、库存投资、公共投资仍将下降,导致剩余库存难以消解,成为拖累经济增长的主因。鉴于此,本报告预计,日本经济增长前景较为悲观,2016 年和 2017 年经济增长率分别为 0.34％和 0.39％(见表 1.3)。

1.2.2　新兴经济体:短期下行,长期向好,复苏势头取决于结构性改革新成效

新兴经济体受结构性改革滞后、大宗商品价格走弱及政策不确定性等三重因素影响,经济增长将呈现较为明显的放缓趋势,但作为全球经济增长极,新兴经济体增速依旧保持高位,成为世界经济增长的重要贡献者。长期看,经济增长有望保持平稳,短期内增长分化依然存在。根据本报告预测,2016 年和 2017 年全球 22 个新兴经济体总体经济增长率将分别为 4.14％和 4.38％,具体如下:

1. 增速下滑:俄罗斯、巴西、中东欧国家等

(1)下滑严重的国家:巴西、俄罗斯。大宗商品价格"跌跌不休",将进一步削弱巴西经济复苏基础;同时,国内紧缩货币政策仍将持续,高利率水平将大大限制其消费和投资,经济面临较大滞胀风险,尤其美联储加息周期下,资本流出压力不断增大;另外,巴西国家石油公司的腐败调查和总统支持率下降,可能引发政治风险,对政府的经济刺激政策产生不利影响,经济可能陷入衰退。俄罗斯经济增长高度依赖能源出口,容易受到外部冲击,制造业或将进

一步走弱,同时地缘政治紧张局势也会严重拖累其经济增长,负增长格局短期之内将难以扭转,预计其经济放缓程度会超过预期。我们预计 2016 年俄罗斯和巴西经济增长率分别为－3.14％和－2.12％(见表 1.4)。

表 1.4　全球 22 个新兴经济体 GDP 增长率预测值(％)

	2015	2016	2017	地理位置
捷　克	3.10	2.03	2.04	中　欧
爱沙尼亚	2.00	1.93	1.88	北　欧
韩　国	2.14	2.94	2.78	东北亚
波　兰	3.04	2.77	2.54	中　欧
中国香港	2.48	2.51	2.53	东　亚
拉脱维亚	2.37	1.88	1.87	东北欧
立陶宛	1.60	1.51	2.35	东北欧
俄罗斯	－3.36	－3.14	－1.21	东欧和中亚
新加坡	2.16	2.25	2.81	东南亚
阿根廷	1.72	2.20	2.60	拉美与加勒比地区
巴　西	－2.10	－2.12	－0.87	拉美与加勒比地区
保加利亚	1.55	1.42	1.32	欧洲和中亚
中　国	6.94	6.78	6.51	东　亚
匈牙利	3.21	2.87	2.60	欧洲和中亚
马来西亚	4.56	4.98	4.95	东亚与太平洋地区
墨西哥	2.42	2.60	2.81	拉美与加勒比地区
南　非	1.69	1.90	2.06	撒哈拉以南非洲
泰　国	2.74	3.00	3.22	东亚与太平洋地区
埃　及	3.90	4.29	4.57	中东和北非
印　度	7.20	7.43	7.98	南　亚
印度尼西亚	4.50	4.97	5.25	东亚与太平洋地区
菲律宾	5.36	5.82	5.98	东亚与太平洋地区

资料来源:本表数据为上海社会科学院世界经济所宏观经济分析组预测结果。

(2)轻微下滑的国家:波兰、匈牙利、爱沙尼亚、拉脱维亚、立陶宛、保加利亚。除全球增长乏力等原因外,这些国家还将主要受到欧元区主权债务危机、暴恐袭击及俄、土等地缘政治影响。另外,出口疲软和私人经济领域负债比例较高,已经成为中东欧地区经济发展面临的两个主要难题,这会严重限制相关国家居民收入的提高,进而导致国内需求不断下降,抑制经济增长。因此,该地区经济将呈现低增长态势但不会出现大幅下滑。我们预计 2016 年波兰、匈牙利、爱沙尼亚、拉脱维亚、立陶宛、保加利亚经济增长分别为 2.77％、

2.87％、1.93％、1.88％、1.51％、1.42％(见表1.4)。

2. 稳定增长:南非、韩国、印度尼西亚、马来西亚、新加坡、泰国

南非经济增长相对平稳,但缺乏上涨动力,由于电力短缺问题的长期存在,基础设施短缺、制造业萎缩以及大宗商品价格下跌等因素共同制约了其经济大幅上涨势头。虽然,韩国经济受疫情冲击的影响逐步消退,刺激政策发挥效力,内需向好,但外需疲弱仍无改善,增长略有回升。印度尼西亚、马来西亚、新加坡和泰国经济除了保持稳定外也将无明显好转,其中,印度尼西亚推动燃油税改革之后再无新的举动,马来西亚政局动荡,改革基本停滞,给经济增长带来威胁。尽管2016年马来西亚、泰国、新加坡等国经济增速略高于2015年,但风险犹存。预计2016、2017两年全球经济金融形势不乐观将给这些国家带来较为严重的外溢影响。我们预计2016年南非、韩国、印度尼西亚、马来西亚、新加坡和泰国经济增长分别为1.90％、2.94％、4.97％、4.98％、2.25％、3.00％(见表1.4)。

3. 增长向好:印度、墨西哥、阿根廷

印度经济形势较两年前稍好,凭借国内推行的投资政策和对外开放政策,经济释放出巨大活力,通胀率也显著下降,增长回升明显,经济复苏平稳向好。但印度仍面临基础设施落后、政府偿债能力不强等问题,交通、通信等基础设施的落后和制造业的萎缩将长期制约其经济发展。同时,这些国家相对开放的资本账户仍将使其面临美联储加息后的资本冲击。另外,随着美国经济好转以及石油价格暴跌,那些向美国出口大量制造业产品的经济体增长将会好转,比如墨西哥、阿根廷等国,但低油价、美联储加息都将成为影响这些国家经济增长的下行因素。我们预计2016年印度、墨西哥和阿根廷经济增长分别为7.43％、2.60％、2.20％。

1.3 国际金融:货币周期分化,或触发新的金融风险

1.3.1 美国开启加息周期,新兴经济体爆发危机概率大增

美国已正式宣布近十年来首次加息,随着美国加息周期的重启,"全球皆松,唯美独紧"的货币政策分化局面将成为威胁今后两年金融稳定的风险源,

并与世界经济的"低增长、低通胀、低利率和高负债"相互交织,促使全球资本流动呈现急速流出。经济基本面脆弱的新兴经济体,尤其是那些对外资依赖较大、经常项目逆差严重、财政和外贸双赤字、海外债务规模高且资本市场开放度大的新兴市场国家,将面临信贷增长下降和偿债成本上升的巨大压力,金融市场将再次动荡,或将再次上演 2013 年时那种具有破坏性的"缩减恐慌"(taper tantrum),甚至爆发新一轮流动性危机。从历史上来看,20 世纪 80 年代的拉美债务危机和中国台湾与韩国的资产泡沫破灭,1994 年墨西哥危机,1997 年亚洲金融危机,以及 2001 年的阿根廷货币危机,均发生于美国进入加息周期后。因此,2016 年及之后,新兴经济体不仅面临经济增长困境,还将承受国际资本流出冲击,防御金融市场风险将成为今后几年的重点内容。

1.3.2 全球汇率波动上升,新兴经济体货币或重现贬值潮

各国央行货币政策分化局面将促使国际外汇市场的价格发生巨幅震荡,各国央行维持汇率稳定的难度加大。预计美元、英镑等汇率保持稳定上升,主要新兴经济体的汇率将现大幅波动格局,在金融市场压力下,这些国家的货币相对美元将重现大幅贬值潮。其中,最有可能发生贬值的货币有人民币、印度卢比、泰铢、巴西雷亚尔、马来西亚林吉特等。一旦汇率波动加剧,最后汇市的严重不确定性就可能涉及各国的股市、债市及房地产市场,从而给这些市场带来巨大风险。

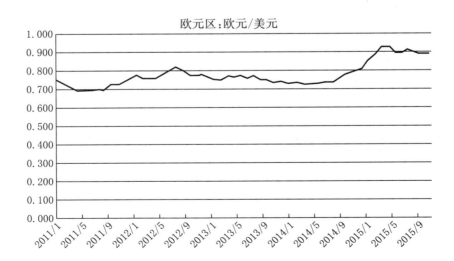

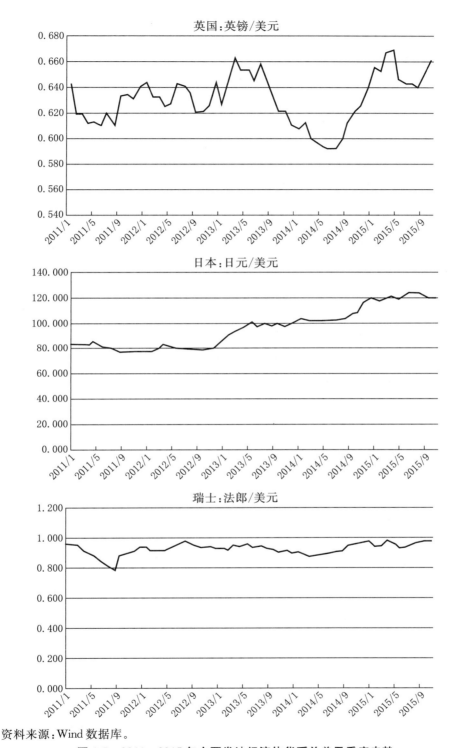

资料来源：Wind 数据库。

图 1.5　2011—2015 年主要发达经济体货币兑美元季度走势

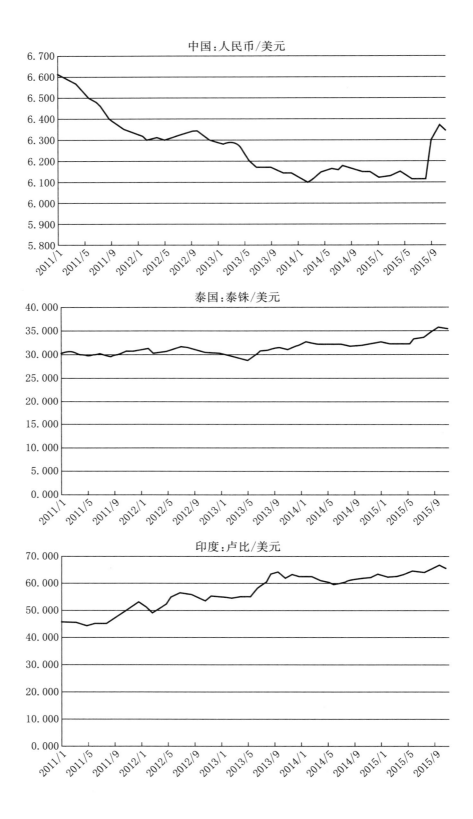

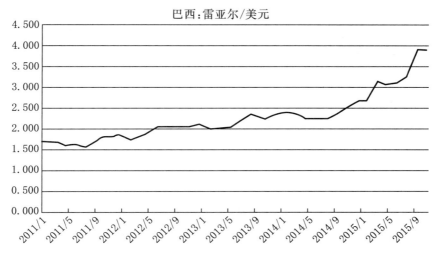

巴西:雷亚尔/美元

资料来源：Wind 数据库。

图 1.6 2011—2015 年主要新兴经济体货币兑美元季度走势

1.3.3 资本避险情绪陡增，"逃往安全"将成投资者首选

2016 年全球资本市场将开启震动模式，在全球风险来源不明的情况下，逃往美国等经济增长相对稳定复苏的发达经济体将成首选，美元、美债将再次成为全球资本的"避风港"和"安全资产"。美元强势周期可能会持续 4—5 年左右，美元在相当长时期内还是全球追逐的安全资产，这可能会引发部分新兴经济体股市及汇率巨幅波动。各国货币政策的不确定性、全球经济减速、股市在高增长形成价格扭曲之后回调纠偏等诸多因素叠加，将触发短期投资者在未考虑经济基本面的情况下追随"羊群效应"。由 VIX 指数演变态势可知，2015 年第二季度 VIX 指数大幅飙升，表明金融市场风险增加，投资者避险情绪上升；从年度数据看，2015 年 VIX 指数出现高于 2014 年的上升趋势[①]，且相较而言，目前恐慌指数正处在由低位向高位上涨的态势。预期 2016 年恐慌指数仍将继续上升，全球避险情绪将继续高涨，首当其冲的将是高负债的新兴经济体，尤其是美元计价债券占比高达 40% 及以上的新兴经济体。

---

① 此处 VIX 指数的年度数据为各月平均值，2015 年数值为前 10 个月的均值。

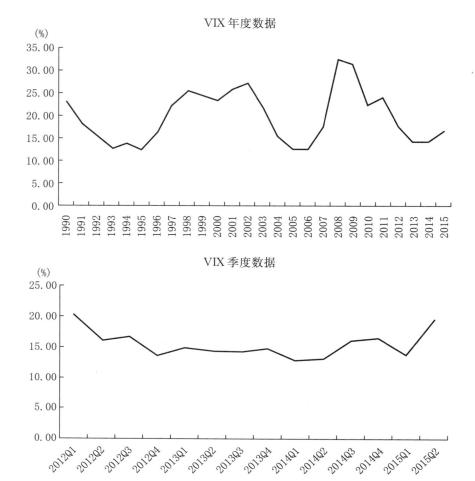

注:图中季度和年度 VIX(Volatility Index)数据芝加哥期权交易所 VIX 指数(CBOE Volatility Index),是反映全球金融市场风险变化的指标之一,又称投资人恐慌指标(The Investor Fear Gauge),即投资者在指数下跌时较在指数上涨时更有规避风险的意愿,当 VIX 越高时,市场参与者预期后市波动更加激烈,避险意识强烈;相反,如果 VIX 越低时,市场参与者预期后市波动程度趋于缓和,避险情绪降低。

资料来源:美联储经济数据库(FRED)。

图 1.7　2013—2015 年全球 VIX 指数季度和年度数据变动

1.4　世界贸易:低速运行,大宗商品价格或见底

1.4.1　全球贸易低速增长,但有望超越全球经济增速

　　全球经济增长疲弱、大宗商品价格"跌跌不休"、全球汇率宽幅震荡、新贸易保护主义盛行及地缘政治风险上升等不利因素继续恶化贸易环境,制约全

球贸易的企稳回升,但仍能维持低速增长。其中,美国经济复苏趋势平稳向好,贸易复苏势头强劲,但欧元区、日本及新兴经济体增长态势依旧不明朗。由于全球经济复苏缓慢,全球贸易总额增长率有望在随后两年超越全球经济

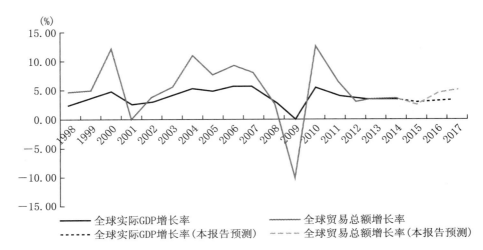

资料来源:1998—2014 年数据来源于 Wind 数据库,2015—2017 年数据为本报告预测结果。

图 1.8　全球 GDP 和贸易总额的实际增长率及预测

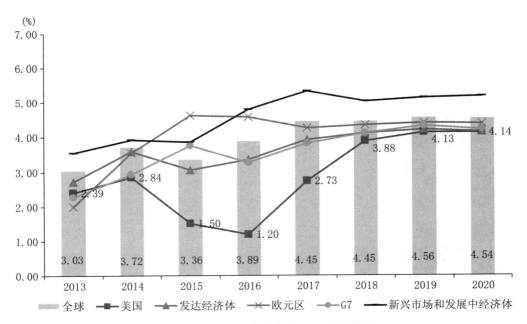

资料来源:Wind 数据库,其中 2015—2020 年数据为 IMF 预测结果。

图 1.9　全球及主要经济体货物和服务出口实际增长率及预测

增长,尤其是在 2017 年。根据本报告预测,2016 年和 2017 年全球贸易增速将分别达到 4.41％和 5.05％,而全球经济增长率预计仅分别为 3.24％和 3.43％。整体看,新兴经济体和发展中国家贸易将会率先复苏,增长水平超过全球均值,而发达经济体贸易增长可能仍无起色。

1.4.2　全球供需失衡延续,价格或将见底

大多数大宗商品进入了供给大幅释放的阶段,供给过剩导致"供求失衡",且短期内市场难以改变这一失衡格局,但进一步大幅下跌可能性较低,预计未来两年大宗商品或将出现触底迹象,并维持低位震荡走势。具体看来,一是石油供给增加,需求低迷,但不确定性因素或维持油价低位走稳。OPEC 组织将继续维持不减产计划,美国和伊朗达成的谈判协议将促使伊朗石油潜在供给增多,导致全球原油库存在富余的基础上仍将不断增加,在需求低迷的情况下,油价面临持续下探压力。然而,原油市场仍面临供给的不确定性,尤其是中东、北非等地区的地缘政治风险,可能会中断石油开采步伐,降低石油供给量,引发国际油价短暂上调。二是全球经济增长放缓,减少对金属及农产品等主要品种的需求。全球经济尤其是新兴经济体复苏乏力,减少了对铜、铁矿石等工业金属的需求。另外,危机前中国经济飞速上涨对自然资源的井喷式需求带来的大宗商品繁荣周期已经过去,目前已处于消化前期大量过剩产能阶段,需求降低已成必然。三是全球金融市场不稳可能引发大宗商品价格波动。由于大宗商品主要以美元计价,随着美元走强,计价货币升值势必对以美元为单位的大宗商品价格产生回调压力,国际投资者预期大宗商品价格将继续低位震荡,金融资本逐渐流出大宗商品期货市场,短期内引发大宗商品价格波动。

1.5　全球投资:总体趋缓,中国贡献增多

1.5.1　全球投资增长趋缓,中国对外投资增长将成新亮点

鉴于主要经济体增长的不均衡性、脆弱性和不确定性,全球对外投资趋缓态势难言好转,短期仍将维持震荡走势,但不会出现显著下滑。其中,外商直

接投资增长平稳或略有增长,根据本报告预测,2016 年全球 FDI 流量将升至
1.4 万亿美元,2017 年升至 1.5 万亿美元,且仍维持大幅流入发展中国家趋
势,发展中国家 FDI 流量占总流量比重将由 2014 年的 55.48% 升至 2017 年的
65.44%。但我们预计,在全球对外投资总体趋缓格局之下,中国对外投资的
带动作用日渐突出。随着自身实力的壮大、技术创新能力的提高以及国际经
营能力的提升,中国企业更深层次参与国际经贸合作的愿望日益强烈,并推动
对外投资规模不断扩大。本报告预测,2017 年全球 OFDI 流量将达到 1.6 万
亿美元左右,其中,中国 OFDI 规模上涨态势强劲,占全球 OFDI 比重进一步攀
升至 11.83%,成为名副其实的全球第二大对外投资国。未来几年,中国将逐
渐步入由"商品输出"到"资本输出"的新阶段,通过"一带一路"倡议带动资
源、资本全球化配置,中国企业对外投资正成为带动全球对外投资上涨的重要
因素。

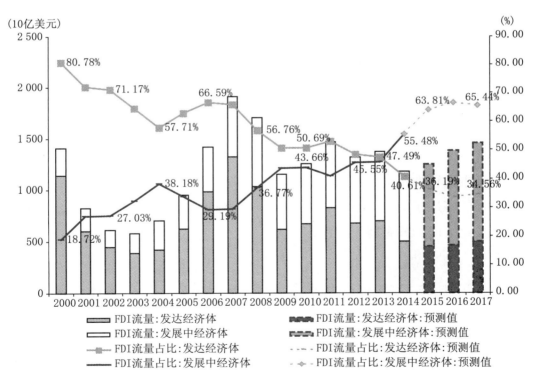

资料来源:2000—2014 年数据来自 Wind 数据库,2015—2017 年数据为本报告预测结果。

图 1.10 2000—2017 年发达经济体和发展中经济体 FDI 流量、占比及其预测值

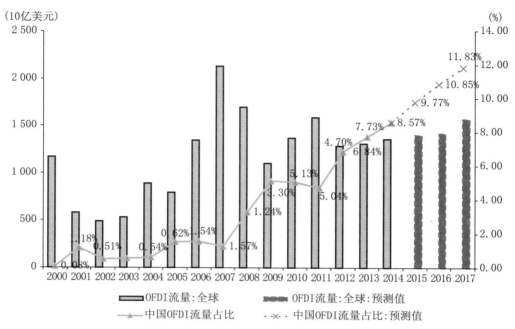

资料来源：2000—2014 年数据来自 Wind 数据库，2015—2017 年数据为本报告预测结果。

图 1.11　2000—2017 年全球 OFDI 流量及中国占比实际值和预测值

1.5.2　产业投资重点转移，新产业和新业态正成为新方向

随着欧美"再工业化"周期的重启，全球产业将进一步向高端制造、设计和研发等价值链高端演进。其一，以互联网、云计算、大数据为主的宽带、智能、网络增值服务等产业将异军突起，成为各国投资追逐的重要高地，对全球产业格局产生颠覆性重构。其二，全球制造业出现"制造业服务化"新趋向，服务业投资增长将逐步提高，全球跨国公司都在推进制造服务化转型进程，预计制造业服务化方向的投资将不断增多。

1.6　2016 年 G20 峰会杭州议程展望：防范新兴经济体金融风险

2016 年 G20 峰会杭州议程以"构建创新、活力、联动、包容的世界经济"为主题，将深入挖掘世界经济复苏增长的新动力。其中，以下几方面的议题可能成为讨论的焦点。

第一，金融风险防范与全球金融体系改革及治理体系建设，建立更加稳

定、安全、高效、兼容并包的国际金融稳定机制。一是呼吁建立多币种的国际货币体系,加强在财政和货币政策方面的国际协调行动和合作,协调全球因货币政策不同步带来的流动性风险,反映发展中国家的金融稳定诉求。其中,2016年防范金融风险可能成为峰会主题和关注点之一。二是在更加民主和广泛参与前提下,探讨如何加强在国际银行体系、跨境资本流动、股票和债券市场等方面的金融监管,并通过设定相关法规或标准推动建立更符合各国(或地区)经济发展步伐和可持续发展要求的金融监管体系。

第二,全球基础设施互联互通建设,及其投融资方式改革的探讨,建立更加健康、可持续的基础设施建设投融资标准,寻找助力全球经济增长和方式转变的新方法。一是强调基础设施建设对世界经济增长和贸易发展等的重要性,及G20在全球携手推动互联互通中的领导作用,在推进大规模基础设施项目中的协调作用。通过G20推动建设更加公正、透明基础设施投资市场,可能提出各国关于基础设施建设的具体措施或量化目标。二是积极倡导关于政府和民间共同合作的投融资方式和标准等,为基础设施建设提供多样融资方式,提高资金的杠杆和使用效率,更广泛地吸引譬如养老基金、主权财富基金等各类投融资主体加入基础设施建设中。同时,推动亚洲基础设施投资银行、丝路基金及其他多边开发银行的跨区域合作,提升这些国际性机构的联手治理能力。

第三,在推动国际贸易新规则设定、协助各国政府开放本国经济、融入全球贸易体系等方面展开探讨,推动建设自由开放、包容普惠、共赢可持续的全球贸易大市场。一是推动贸易投资规则和标准的协调、统一,引导国际贸易向更高层次发展,构建广泛的利益共同体,解决全球范围内经贸合作的碎片化倾向。二是推进有关"开放、透明、包容"的区域贸易谈判,采取相关措施推动发展更高层次的开放型经济,倡议形成深度融合的互利合作格局,实现"联动式发展"。

第四,倡导联合行动保护环境和应对气候变化,在向低碳经济转型、适应气候变化方面提出新的应对措施和协议,探讨推动世界能源体系转型,培育有创造力且极富创新性的世界经济增长新动力。承接巴黎气候大会相关协议内容,G20峰会很有可能涉及关于应对气候变化的议题。一是继续督促发达国家落实承诺、向发展中国家提供资金,推动达成应对气候变化的融资标准,加强应对气候变化的"南南合作""南北合作"等。二是倡议各国在中长期内实现从能源密集型向环境友好型的经济增长方式转变,在经济决策中更多考虑关于可持续发展与气候变化等绿色发展内容。三是加强各国对清洁技术、新能源开发等领域的投资与合作,降低环境污染,实现高质量、低碳增长。

1.7 中国经济增长新趋势:短期下探、供需两端发力助推长期向好

2015—2016 年中国经济正处于转型改革的关键时期,外部需求疲弱,内部供需结构不匹配,供给结构和方式不适应需求的快速升级,是经济增长的主要瓶颈。未来两年,中国经济增长态势仍很严峻,经济增长或将进入一个平稳或小幅下滑的增长轨道。其中,化解产能过剩、降低企业成本、消化地产库存、防范金融风险等四方面内容是困扰经济上涨的重要因素。包括去产能、去库存、去杠杆等在内的供给侧结构性改革尽管有利于经济长期增长,但是短期内必将带来关停并转的剧烈阵痛,经济增长可能会进一步下探。

根据上海社会科学院世界经济所宏观分析组的报告预计,2016 年和 2017 年中国经济增速将分别降至 6.78％和 6.51％。不过,中国经济增长的积极因素日渐增多,稳增长政策的溢出效应将逐渐显现,长期增长的基本面较为乐观。2016 年稳增长仍旧是主要任务,核心目标是将经济增长方式由靠增加劳动力、资本、土地以及环境承载力的粗放投入,切换为依靠改革红利和创新红利,稳步重建新平衡,而非简单沿用传统理论和刺激政策稳增长,确保经济中长期稳步、健康增长。

1.7.1 需求端分析:出口稳定、投资转弱、消费稳步上涨

一是出口增长有望稳定但仍面临压力。2015 年出口初现企稳迹象,严峻形势有所缓解,虽然截至 2015 年 10 月中国出口金额同比仍下滑 7％,但下滑趋势已经趋缓。2016 年全球经济将延续缓慢和不均衡的增长格局,出口环境动荡复杂,外需分化将是影响中国出口稳定增长关键因素。具体来看,受美国经济稳步复苏、个人消费快速增长的带动,中国对其出口将进一步上涨,如2015 年 1—10 月中国对美出口额已现上涨趋势;受俄土动荡局势、暴恐阴霾影响及欧债危机等拖累,中国对欧洲出口的复苏将比较缓慢并面临较大的不

确定性;新兴经济体中的贸易伙伴国经济增速下行,将减少对中国的进口。同时,中国国内要素条件发生变化,传统低成本优势削弱,出口快速复苏缺乏基础。综合考虑,预计中国出口将止跌回升,趋势向好但不确定性仍存在。

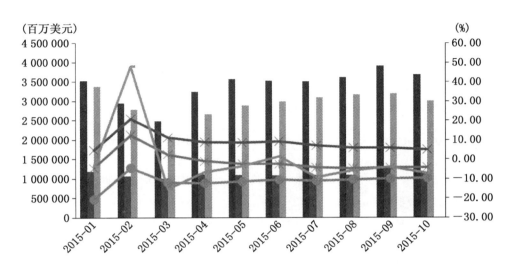

资料来源:Wind 数据库。

图 1.12 中国对美国、欧洲、日本出口金额及其累计同比增长率

二是投资增长难有起色,但积极变化正悄然发生。首先,受购房峰值人口下降、住宅新开工面积减少等规律性因素决定,房地产投资继续深度下滑。其次,基础设施投资有望在政策带动下保持稳步增长。再次,企业投资依然疲弱。利润低和融资成本高等因素制约企业扩大投资能力,目前仍处于消化前期过剩产能过程中。具体来看,各行业表现不一:钢铁制造、化工产品、塑料制品等产能过剩行业投资增速将进一步下滑,设备制造、机械设备制造、汽车及零部件生产等行业投资增速则可能低位走稳。新兴行业如新能源和新技术领域在改革红利的推动下将保持旺盛的投资需求,但短期内投资增长规模偏小,对经济带动作用有限。但在新常态下,新亮点将在 2016 年进一步体现,在固定资产投资结构当中,服务业多个领域表现抢眼,克强指数代表的用电量等情况也逐渐好转,显示产能过剩行业正在经历去产能的调整,服务业已在产业结构中占据越来越重要的地位。

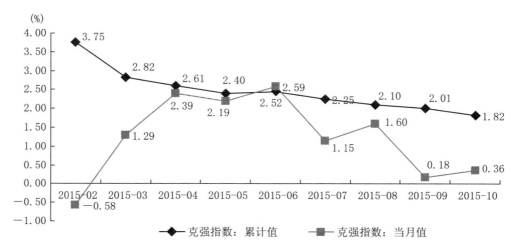

资料来源：Wind 数据库。

图 1.13　2015 年克强指数累计值和当月值变化情况

　　三是消费增长稳健并小幅上扬，升级趋势更加明显。随着住房、医疗和养老的不确定性降低，就业稳定，居民储蓄倾向逐渐降低，消费需求倾向在增加。第三产业对 GDP 增长的贡献作用明显增强。从图 1.14 知，第三产业对 GDP增长的贡献率不断上升，2015 年第一季度已高达 60.2％，预计 2016 年这种趋

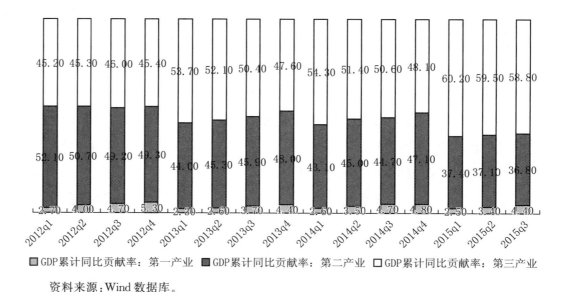

资料来源：Wind 数据库。

图 1.14　三大产业对 GDP 累计同比贡献率（％）

势将更加明显。对比各行业来看,其他服务业(主要包括代理业、咨询业、旅游业、仓储业、中介业等)对 GDP 增长的贡献率不断攀升,截至 2015 年第三季度,其贡献率高达 24.2%,进一步说明中国民众消费不断从以衣、食为主的生存消费转向文化、娱乐、教育、健康等享受型、发展型消费,尤其是新型消费业态增速迅猛,网络消费正逐渐成为推动消费扩张的重要动力。

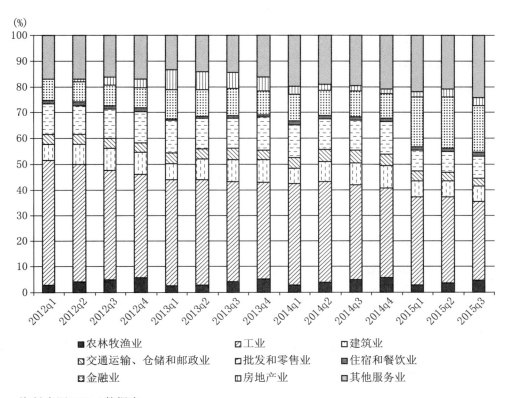

资料来源:Wind 数据库。

图 1.15　各行业对 GDP 累计同比贡献率

1.7.2　供给端分析:去产能严峻、增长显新亮点、制度红利释放

一是产能过剩行业形势依旧严峻,高成本时代到来"雪上加霜"。2016 年面临破产重组、清理过剩产能的艰难任务,短期内,企业仍处于释放和消化过剩产能的高峰阶段,重化工业和产能过剩主导的经济下行力量远大于新技术、新业态和新模式引导的新兴上升力量。实体经济降杠杆、去库存、逐步释放风险与虚拟经济加杠杆、资金脱实入虚和金融风险积聚并存。同时,未来一段时

间内,土地、原材料、能源、环保、人才、劳动力、资金、知识产权、物流、交易等各种成本全面上升,这将对各产业发展带来严峻挑战。

二是新技术、新媒体和绿色低碳等经济发展新亮点日益突出。新的供给创造新的需求。经济发展重心继续由前期主要依赖低端消费扩大的拉动逐步上移至依靠信息产业、高端装备、节能环保、健康医疗等供给端的升级改造,通过优化升级与创新转型再塑新的快速增长平台,并将对所有行业特别是传统行业(如商业、传媒、通信、出租车、金融等)带来颠覆性影响和冲击。新一轮全球技术革命在移动互联网领域取得了显著进展,中国在移动互联网技术的研发特别是应用领域也有上乘表现。另外,生态文明建设已提升到前所未有的高度,绿色低碳发展正成为中国的新潮流,预计"十三五"时期主要污染物排放的叠加总量可能达到峰值。

三是制度建设带来新一轮改革红利,市场将发挥决定性作用。政府将继续通过一系列体制机制尤其是土地制度、户籍制度和金融制度方面的深化改革,使土地、劳动力、资本这三大基本要素在企业家精神和创新精神的驱动下自由流动、优化组合,进而实现效率提升和创新激活。通过国企改革、降税减费和简政放权,加大对企业发展的支持。另外,政府稳增长力度也在进一步加大,都将为今后两年的经济增长带来可观红利。

仍然需要说明的是,中国目前推行的供给侧改革,与西方的供给经济学在前提条件和内涵上都存在很大不同:西方供给经济学是在市场供给不足的前提下,通过大幅度降低企业和个人税率,减少国家对经济的干预和对企业经营活动的限制,刺激生产,从而达到通过供给创造需求的目的。而中国"供给侧改革"的背景是国内供需结构不匹配,导致出现实体经济产能过剩、房地产高库存、地方政府高债务、企业高成本、银行不良资产较多等结构性问题。通过对这些结构性问题进行全方位、深入的改革和创新,包括对产业结构、区域结构、要素投入结构、排放结构、经济增长动力结构和要素收入分配结构等的改革,解决资源错配问题,降低市场交易成本,为市场提供优质资源并提高资源的使用效率,提供高品质的产品以满足日益升级的需求,建立"供需相匹配"的新经济结构,提高中国经济增长率。与西方供给经济学相比,虽然中国"供给侧改革"也注重减税的作用,但旨在将取之于民的税收真正用于提供有效的民生服务上,以提高公共服务有效性和提升企业效率。从根本上看,中国"供给侧改革"是面向经济全局的一个战略性部署,体现"供需双侧发力"的核心思想,是一个深化改革的过程,打造中国经济升级版,而非单纯的解决供给和需求方面的问题。

1.8　经济体制改革新形势:外逼内引,深化改革进一步释放制度红利[①]

第一,从全球看,国际投资和贸易规则加速重构,迫切需要深化改革主动适应新形势。未来一个时期,全球经济治理体系面临深度调整。随着 TPP 谈判达成基本协议,国际投资和贸易规则将加速重构,规则谈判平台由多边关系平台向伙伴关系平台转移,规则谈判重心由贸易规则转向投资规则,由货物贸易转向服务贸易,由实体贸易转向数字贸易,由关税壁垒转向监管壁垒,由边境措施转向境内措施,由自由贸易转向公平贸易。面对日益增多的挑战,加强全球治理、推进全球治理体制变革已是大势所趋。中国不仅要顺应形势变化,更要主动参与和引领国际规则的制定,在全球治理体系重构中争取主导权。

第二,从国内看,中国进入新常态下发展新阶段,迫切需要深化改革形成新动力。当前,中国经济正在进入新常态,经济发展方式加快转变,发展动力结构深刻调整,由此给深化改革提出更高要求。全面深化改革的紧迫性不断凸显。中国经济发展进入新常态,战略机遇期内涵发生深刻变化,"三期叠加"背景下改革的突破性和先导性作用凸显,未来更需要通过全面深化改革破解发展难题、厚植发展优势,需要通过改革推动创新、协调、绿色、开放、共享发展,需要通过改革为发展提供持续动力。结构性改革的重要性日益突出。供需错位已成为中国经济持续增长的突出障碍,一方面是传统的中低端消费品供给严重过剩,另一方面是高品质消费品供给不足,单靠需求刺激措施已不能解决问题,必须适时加强供给侧结构性改革,提高供给体系质量和效率,增强经济持续增长动力。持续推进改革的任务更加艰巨。从改革来看,未来时期

---

① 本小节内容参考上海市人民政府发展研究中心《2015/2016 年上海经济形势分析报告》《2015/2016 年上海改革形势分析报告》等部分内容编写,报告组主要成员有肖林、周国平等。

要在重要领域和关键环节改革上取得决定性成果,形成系统完备、科学规范、运行有效的制度体系。目前全面深化改革已经进入中期,接下来需要在一系列领域加大攻坚力度,已有改革措施要加快落地,空白领域要抓紧填补,各项改革的任务将会非常繁重。

1.9 对外开放新形势:互利共赢中构建开放型经济[①]

2015 年党的十八届五中全会上审议通过的《中共中央关于制定国民经济和社会发展第十三个五年规划的建议》提出,必须牢固树立并切实贯彻创新、协调、绿色、开放、共享的发展理念。对于五大发展理念之一的开放发展,全会强调要"奉行互利共赢的开放战略,发展更高层次的开放型经济",从完善对外开放战略布局、形成对外开放新体制、推进"一带一路"建设等多个方面,勾勒出今后五年中国开放的"路线图",为中国加快开放型经济的发展指明了努力方向。2015 年,以开放促改革、促发展这一中国改革发展的成功实践进一步深化。中央全面深化改革领导小组在第 16 次会议上审议通过了《关于实行市场准入负面清单制度的意见》《关于支持沿边重点地区开发开放若干政策措施的意见》,在第 18 次会议上审议通过了《关于加快实施自由贸易区战略的若干意见》《关于促进加工贸易创新发展的若干意见》。这都表达了党中央坚定不移扩大开放的明确态度,也体现了把深化开放同转变经济发展方式、调整经济结构紧密结合起来的战略考量。中国将进一步充分利用国际国内两个市场、两种资源,为经济发展注入新动力、增添新活力、拓展新空间。

2015 年,《中共中央、国务院关于构建开放型经济新体制的若干意见》正式发布,要求"面对新形势新挑战新任务,要统筹开放型经济顶层设计,加快构建开放型经济新体制"。作为中国经济发展进入新常态后出台的首份对外开放领域的纲领性文件,该《意见》从创新外商投资管理体制,建立促进走出去战略的新体制,构建外贸可持续发展新机制,加快实施"一带一路"战略,拓展国际经济合作新空间,建设稳定、公平、透明、可预期的营商环境等多个方面入

---

① 本小节内容参考上海市人民政府发展研究中心《2015/2016 年上海对外开放形势分析报告》部分内容编写,报告组主要成员有肖林、周国平等。

手,出台了一系列政策举措,这为2016年加快构建开放型经济发展指明了方向。一是明确提出要建设若干自由贸易试验区,新设了广东、天津、福建自由贸易试验区,深化上海自由贸易试验区改革开放,有力推动实施了新一轮高水平对外开放。二是"一带一路"战略路线图进一步优化,为中国构建开放型经济新体制搭建了一个更高层次的平台,有利于提升"走出去"战略水平,提高对外投资的规模和效果。三是实施金融开放战略,推动资本市场双向有序开放,扩大人民币跨境使用。

2015年,中国国际影响力显著提升,2016年中国开放型经济发展具有了更大空间。一是中国更加积极参与全球经济治理。2015年,中国国家领导人多次出访、外国政要频频来华,彰显了各国日益重视与中国建立稳定的、更高层次合作的经贸关系,中国在全球治理和区域合作中发挥了更大作用。通过以积极合作的、建设性的姿态主动参与全球经济治理体系改革和世界经贸规则制定,力推规范有序和利益共享的世界经济新秩序加快形成。二是多边与区域经济合作加快推进。2015年9月4日,中国向WTO递交接受书,标志着中国已完成接受《贸易便利化协定》议定书的国内核准程序,成为第16个接受议定书的成员,若协定实施生效将大幅降低参与各国的贸易成本。同时,中韩自贸区协定在6月签署,中国—东盟自贸区升级谈判在11月全面结束,这都进一步加快了东亚经济一体化,有助于促进区域内的投资和经贸合作。三是人民币国际化取得重大进展。12月1日国际货币基金组织(IMF)执董会经投票决定,将人民币纳入特别提款权(SDR)货币篮子,权重为10.92%,超越日元、英镑。这将进一步加速人民币国际化进程,助推中国金融体系改革,降低中国对外贸易风险,拓展中国对外投资广度。

2016年国际经贸秩序重构将成为影响中国开放型经济发展的新变量。2015年双边和区域自由协定重要性更加凸显。一方面,区域一体化进程明显加快,自贸区的地位进一步提升,包括12个成员国的《跨太平洋伙伴关系协定》(TPP)基本达成,《区域全面经济伙伴关系协定》(RCEP)谈判方提出力争尽快完成谈判的目标,美欧之间的《跨大西洋贸易与投资伙伴关系协定》(TTIP)进行了11轮谈判。另一方面,多边贸易体制在困境中曲折前行,《信息技术协定》扩围谈判各方就产品范围达成一致,但多哈回合自2013年"巴厘一揽子协议"达成后没有新的重大进展。TPP 的达成对亚太区域的经济合作乃至世界经济格局意义深远,其在竞争政策、国有企业、环境保护、知识产权、劳工待遇、竞争力和商业促进、透明度与反腐败等议题上设立的高标准将对新一代全球性国际经贸规则、全球经济治理框架的建立产生重要影响。2016 年 TPP 等大型自贸区确立的经贸规则如何与多边贸易体制对接,区内区外各国如何互动,将是影响中国开放环境的重大变量。

1.10 本章小结

回顾 2015 年,全球经济增长并不如年初全球各机构预测的那般乐观,受低增长、低通胀、低利率和高债务影响,全球经济增长仍旧在跌宕起伏中曲折前行,经济复苏仍然十分脆弱和不稳,仍处于 2008 年金融危机后的复苏和调整阶段,这符合我们在 2014 年做出的预测和判断。

展望 2016 年,全球经济仍然面临不少挑战,全球经济复苏依旧艰难,分化加剧,主要经济体增长呈现不稳定性、脆弱性和不均衡性,新兴经济体增长集体放缓增加全球经济复苏难度;经济基本面脆弱的新兴经济体,将面临信贷增长下降和偿债成本上升的巨大压力。随着美国加息"靴子"的正式落地,全球金融周期进入不同步阶段,新兴经济体高负债率、大宗商品价格难以触底反弹、互联网安全监管缺失、地缘政治紧张局势、暴恐袭击阴霾等将成为制约全球经济企稳复苏的重要因素,可能触发新一轮的经济金融风险,但新的增长动力也在孕育中,其中经济结构、制度结构、分工结构都在不断调整。总体上,全球经济仍旧处在徘徊动荡的调整状态,复苏缺乏强有力的动能支持,这种疲弱、分化的增长态势将加剧各国社会、政治、经济发展的复杂性和不平衡性。

2016 年中国推动的供给侧结构性改革,积极化解产能过剩,既是顺应全球经济结构性调整的大趋势,也是适应并引领中国经济新常态的应有之义,在全球产能过剩背景下,无疑具有先行和引领的重大意义。新常态下中国供给侧结构性改革具有鲜明的中国实践特色,具有不同于西方供给学派的内在要求和特征。中国强调供给侧改革既不是"拥抱供给经济学",也不是"放弃凯恩斯经济学",更不是简单照搬 20 世纪 80 年代美国"里根经济学"。与当年供给经济学派的背景有很大不同，中国的供给侧结构性改革，要解决的问题是缓解结构性产能过剩，提升资源配置效率和全要素生产率，增加有效供给，提升有效需求。我们深信，中国加强供给侧结构性改革，一方面有助于推动中国经济长期稳定增长，另一方面也将成为拉动全球经济走向新常态的新引擎和新动力。

2 中国货币流动性问题：金融监管亟待创新

　　"货币流动性"是指货币在市场上的投放量。需求拉动型经济往往依赖"量化宽松"的货币投放（低利率）来刺激投资和消费，股灾后的货币政策尤为如此。然而，目前全球面临着通货紧缩的压力，但同时又存在流动性过剩的现象。在美联储的加息周期预期下，全球资本流向美国，同时美元的升值意味着以石油为代表的大宗商品价格会长期低迷，从另一个侧面加剧本已严重的通缩压力。中国的降息通道与美联储的升息通道"重叠"，促使中国在未来几年内会更加注重"供给侧"来推动经济。习近平主席在中央财经领导小组会议上明确指出，要促进过剩产能有效化解，促进产业优化重组；要降低成本，帮助企业保持竞争优势；要化解房地产库存，促进房地产业持续发展；要防范化解金融风险，加快形成功能健全的股票市场。中财办副主任杨伟民称之为推动经济结构改革的四个"歼灭战"，也即化解产能过剩、降低企业成本、消化地产库存和防范金融风险是最为关键的四个"歼灭战"。作为需求拉动经济的对应，"供给侧"推动经济发展成了目前使用频率最高的提法。供给侧是由劳动力、土地、资本、创新四大要素所构成。供给侧结构性改革旨在调整经济结构，使要素实现最优配置，提升经济增长的质量和数量。即便"供给侧"推动经济，流动性的提供还是必要的。而防范化解金融风险和企业降低财务成本意味着金融部门杠杆率将缓慢上升。那些"僵尸"企业还捆绑着大量的流动性，使得有限的流动性难以顺畅地"注入"小微和有潜力的创新企业。

　　在新常态下中国经济下行压力凸显，央行有引导实际汇率下行的诉求。美联储首次加息以来，新兴市场货币竞相贬值，内外压力下人民币面临着贬值周期。在此期间"热钱外逃"现象冲击着中国的货币政策和流动性稳定，同时也挑战着中国的金融监管。

2.1 流动性进入与产业结构性改革

看上去似乎是金融领域出现的危机,但背后都有实体经济发生了严重问题。金融领域的流动性实际上是进入"哪一类"的实体经济? 之后又是如何被"拖累"的? 为此,要挖掘表面上流动性"断裂"引发的金融危机的深层次问题。Nadja Dwenger,Frank M.Fossen,Martin Simmler(2015)研究了2007—2008年美国金融危机期间德国银行和企业的情况,分析了银行贷款和企业融资之间的关系。这种错综复杂的关系会对实体经济(投资和就业)造成冲击。因为德国有银行和企业之间的详细的资产负债表,他们通过计量分析发现两个阶段的银行和企业的不同反应:第一阶段,受到所有权交易活动损失的银行在金融危机爆发初期就减少它们的贷款,相比那些没有受到影响的银行,减少信贷幅度要大得多。第二阶段,受到银行贷款挤压的企业大幅度地减少它们的投资规模和劳动雇佣,尤其是对那些没有抵押物的企业来说,这种削减是剧烈的。他们发现企业在缓解银行的信贷紧缩上有两种做法:或会去建立新的银行关系,或会使用内部基金和发行新的普通股。Martin Neil Baily,Douglas J. Elliott(2013)也分析了由流动性"断裂"引发的危机形成过程。在一些国家,银行是金融体系的核心(信贷提供、流动性提供、风险管理),银行提供金融衍生品服务,让实体经济(企业和家庭)的风险打包。在美国金融危机后曾有许多关于调整金融机构的建议,例如,压缩金融机构的规模来避免"大而不倒"的困境;通过"Glass Steagall"或"the Volcker Rule"来限制银行的功能;还有建议继续将金融行业(商业银行、证券公司、衍生活动)细分。这不是好的建议,因为未来的都是结构性金融产品,银行与其相关机构(附属机构)都在发生结构变化。那么就要问金融部门的目的是什么? 回答是贷款提供。而债务/GDP的比率代表了金融部门的中间融资能力。美国资本市场与全球金融市场高度连接,对这些市场提供定价、流动性,并且依赖外国人购买公共和私人的债务凭证。难以获得信贷和融资也是衰退的触发点。而美国的投资者往往并不依赖银行的资产负债表,他们的信贷来自债券和其他信贷工具。这与欧洲不同,欧洲的银行拥有信贷的3/4。美国的证券工具往往不是银行持有,99%的普通股是由非银行机构持有的。美联储在 1913—1914 年成立本身就是防止挤兑银行等系统性金融风险的频繁爆发。Milton Friedman 针对大萧条的流动性紧张,就提出了提供流动性的理论。他们认为不要将金融衍生品视为危机的源头,金融衍生品本身就是为了防风险的。例如期货合同对美国页岩油的开采和随之的新技术都是必不可少的,而这类技术的开发主要由那些盲目钻探的小钻井队发明的。天然气和石油价格经历了剧烈波动,那些小钻井队无法承受,为此才购买期货衍生品来锁住价格并降低风险,就像买保险一样。由此,金融衍生品交易便走出商品领域,进入更广泛的金融风险防范领域。然而不得不承认,投机者则是反向操作。有些金融衍生品做过头了,越来越复杂并脱离了实体经济交易需要。于是人们开始对减少风险进行价格测定,宁可放弃潜在收益来换取风险的回避(不确定性)。在 1995 年哈佛大学商学院教授 Scott P. Mason 就提出风险管理的三种一般对策:对冲、分散、保险。流动性提供的结构性改变由货币市场基金提供。无论是批发还是零售,过去 30 年来的流动性提供主要是来自货币市场互助基金。就是因为如此,金融监管的难度陡增。在金融危机的尾声,政策制定者限制了央行和最终纳税人的义务来确保存款者的安全。例如在流动性提供方面的监管约束,诸如冰岛和爱尔兰等小国,其政府无法提供流动性保证,而让银行进行到期日转移或者提供流动性资产。

从理论上和实践上看,提高资本充足率比流动性创造对银行来说成本更高。金融部门的规模多大才算合理? 没有理论可以测算出来。对于发达国家来说可以直接依靠市场力量来决定。主要原因是判断行业增值比重或定义泡沫的依据各不相同。政府支持"太大了不能倒"(Too big to fail),还是出于社会安全层面上的。美国是按照格拉斯-斯蒂格尔法案(Glass-Steagall Act)和沃尔克法则(Volcker Rule)来限制银行规模的。也有从经济规模上分析银行规模效应递减问题。但从全球的视野来看,应该有几家超级规模的银行。这要等未来几次金融危机来判断是中型银行还是大型银行容易出问题。此外,关于商业银行混业经营业务的问题:美国在大萧条后出台了格拉斯-斯蒂格尔法案,不允许商业银行经营投资银行业务。20 世纪 90 年代该法进行了修正,允许商业银行在本集团内经营投资业务。为此大型金融机构的资本充足率和流动性创造之间的关系还在争议之中。

流动性去了哪里？哪里才出问题的？Daniel Gros 和 Cinzia Alcidi（2010）分析认为，前次的危机是资产价格泡沫在房地产部门产生的，信贷泡沫只是导致过度的杠杆。其实欧元区的泡沫与美国市场差不多。欧元区在金融危机后房地产泡沫还存在着，这是不可持续的。信贷紧缩看来不会阻止这种恢复，目前的银行信贷进入危机前的常态。信贷增长仍然为负，出现了"信贷脉冲"现象。如何衡量危机对实体经济的冲击？（1）危机对产出的冲击：到目前为止欧元区的 GDP 路径还没恢复到危机前的水平。（2）危机与幸福指数：因为 GDP 含有意义的成分不大，公众关心的是他们的消费和就业状况。经常账户的正负变动是 GDP 上下 6%，意味着德国的消费在 GDP 恢复前后一直是平稳的，而美国即便 GDP 显示平稳上升但消费却不然。究其原因是德国人不依赖信贷来消费和支付膨胀的房地产。另外，德国的就业水平在危机前后也比较平稳。德国企业对员工技术水平的投资很大，因此，危机期间也不愿意解雇员工。（3）泡沫吹大和泡沫破灭：吹上去的就一定跌下来。消费和投资主要是通过资本流动来融资的，这只是即将来临的，而不是后见之明，因为这种风险厌恶被信贷繁荣所扭曲了。泡沫扭曲了人们对问题的"正常"视野。对潜在的产出过度估计才是造成过度乐观目标设定的原因。（4）信贷危机：将恢复迟缓归因于信贷易得性。分析当期的危机还是要看在其前面一次危机，不能仅仅看 GDP 是否下跌来判断本次危机的严重性。为此，设立判断标准很重要。

在中国，流动性进入"僵尸"企业，挤占新兴科创企业的融资渠道也值得研究。何为"僵尸"企业？就是指那些没有办法继续经营、应该破产但又没有破产的企业，这些企业以吸食银行贷款和政府资金为生。有经济学家指出，"僵尸"企业曾拖累日本经济 20 年，是日本"失去的 20 年"的元凶。中国地方国企正在成为新的"僵尸"企业。这些"僵尸"企业不仅会对产能过剩行业的调整产生影响，也会影响金融体系的下一步改革，而且还会制约经济增长和经济转型。就行业分布来看，大量"僵尸"企业多由钢铁、石化、机械、水泥、煤炭、纺织等产能过剩行业"培养"。僵而不死的企业和产能过剩行业空前吻合。这样的企业占用了大量的公共资源，却并未成比例地创造出经济效益，可怕的是，

"僵尸"企业的数量"蔚为壮观"。特别是这些"僵尸"企业资金"体外循环",长期靠借贷度日,甚至不惜从事一些违规违法经营活动,不仅成为国有企业集团主要的风险源,而且影响社会经济秩序,败坏了国有企业的形象。还有一些在特定历史条件下成立的"空壳企业""皮包公司"等,它们中大多数已完成或基本完成了其设立时的特殊使命,同样面临着关闭或转型的问题。这些"僵尸"企业的历史欠账较多,资金缺口较大。大部分"僵尸"企业资产质量不高,金融债务负担沉重,资产抵押、质押限制难以解除。很多"僵尸"企业改制资金缺口较大,造成企业改制方案不能完全兑现,特别是社保欠账较多,直接影响改制企业职工的切身利益。地方政府自身财力有限,相应的改制资金难以足额筹集并拨付到位,延缓了"僵尸"企业的改革进程。目前国家已出台各种政策来解决此类问题。其中,充分发挥国有资本投资、运营公司作用,通过市场化资本运作,逐步整合、消化国有"僵尸"企业。通过国有资本投资、运营公司及各类资产平台对"僵尸"企业有效资产进行重新整合,尽可能盘活一部分资产。同时通过托管、资产置换、破产等市场化方式,实现低效、无效资产的有序退出,从而达到"僵尸"企业与母体企业的彻底隔离和退出的目的。在实现国有权益损失最小的前提下,保障其他国有企业健康发展。

要把"有限的"流动性引导到有科创潜力的小微企业。小微企业融资难、融资贵问题的根源在于金融创新不足,第三方担保、信托、民间融资以及小企业自身等多种因素造成融资成本居高不下。小微企业的融资渠道主要三种:一是股权融资渠道,包括业主投资、天使投资、创业投资者投资、发行股票等等;二是债权融资渠道,包括私人借款、商业银行贷款、财务公司贷款、典当贷款、贸易贷款、发行债券等;三是其他的融资渠道,包括中小融资机构、融资租赁、税收优惠、财政补贴、贷款援助等。奇怪的是在目前总体货币资金比较宽松的情况下,小微企业融资难、融资贵的现象还是很严重。市场化程度高的这一领域的融资成本高正好反映了供给和需求的矛盾:在供给方面,对小微的金融供给尤其不足;在需求方面,企业存在自身的困难。总结小企业融资难的原因如下:一是资本市场发育不够;二是金融体制改革滞后,金融创新能力不足;三是小银行、小金融机构比较少;四是广大中小微企业诚信不足,融资能力比较低。目前的商业银行的体制、机制改革有点滞后,创新能力不强。商业银行贷款前提条件是要有抵押物,而商业银行承认的抵押物又特别少,库存货物、设备、专利乃至大企业欠小企业的应收款都不能做抵押。近一两年抵押物出现了一些创新,但还是微乎其微,主要是资产抵押为主。小企业既不能获得无抵押的信用贷款,也不能获得抵押贷款,由此只能寻求第三方的路径,寻求第三方保证,或者用别人的资产来做抵押,或者是寻求担保公司或第三方担保,造成贷款链条被拉长,同时融资成本大幅度提高。为此,要降低准入门槛,加快发展小银行、小微金融机构,发展互联网金融、民营银行,以及发展直接融资。传统金融机构的本质是以信任为基础,由于小微企业成立时间短、规模小,信用评级较低,而互联网金融则以技术换取时间,把更多数据结构化,通过企业运营的数据、经营状况,把融资企业的结构化数据和经营机构的需求结合在一起,通过技术手段可以增加信用。应从加大互联网金融技术和金融基础设施的投资力度,设置互联网金融企业从业门槛,构建多层次的互联网金融监管体系,完善互联网金融风险管理的协调机制,加强互联网金融消费者权益保护,规范发展互联网金融等方面,来解决小微企业融资难、融资贵问题。

2.2 金融新业态与金融监管创新

中国 2015 年 GDP 增长率维持在 7% 左右,相对于之前的高增长,经济进入新常态。同时中国很多产业面临产能过剩问题,中央政府提出了"供给侧"改革,要消灭"僵尸"企业,解决过剩产能。因此,"改革牛"的出现是可能的,但却被预期过高。在 2014 年到 2015 年上半年金融监管放松、互联网金融大力发展的背景下,资金大量涌入股市,也存在很多做空机会,监管放松是本次股灾不可忽视的促成因素。

现代金融市场发展所出现的"新业态"远远超越金融监管模式的更新速度。世界各国金融监管框架完善都面临同样的难题。发达国家并没有出现互联网金融等概念,而是将 P2P、众筹等新兴金融业态统称为"替代性金融"。它诞生于佣金自由化和混业经营开放的市场。国内以互联网金融、普惠金融、新兴信用业务(主要包括网络贷款、众筹等新兴信用业务,大致分为网络债券融资和网络股权融资两个领域)为代表的新业态自 2013 年以来就取得巨大的发展,这与国外市场的不温不火形成鲜明对比。为此这类新业态的监管就会问题频出,诸如风险识别(灰色地带上的非法集资)、标准化征信体系建设和管理等方面。更令人难以预测的是未来的"科创"会彻底颠覆原有的金融监管框架的理念。中国金融监管制度的改革和顶层设计必须考虑到以下几个方面的权衡问题,达到一个恰当的管制水平:(1)对于新的技术、新的交易方式应用方面,必须在鼓励创新和有效防范金融风险之间进行有效的权衡。(2)对于金融风险的分散和系统性风险的产生方面,必须在微观审慎和宏观审慎之间进行有效的权衡。(3)对于不同市场参与者的利益诉求,必须强化投资者保护,以实现金融市场的发展速度和发展质量之间的均衡。(4)必须坚持金融服务实体经济,在金融发展和实体经济发展之间实现有效平衡,避免金融泡沫化。(5)在金融市场化改革和开放的速度方面,必须坚持中国金融发展的内在逻辑,既要坚决推动改革和开放,也要避免盲目追求改革和开放的速度,同时要采取恰当的改革和开放次序。(6)中国金融监管制度改革和顶层设计,既要借鉴成熟市场经济国家的经验,与国际监管制度接轨,也要充分考虑到中国金融市场发展的阶段性特征以及中国独特的金融发展路径。

2.3 国家信息安全层面上金融技术监管创新

未来的新兴产业的发展占国民经济总量的比率将越来越大,这是时代的进步。为此,贯彻习近平总书记提出的"总体国家安全观",金融监管框架模式也要适应经济结构调整的趋势。互联网和数字技术等创新,使得监管业务和对象上划分成两大范畴:一类是变化中的金融衍生品;二类是变幻中的身份(ID)。而资金流动把两类监管对象有机地结合起来。

2.3.1 代表未来的监管框架必须是技术和政策框架的有机结合

在大数据的环境下正发展形成一种新方式以维护信任、隐私和数据拥有,由此形成新的市场、产业、企业,诸如"身份产业""身份市场""数据经纪商""数据聚合商"等。它们在法律和技术层面上都结合在相应的政策框架下(考虑到网络外部性和价值的社会构建）。为此，对身份研究变成了一个复杂和集合的问题，其中还包括诸如自主、自由和监管等。

遍及各行各业的电子计算机提供了最基本的设备。数字身份犹如是辨别一台电脑唯一地址的互联网协议（IP）。但现实中远远没有这么简单，它还包括了身份验证，国际上还要与万维网联盟等机构对接。为此，建立数字身份成为一个法律要求，犹如驾驶执照、护照等要求一样。

对掌握多重身份的数字信息的控制也上升到国家安全的高度。谷歌、百度等互联网巨头控制了整个社会，它们成了"监管资本主义"。各国的数字巨头与政府的合作是必然的。立法程序随即跟上，针对信息的自我决定思维出台了欧洲数据保护法。通过对光纤光缆的利用和监视，各国政府拥有数字数据的核心功能，它们以此来征税、提供服务和应对网络攻击。例如，美国国家安全局（NSA）和联邦调查局（FBI）都介入了谷歌、苹果和 Facebook 公司。现代化的数字化交易都会留下交易痕迹，政府可获得任何金融交易记录，这是一个"隐私悖论"。"身份盗窃"需要有效的法律介入，有些则是政府职权范围的，例如征税、利益分配、违法交易（洗钱）的监控等。

数据科学由此诞生，通过统计学等其他科学来对数据进行挖掘。由此开发机器设备具有自我学习功能，再通过智能手机之类的移动功能使得数据动态化。动态数字技术与统计学、计量经济学等学科结合的"产业链"在所有产业遍地开花，其未来的潜力无法估量。比如在金融领域，股票价值的一个重要部分是基于预期，也就是在不远的将来它们的数据收集能力能够转化成货币价值。大数据就如 21 世纪石油的作用一样，我们可以把大数据比作新石油，运算则犹如石油冶炼，消费者概况和目标广告犹如卡车，都是来运输这些新石油燃料的。在"产学研"的结合上用于研究的数据都是匿名的。金融数据在欧洲的数据保护条令中不被认为是专门或特别敏感的部分，也就是说它只适用于一般规则。然而，欧共体特别强调对一些跨境支付数据的监管，主要是担心数据到了那些没有数据保护的国家。所有的大数据的监管都源于个人数据生态系统，在此基础上通过标准化处理使得监管成为可能（表 2.1、表 2.2）。

表 2.1　个人数据生态系统的层次

第 一 层		第 二 层		第 三 层	
数据收集者/数据来源	个人进入互联网	数据经纪商	联盟附属机构	数据使用者	银行
	获得医疗服务		信息经纪商		市场参与者
	获得金融保险服务		网站		媒体
	获得移动通信服务		媒体存储服务器		政府
	获得零售服务		信贷局		律师/隐私调查
	获得公共资源服务		健康管理分析者		个人
			广告网络分析公司		法律执行者
			目录合作公司		产品和服务运输
			上市经纪商		雇主

表 2.2　标准化后的监管

监管环境				
通信标准				
个人数据	个人数据创造	存储,集合	分析,投入生产	消费
	设备　　软件			

2.3.2　自贸试验区账户身份监管模式

上海自贸试验区分账管理就是最好的身份监管模式。自由贸易账户内本外币资金按统一规则管理。简单理解,对境内企业来说,拥有自由账户基本就是拥有了一个可以和境外资金自由汇兑的账户。而对境外企业来说,则意味着它们可以按准入前国民待遇原则获得相关金融服务。上海自贸试验区已启动了自由贸易账户外币功能,推出了自贸试验区跨境同业存单。截至 2015 年 11 月末,已有 40 家金融机构接入自由贸易账户监测管理信息系统,共开立约 4 万个自由贸易账户,当年累计账户收支总额近 1.83 万亿元;区内已有 235 家企业参与跨境双向人民币资金池试点,78 家企业取得跨国公司总部外汇资金集中运营试点备案书;2015 年 1—11 月,试验区跨境人民币结算总额 10 495 亿元,占到全市的 43%。针对银行理财、资产管理、财富管理等这一类的自由贸易账户业务创新发布了《中国(上海)自由贸易试验区分账核算业务实施细则(试行)》,也明确离岸银行账户下的银行理财业务适用既定规则。接下来还要抓紧启动自由贸易账户本外币一体化各项业务,鼓励和支持银行、证券、保险类金融机构利用自由贸易账户等开展金融创新业务。在完善金融监管方面,上海自贸试验区将适应现代金融业发展新需要,积极探索建立全覆盖的金融监管机制和风险监测体系。下一步,上海将根据金融业发展的新形势、新要求,在国家金融管理部门指导下,在现有金融监管框架基础上,以信息数据互联共享为基础,以功能监管实现市场全覆盖监管为重点,以合作监管与协调监管为支撑,积极探索建立综合性的、紧密型的金融联席会议制度。从银行体系来说,新的自贸区自由账户必须和现有的账户系统有所隔离,因此显而易见有很多系统建设工作要做,譬如监测数据系统等,都在建设中。金融体系开放过后风控体系将是至关重要的,这也是接下来银行需要花大精力准备的。《中国(上海)自由贸易试验区分账核算业务实施细则(试行)》第十一条明确规定:上海市级金融机构应当按照"标识分设、分账核算、独立出表、专项报告、自求平衡"的要求开展试验区分账核算业务。如果按照规定,再运用身份 id 来进行"动态"分析,那么 4 万多个账户的交易行为是完全可以"细腻"地模拟的。如表 2.3 所示,通过计量多id 面板设定,根据需要调整 id 来对各组变量进行回归,再获得固定效应和多重固定效应的研究结果(为简便起见,我们在表 2.3 中删除了时间栏)。

表 2.3　对自贸区账户 id 设定分析的构想

id1	id2	id3	id4	id5	资本项下业务		变量…	变量 j
行　　业	境内区外		自贸区内	境外	人民币	离岸货币	存款公司类	衍生工具类
企业类	HOME	OSA/NRA	FTE/FTN	OSA	CNY	CNH+FX		
账户 1	1	1	1	1	control	yes	…	…
账户 2	0	1	1	1	control	yes	…	…
账户 3	0	0	1	1	control	yes	…	…
账户 4	1	0	1	0	yes	yes	…	…
账户 5	0	1	1	0	control	yes	…	…
账户 6	0	0	1	1	control	yes	…	…
账户 7	1	0	0	1	yes	yes	…	…
账户 8	0	1	0	1	no	yes	…	…
账户 9	0	0	1	0	control	yes	…	…
账户…	…	…	…	…	…	…	…	…
账户 i	…	…	…	…	…	…		ij

注:1 表示是;0 表示不是;yes 表示可做;no 表示不可做;control 表示有限额。

当然仅仅靠自贸区账户 id 监管还远远不够，还要会同工商、海关、通信等国家安全机构获得"个人数据生态系统"的数据才能"有的放矢"地进行有效监管。再结合国家宏观数据将宏观和微观数据进行对接分析，例如中国外汇资金流动的"异常"数据变动是如何在企业 id 上体现出来的。

2.4 人民币贬值预期对资本项目监管的考验

实际上跨境和跨行业的监管还要许多基础设施的到位，例如人民币跨境结算支付系统的完善。

美联储加息周期、货币政策博弈、其他新兴市场经济国家货币竞争性贬值、外汇储备减少、人民币离岸市场"诱导"、经济增长下滑等诸多因素引发了投资者对人民币的贬值预期。2016 年初延续了 2015 年末的人民币贬值预期。短短一个多月人民币对美元贬值 3%。本应该用数字描述干预效果，因为外汇市场干预数据难以获得，所以我们用汇率波动是否出现难以控制的"一边倒"来评价监管者对汇率的干预。2015 年 11 月 30 日，人民币纳入 SDR 货币篮子意味着各国官方储备计价中有人民币波动的因素。人民币汇率波动特别要走出不同于美元汇率波动的特征来，否则就是"变相加大美元在 SDR 中的权重"。要考虑外汇市场供求关系和欧美市场的变化，比如国际一篮子货币的变化。互相参照货币篮子，有人将它比作汇率目标区。欧洲货币单位中仍然必须有一个中心汇率。人民币"入篮"后与四种货币如何"互相参照"？这是一门监管艺术。我们先看看篮子货币波动区间的上限和下限。每年的西方七国财长会议上，各国都默许汇率的"容忍"波动区间。各国外汇市场的规模不同，一般来说联合干预效果远远好于单独干预，就是因为单独干预不能让汇率波动幅度停留在区间内。这从另一个侧面告诉我们汇率波动的"相对论"。"成熟"汇率（比如美元与英镑）的百年波动史（除了个别异常值外）一直保留在区间内。此时会形成"阈值"，当波动触及或靠近其点后会朝着某一方向反转。在企业家、投资者的心理预期上，阈值、上限与下限都相当清晰，这样预期的轮廓就相当清晰。

2015 年初至今，除了"811"汇改之外，人民币兑美元与欧元的汇率还是保持着相当的稳定,然而到了 2016 年初又发生强有力的贬值预期。中国央行不能像美联储或欧洲央行那样通过调整利率来干预美元或欧元汇率,因为这两种货币都是高度国际化货币;货币国际化程度较小的英国和日本其央行干预货币汇率的手段则是通过外汇市场买进卖出,结果往往是不成功的。这就告诉我们外汇市场干预的艺术问题。对于国际化程度较低的货币,使用再多的外汇储备进行干预也是无济于事的。为此,2016 年初中国央行对于离岸人民币(CNH)的干预不仅用了拆借利率,而且还动用了存款准备金率阻止了对人民币贬值预期的"自我加速、自我实践"炒作,对那些跨境业务也相继采取了监管。几种方法齐下,有效地遏制了投机资金通过打压人民币离岸汇率从中套利套汇。然而入篮 SDR 的人民币仍然继续参照一篮子货币只能是过渡阶段的策略。从实际外汇市场数据的观察来看,人民币基本上是参照美元和欧元(见图 2.1 和图 2.2),与日元和英镑的关联度很弱,相关性上都成了散点图。

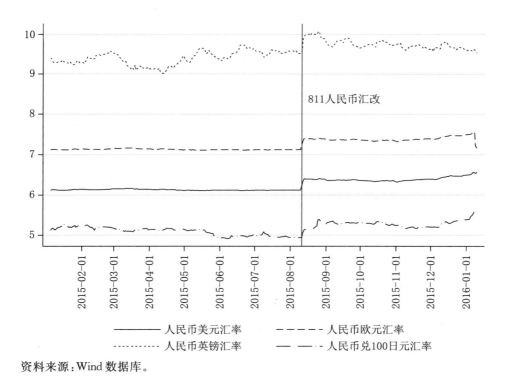

资料来源:Wind 数据库。

图 2.1 人民币与 SDR 四种货币的汇率

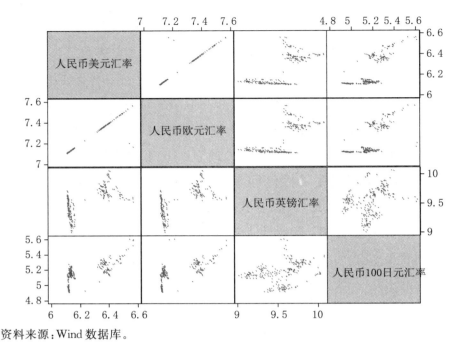

资料来源:Wind数据库。

图2.2　人民币与SDR四种货币的汇率相关性

参考美元和欧元实际上是参考了美国和欧洲的通胀率,而当前美国在利率提升周期,欧元区处于通货紧缩,而中国又在竭力避免陷入流动性陷阱。为此参照美元和欧元的结果,则是会输入流动性紧缩,直接加速中国的CPI和PPI的下跌,间接导致中国投资下跌。中国经济增速将受到外部冲击的影响。从长远考虑,人民币汇率水平和波动应该匹配中国的经济周期(通胀周期),由市场和监管共同决定。也就是从目前的"托宾税"方式逐步转向由利率调整来决定。这个前提是人民币国际化,而人民币国际化反过来需要资本项目的可兑换和本身的价值稳定。这是一个相互交织的"结"。

2.5　本章小结

虽然中国经济未来的增长更加倚重"供给侧",但不能忽视对货币流动性的监管。当今全球经济出现了"怪现象":一方面发达工业化国家通过"印钞机"刺激经济造成流动性泛滥,再通过"溢出效应"在国际金融市场上刮起"旋风";另一方面欧洲和日本等国家的物价还在下滑,通缩的阴影还没有彻底消失。美元利率提升传导到美元汇率上,美元升值周期将导致全球大宗商品出口国外债危机,大宗商品进口国则输入了通缩。2016年初的人民币贬值预期和港币危机等已经初露端倪。对流动性管理考验监管者的"艺术"。本章的结论如下:

第一,在全球流动性泛滥之时又陷入通缩动荡时期,更加要注重对流动性的监管。要把金融监管放到国家安全的高度来落实。金融危机的爆发会将所有的改革创新毁于一旦。而这次金融危机的特征是两种现象并存:国际金融市场上流动性泛滥,主要国家仍在"通缩"陷阱里不能自拔。监管部门要提高流动性监管"艺术"。

第二,不是金融衍生品自身问题,而是金融领域的杠杆放大,资金没有流向创新部门的问题。从欧洲和美国创新企业发展历史看,"风险投资"才是创新企业融资源泉。大量的流动性没有引导到创新企业,而被"僵尸"企业捆绑和占用了。为此,有限的信贷被占用和替代。

第三,过剩产能只能恶化通缩,监管不得力,使得流动性在虚拟经济领域"兴风作浪"。互联网金融等金融新业态使得金融监管难以平衡创新与风险防范。缺乏监管经验和顶层设计金融监管框架,使得市场震荡加剧。

第四,国际资本抽逃没有及时应对,启动账户监管的技术数据整合还没有到位。在资本项目对外开放总趋势不变的条件下,监管技术创新水平亟待提高。动态的全覆盖金融监管是当务之急。

第五,维护人民币汇率基本稳定需要短期、中期和长期的引导。入篮SDR后,人民币汇率波动参照一篮子货币只是过渡性的,因为这种方式是被动和滞后的。将来要根据中国自身的经济周期和通胀周期来决定。央行干预外汇市场的方式也要汲取他国历史经验,挖掘有中国特色的干预方式来。这是新的监管"艺术"。

3 中国产能过剩与短缺并存:结构性改革新思路

在过去的 2015 年中,产能问题仍是中国经济改革中的重要变量。一方面,诸多产业的产能过剩问题依然严重,化解的过程比较缓慢,并且出现了大量"僵尸"企业,严重影响了资源的优化配置;另一方面,部分高需求产能不能满足国内的需求,这既包括高端的中间产品和核心部件,也包括基本的生活用品。尽管国内的消费需求表现一般,但近年来中国居民赴海外购物、旅游的消费一直保持高速的增长。并且,中国居民的这些消费并不是集中在高端奢侈品,而是越来越向基本的生活用品集中,譬如电饭煲、马桶盖、空气净化器等等。针对这些需求,如果国内的生产企业通过技术创新、改造、产品升级等手段生产出替代品,将是供给侧改革在生产和消费升级上发挥作用的重要方向。因此,产能过剩和供给短缺并存的问题表明当前的供给侧改革首先应创造出有效需求,以适应中国经济增长、产业升级和人民生活水平改善后的消费升级。结构性的改革必须加法和减法同时实施,即去过剩的低端产能和补足(补短板)与中国产业升级匹配的高端产能是未来并行不悖的两大重任。

3.1 新常态下中国产能过剩与短缺并存的新特点

3.1.1 全球结构性调整的大背景

20 世纪 80 年代全球迎来了新一轮的技术革命,以信息化带动的科技进步突飞猛进,新兴经济体的劳动力供给持续增加,中国等国家寻求制度改革和结构调整成果显现。这一系列因素推动了全世界长达 20 多年的持续繁荣,低通胀、低失业率、低波动和长期持续增长是这一时期的主要特征,由此这一全球经济的繁荣时期也被称为"大稳定"时期。其间,以金融创新推动的信息技术等高科技产业和高端生产性服务业为核心的"新经济",成为世界经济发展的主导。在"大稳定"时期,全球化趋势加速,全球新的分工格局逐渐形成,欧洲与美国开始成为全球的研发中心,中国成为全球的加工厂,印度成为全球的办公室。这种全球新的分工格局便演化为新兴经济体为发达经济体提供生产服务,发达经济体负责消费和创新的全球分工格局。

这种具有全新分工格局的"大稳定"时期在带来持续繁荣的同时,也积累了一系列结构性矛盾,全球经济失衡加剧,政府债务负担严重,杠杆率急剧攀升等等,再加上美国货币政策失误、金融创新过度、金融市场监管缺失等因素,直接诱发了 2008 年金融危机。高歌猛进的全球经济,被这次金融危机所羁绊,打破了原有"大稳定"时期的长期繁荣局面,并且短时间内也未能走上复苏之路。从图 3.1 可以看出 2008 年之前全球主要经济体保持了长期良好的经济增长趋势,但是在 2008 年之后都纷纷陷入衰退。甚至是中国在经历了长达30 多年 10％左右的高速增长之后,也跌入 6％—7％的中高速增长,进入了经济的新常态。与此相似,全球经济也进入了新常态,国际货币基金组织总裁拉加德称这种新常态为"新平庸",而美国经济学家泰勒·考恩更形象地称该时期为"大停滞"。"大停滞"具有与上次经济大萧条相似的典型特征:高失业率和持续的低增长,以及一系列的结构性问题。

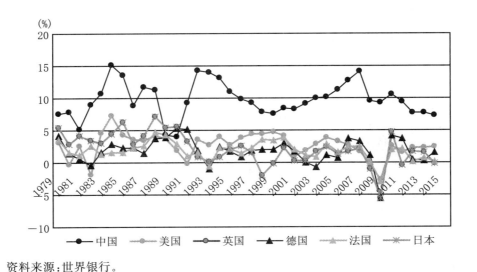

资料来源:世界银行。

图 3.1 世界主要国家经济增长率

发达经济体表现出的高失业率和低增长,导致其总需求严重不足,并且美国、欧元区、日本等主要经济体更陷入通货紧缩。与此相比虽然新兴经济体总体增长率也持续下滑,但是巴西和俄罗斯等少部分新兴经济体却处于物价高涨和 GDP 负增长并存的滞胀阶段。表现出与发达经济体截然不同的结构性特征,这可能是由于主要经济体宏观政策方向不一致,同期非同步等问题导致的。但是总体看来,各个国家在以下几方面大致趋同:人口结构和劳动力市场的恶化,发达经济体老龄化趋势明显;科技水平的发展不平衡,全球大部分国家过高依赖美国的创新技术,在上一轮技术革命带来的技术福利消耗殆尽之后,全球劳动生产率和全要素生产率便出现了下降;各国收入分配结构恶化,法国经济学家皮凯蒂认为全球经济在逐渐重返大萧条之前那种由少数富人特权阶层主导的经济模式,这种模式不可避免地会带来社会动乱,导致各经济体增长缓慢。[①]

同质化的结构性问题再加上差异化的结构性失衡,便给全球经济体再次注入一股寒意。过去形成的全球分工格局,在经济萧条来临时便会进一步助推经济的下滑。这种由发达经济体总需求不足引致的全球需求不旺,使全球贸易额难以增长,与此同时各国贸易保护主义加剧,地缘政治紧张,全球贸易低增长局面难以得到根本扭转。全球金融危机以来,世界货物出口增长率曾于 2010—2011 年间恢复到 20% 左右。2012 年开始,世界货物出口增长率急剧下跌,2012—2014 年间,基本保持在 3% 左右。2015 年全球贸易低迷状况进一步恶化,全球货物出口出现较大幅度的负增长。全球贸易低迷主要是因为全球需求不旺,世界经济增长从主要依靠制造业转向主要依靠服务业,全球价值链扩张趋势放慢,国际贸易谈判进展缓慢。

因此全球贸易的持续低迷,便使得新兴经济体的出口出现大幅度下降。过去长期的经济繁荣和过度依赖发达经济体消费需求的全球经济体格局,导致了大部分新兴经济体出现了一定程度的产能过剩,同时由于"大稳定"时期美国的全球货币政策失误,人均收入增长之后的新兴经济体消费需求未能激活,长期为发达经济体提供消费供给的生产格局,也导致了在这些新兴经济体

---

① 参考李扬、张晓晶:《"新常态":经济发展的逻辑与前景》,《经济研究》2015 年第 5 期。

出现了一定程度的短缺。在这种全球结构性调整的大背景下,中国是新兴经济体中最大的受害者,全球的结构性失衡也使得原有未能显现的国内供给与需求不匹配的结构性问题更加凸显。

3.1.2　中国目前存在的主要结构性问题

在上一轮全球经济的"大稳定"时期,中国经济取得了飞速的发展,从1978年至今保持年均9.6％的高速增长,使中国从贫穷落后的低收入国家一跃成为中等收入国家,这在全球历史上是绝无仅有的。但是伴随着全球经济的变换,中国的经济也进入了一个新的周期即"三期叠加"的过程——经济增长速度换挡期、结构调整阵痛期、前期刺激政策消化期。"三期叠加"的主要特征便是周期性减速和结构性失衡同时存在。在全球处于"大停滞"经济周期的今天,中国经济周期性减速在所难免,同时中国长期高速增长也积累了一些问题,这些遗留问题有的与全球整体的结构性问题一致,如人口结构问题、收入分配问题、科技创新滞后等,但是有的则具有典型的中国特征,如城市化进程带来的负面问题、房价高企、长期依赖粗放式增长带来的环境污染以及中国式的产能过剩等等,这些问题反映了中国经济出现了严重的结构性失衡。

中国结构性失衡问题主要表现在以下几方面:一是市场环境无法适应国际竞争,企业缺乏国际竞争力。中国现在作为世界第二大经济体,产业竞争力却仍然比较低。目前全球产业竞争优势和方式转换速度越来越快,但是中国的企业和市场环境等方面却无法跟上这种变化速度。中国诸多大企业主要靠垄断地位获得快速发展,这些企业在整合国际资源、利用全球资源的能力方面相对欠缺,国际竞争力并不强。尽管2014年中国入选财富全球500强的企业已经达到100家,仅次于美国的128家,大大领先于日本的57家,但中国的入选企业基本都是国有企业,大多分布在金融、化工、钢铁等垄断性行业,市场化程度较低,资源缺乏有效配置,而美国的企业则分布在互联网、银行、电信业、零售业等多个行业,发展相对均衡。尽管中国也拥有华为、联想等跨国经营的国际企业,但多数企业主要是利用国内的市场和资源与全球公司竞争,缺乏真正具有全球制造、全球设计研发、全球营销、全球经营能力的国际化企业。中国企业的经营业绩也差强人意,譬如2014世界500强之50大亏损最多的企业中,中国共有 16 家上榜,占比 32％,相比 2013 年的 8 家,数量翻了 1 倍。

表 3.1　2014《财富》500 强的国家分布

排　名	国　家	家　数	排　名	国　家	家　数
1	美　国	128	6	英　国	28
2	中　国	100	7	韩　国	17
3	日　本	57	8	瑞　士	13
4	法　国	31	9	荷　兰	13
5	德　国	28	10	加拿大	10

资料来源:根据 www.FORTUNEChina.com 整理。

　　二是产品低端化,升级后的产品难以得到国际认可。现在的全球贸易大部分是产品内贸易,而不完全是最终产品的贸易,贸易形式已发生很大变化。2009 年中国对全球的出口贸易额超过德国,成为世界第一大出口国。但是出口的产品主要以低端制造为主,处于全球价值链的低端,面临被低端锁定的危险。虽然现在的情况有所改变,中国的贸易结构也在不断升级(表 3.2),但在全球分工中的获利水平依然偏低。随着目前产业分工从产业间分工、产业内分工向产品内分工的演变,产业之间的竞争也更多地体现为价值链环节的

表 3.2　中国出口商品结构变动(％)

商品类别	1984	1990	1995	2000	2005	2010	2012	2013
食品和活动物	12.41	10.85	6.67	4.92	2.95	2.61	2.54	2.52
饮料和烟草	0.42	0.55	0.92	0.30	0.16	0.12	0.13	0.12
粗材料,不能食用,但燃料除外	9.18	5.60	2.81	1.74	0.97	0.72	0.70	0.66
矿物燃料,润滑剂和相关材料	23.02	8.31	3.58	3.14	2.30	1.69	1.51	1.53
动物和植物油,脂肪和蜡	0.55	0.26	0.30	0.05	0.04	0.02	0.03	0.03
化学品及有关产品	5.23	6.25	6.13	4.86	4.69	5.53	5.54	5.42
主要以材料分类的制成品	19.30	20.61	22.06	17.28	16.93	15.82	16.31	16.32
机械和运输设备	5.74	17.30	19.52	30.61	42.53	48.07	47.12	47.01
杂项制品	18.00	28.39	37.75	36.88	29.23	25.32	26.05	26.31
其他分类商品	6.14	1.89	0.26	0.21	0.21	0.10	0.07	0.08
总　　计	100	100	100	100	100	100	100	100

资料来源:中经网数据库。

竞争。在此过程中,中国作为资源最匮乏的国家之一,同时却在全球价值链低端成为世界物质资源消耗的大国。在完整的商品和服务链条中,物质消耗和占用主要发生在加工、制造、装配、生产环节。中国在价值链底部的比较优势,决定了中国是资源消耗的主要国家,这种发展模式使得中国在融入全球价值链的过程中获益能力有限。按照联合国贸易和发展会议(UNCTAD)新开发的全球价值链(GVC)数据库和相应的统计方法(Global Value Chains and Development:Investment and Value Added Trade in the Global Economy, UNCTAD, 2013),中国从本国的出口总值中仅获得七成,这一获益水平在全球25个主要出口经济体中仅处于中游,显著低于俄罗斯(91%)、印度(90%)、美国(89%)、巴西(87%)、澳大利亚(87%)、沙特(86%)和日本(82%)等。中国处于价值链低端的背后实际上是中国粗放式经济发展方式的缩影,"高投入、高消耗、高污染、高速度"与"低产出、低效率、低效益、低科技含量"的"四高四低"发展特征显著。在全球化的过程中,中国嵌入全球价值链的主要方式是来料加工的加工贸易方式,严重依赖国外的半成品以及技术供应,本土的投入较少,这就导致了我们只是从事组装等简单的生产活动,并没有完全"融入"全球价值链的"深度"分工。本土企业技术能力的不足是更为重要的原因,作为研发的主体,中国企业研发投入占主营业务收入的比重不足1%,远低于发达国家2.5%—4%的水平;大中型企业建立研发中心的仅为27.6%,其中不少还是部门"指定"而挂牌的,特别是中国商业模式创新更是凤毛麟角。而且,许多技术成果还存在着转化率和产业化率偏低的现状,这些都严重制约了中国产业价值链升级的步伐。再加之国内产品自主研发能力欠缺,产品本身缺乏核心竞争力,不仅无法在国际上参与竞争,而且也无法满足国内不断增长的品质需求,许多高品质的中间产品、消费品实际上都严重依赖进口。

三是低成本优势逐渐消失,产品的核心竞争力不够。在改革开放之初,中国依靠劳动力低成本优势获得了全球投资,但是随着劳动力价格的提升,中国的低成本优势在逐渐丧失。目前影响中国制造业最主要的要素成本如劳动力成本、能源原材料成本、土地价格、环境成本、物流成本等都处于成本上升期,导致中国生产的产品逐渐失去竞争力。同时,根据波士顿咨询集团(BCG)的研究,中国作为低成本制造业大国的竞争优势正在逐步丧失,温和的薪酬增长、高效的生产技术、低廉的能源价格以及美元汇率走低使得部分商品在中美两国的生产成本几乎没有差异,越来越多的美国企业与其他国家跨国公司未来会选择在美国境内进行生产。波士顿咨询集团的全球制造业成本竞争力指数以美国为基准(100 分),中国制造业对美国的成本优势已经由 2004 年的 14% 下降到 2014 年的 4%,这就表示目前在美国进行生产只比在中国进行生产贵 4%。按照目前的发展趋势,中国对美国的制造业成本差距在 2020 年前后将不复存在。劳动力成本方面,目前,中国制造业小时人工成本约为 3 美元,而美国制造业小时人工成本在 35 美元左右,从数量看,中国仍具有较为明显的优势。但从发展趋势看,2004—2013 年,中国制造业小时人工成本增长超过 200%,年均增速超过 10%;而同期,美国增长幅度仅为 27%,年均增速不足 3%。与此同时,在劳动生产率方面,从绝对量来看,目前中国制造业劳动生产率不足美国的 10%,而在高端制造领域,美国劳动生产率是中国的 20 倍以上。从增长趋势来看,过去 10 年中,中国制造业劳动生产率提高 100% 以上,低于制造业工资成本增幅;而同期,美国制造业劳动生产率年均增速接近 5%,高于劳动力成本增长速度。目前,中美两国制造业的"成本竞争力"越来越接近,意味着中国制造业必须尽快重新塑造竞争力,"世界工厂 1.0 版"必须尽快升级到"2.0 版""3.0 版",才能保持在世界市场上的相对竞争力。

全球经济衰退,发达经济体消费需求减弱,各国经济增长减速,对作为"世界工厂"的中国冲击最为明显。原有的供给全球的生产格局被打破,国际市场无法完全消化中国的产品供给。同时,国内企业及其生产的产品缺乏核心竞争力,产品水平提升缓慢,再加之关税过高,商业成本过高,产品安全等监管缺失等问题,国内市场对高端产品、高质量产品的需求无法得到满足,众多消费者赴港抢购奶粉,赴日抢购马桶,赴欧美抢购各种奢侈品,一时间海淘、代购成为了国内消费者获取高端产品的主要方式。对国外产品的疯狂追捧说明了国内生产的供给无法满足消费层级上升后的国内消费者需求,结构性的短缺现象严重。中国目前的生产格局与周期性减速和结构性失衡的三重作用使得中国结构性过剩和结构性短缺问题并存。

3.1.3 结构性过剩与结构性短缺的实质

受全球经济大周期以及自身的结构性问题影响,中国正处在从高速增长旧常态过渡到中高速增长的新常态。支撑原有经济增长的"三驾马车"也出现了疲态,受主要发达经济消费需求下降的影响,近几年中国出口额增速明显下降(图 3.2),中国原有的以出口为主的经济增长动力,开始出现调整,外需下降的同时,内需也未能激活。同时,中国目前已经进入中等收入国家行列,随着人均收入的提高,人们的消费需求也得以提升,对高品质产品的需求不断增加,而作为"世界工厂"的中国过去主要以低端产品生产和组装加工为主,在国内消费需求升级之后,生产未能跟上,供给短缺出现,结构调整阵痛出现。1978 年之后中国的改革开放为中国的经济增长释放了巨大的红利。上一轮改革开放的红利带来了高速的经济增长,在全球金融危机之后实行的短期刺激政策维持了经济的增长,但是改革开放的红利也被消耗殆尽。而四万亿的短期刺激政策加之地方政府的过度反应,使得中国出现了新一轮的产能过剩,这次产能过剩主要表现出结构性特征,部分行业如钢铁水泥等过剩严重,但是一些高端技术行业存在短缺。这一系列因素叠加在一起便产生了结构性的产能过剩和供给短缺的局面。

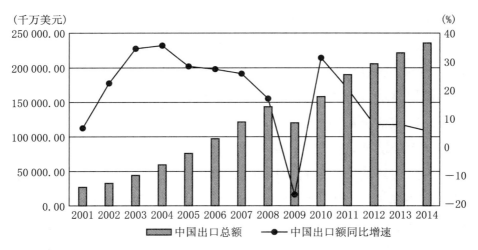

资料来源:中经网数据。

图 3.2　中国出口总额及其增长率

中国的产能过剩问题是一个老问题,20 世纪 90 年代中国就出现产能过剩问题,政府也提出了各种产能过剩治理的政策,其效果并不明显,因此产能过剩也就成了一个遗留问题,长期伴随中国的经济发展。不过不同阶段产能过剩的表现并不一样,当下中国不仅仅存在产能过剩问题,还与供给短缺并存,这是一种典型的结构性问题,部分行业和产品的产能存在过剩和短缺。而这种结构性产能过剩与供给短缺实际上是明显的供给和需求不匹配以及产品技术的创新升级未完成的结果。

1978 年中国人均 GDP 仅为 226 美元,相当于撒哈拉以南最贫困国家的三分之一,而到 2014 年中国人均 GDP 达到了 7 575 美元,属于中等收入国家水平,经济增长效果卓著。随着人均收入的提高,中国对高端产品、高端服务、环境的要求以及产品的品质、质量、性能、安全等方面需求越来越高。中国过去主要以低成本占据低端产品市场,对于高端产品缺乏自主研发技术和核心竞争力,这种竞争实力的提升需要时间的积累,在消费需求提升之后中国无法迅速提高该类产品的供给,因此出现了一定程度的短缺,而低端产品在全球需求下降之后出现了一定程度的过剩。对于高端服务,中国过去主要依赖国外的服务供给,缺乏本国对该类服务的提供。原先只有少数富有人群通过购买国外的高端服务满足自身需求,但是在人均收入普遍提高之后,对该类需求迅速增长,国外购买无法满足,导致该类服务存在短缺,而原有的低端服务却又出现了一定程度的供给过剩。中国传统经济发展模式走的是"先污染后治理"的道路,过去中国长期的粗放式增长很必然地带来了严重的环境污染和资源浪费,目前全社会热议的雾霾问题便是粗放式增长的主要体现。世界卫生组织发布的数据显示,2012 年全世界约有 700 万人死于空气污染相关疾病,其中西太平洋区域情况最为严重,大多数死亡都发生在低、中收入国家。中国作为世界第二大经济体,正在向中高等收入国家靠拢,环境治理便刻不容缓,这也是中国供给短缺的一个表现。同时据国家环保总局估测,2012 年环境污染所造成的损失是 GDP 的 2.3% 左右,2012 年以前的最高值为 3.05%,而中国造成严重污染的产品和行业又是主要的产能过剩行业,这不仅仅造成了严重的社会问题,也抑制了经济的增长。由此可见,中国在低端产品和高污染行业存在严重过剩,而在高端产品、高端服务以及集约型高新技术产业存在供给短缺。

这种过剩和短缺并存的局面还部分因为,中国过去的比较优势是低成本劳动力,主导了中国低端产品具有一定的竞争优势,但是在低成本劳动力优势逐渐丧失之后,中国并未能及时沿着比较优势进行升级。过去依靠发达国家技术外溢所获得的后发优势也在消化殆尽,在需要自主研发提高核心竞争力的时候,中国多数企业并未能实现这一目标。多数大型高企主要依靠垄断地位获取利益,而小规模民企未能有实力与之抗衡,因此对于自主研发提高产品层级和企业的核心竞争力行动迟缓,同时国家对科技创新的激励存在扭曲,无法针对性地对科技成果转化形成激励。房价高企、企业税负严重、资本成本过高等问题使得企业的投资营商环境恶化,多数民营企业无法耐心进行对企业核心价值的提升,资源的错配导致了熊彼特式的创造性毁灭的过程难以出现。在这样的环境之下中国多数企业无法提供具有高质量和高品质的产品,再加之中国对知识产权和安全监管方面存在缺失,高安全性和低污染的产品难以持续供给。由此持续的低端产品和低质产品供给便会出现,产能过剩也就在所难免,而真正开始有所需求的高端产品和高质产品未能及时转型调整,导致供给出现短期,这便是目前中国结构性产能过剩和供给短缺的实质所在。由此 2015 年中央经济工作会议明确了去产能、去库存、去杠杆、降成本、补短板五大任务。

3.2 产能过剩现状与判断

3.2.1 行业间的结构性过剩与结构性短缺

本次产能过剩仍主要集中在资本密集型行业,其中包括钢铁、水泥、电解铝、平板玻璃、船舶等行业。2009 年 9 月,国务院发布《关于抑制部分行业产能过剩和重复建设引导产业健康发展的若干意见》(国发〔2009〕38 号),明确指出钢铁、水泥、平板玻璃、煤化工、多晶硅、风电设备、电解铝、造船、大豆压榨等行业的产能过剩矛盾十分突出,必须尽快抑制产能过剩和重复建设,以实现产业的良性发展。2015 年工信部公布工业行业淘汰落后和过剩产能企业名单,钢铁、水泥、电解铝等行业仍然被重点提及,而光伏、风能等过剩行业已经被移除名单。

1. 钢铁行业

自 2008 年金融危机以来,中国钢铁行业的产能利用率便一直低于危机前水平。2008 年和 2014 年的钢铁产能均低于 78%,呈现出严重过剩的态势。据冶金规划研究总院的调查数据显示,到 2014 年末中国粗钢产能约为 10.8 亿吨。根据中国钢铁协会最新数据显示,2015 年纳入钢协统计的大中型钢铁企业中,1 月至 10 月,大中型钢铁企业累计亏损 386.38 亿元,其中主营业务亏损 720 亿元,101 家大中型钢铁企业中 48 家亏损,亏损面从 2013 年的 41%扩大至 47.5%,平均销售利润率 -1.5%(图 3.3)。

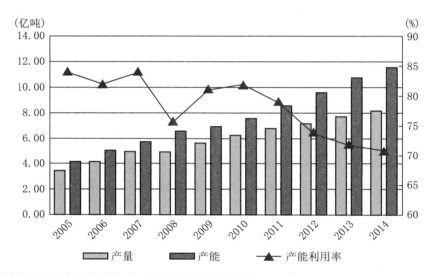

资料来源:根据中国钢铁协会、国家统计局数据整理。

图 3.3 2005—2014 年中国粗钢的产量、产能和产能利用率

2. 水泥行业

从图 3.4 可以看出,2008—2014 年,中国水泥行业的产能利用率整体偏低。平均不足 70%,处于严重过剩水平。水泥生产能力在 2012 年达到 30.7 亿吨,产量为 22.1 亿吨,产能利用率为 73.7%。如果考虑正在建设的新型水泥生产线约 290 条,生产完工投入使用,产能将达到 36.3 亿吨,产能利用率将进一步下降。2015 年水泥市场需求出现近 25 年来首次下跌,至 11 月,全国六大区域市场中,除西南地区累计水泥产量同比略有增长外,其他五大区域均

出现下滑,北方地区尤为严重,华北、东北累计水泥产量同比下降幅度达 15%
左右,西北下降幅度为 7.2%。前十个月水泥行业利润为 223.7 亿元,较上年
同期减少近 400 亿元,企业亏损面接近 40%。

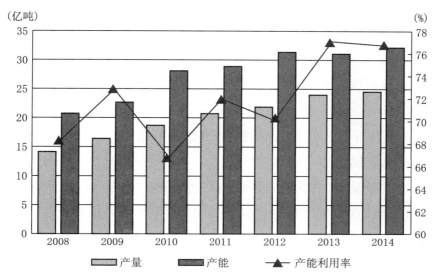

资料来源:根据中国水泥研究院、国家统计局数据整理。

图 3.4 2008—2012 年中国水泥产量、产能及产能利用率

多数水泥企业管理层都认识到中国水泥行业的产能过剩不是阶段性的,
水泥工业发展已从追求速度增长转入产业结构调整期,造成水泥产能过剩既
有地方政府投资的冲动,也有非市场化的因素。新世纪以来水泥产品在数量
上已能基本满足社会增长的需求,水泥产品已从短缺转为过剩,产业结构调整
取代速度增长成为水泥工业的发展主流。

3. 电解铝

受金融危机影响,2009 年电解铝行业的产能利用率大幅下降,到 2010 年
底,全国电解铝产能已达 2 300 万吨,实际产量 1 560 万吨,设备利用率仅
70%,铝冶炼行业销售利润率仅 3.59%,大大低于工业行业平均水平。在这
种情况下,2011 年 4 月工信部联合其他八个部委出台了《关于遏制电解铝行
业产能过剩和重复建设引导产业健康发展的紧急通知》(工信部联原〔2011〕
177 号),指出在电解铝行业产能利用率不足 70% 的情况下全国依然有 23 个
电解铝项目拟建,总规模 774 万吨,总投资 770 亿元。如果拟建项目全部建成

投产,到"十二五"期末,全国产能将超过 3 000 万吨,产能过剩的矛盾将进一步加剧,因此需要认真清理电解铝拟建项目,严禁以各种名义扩大电解铝产能。2011 年产能利用率有所提升,2012 年基本保持稳定,但仍处于低位。2013 年产能利用率仅为 71%。为缓解产能过剩压力,2014 年国务院印发《关于进一步优化企业兼并重组市场环境的意见》,支持企业通过兼并重组压缩过剩产能、淘汰落后产能、促进转型转产,其中就包括电解铝行业。2015 年电解铝行业产能过剩压力仍大。根据中国有色金属工业协会最新发布的数据显示,中国电解铝在 2015 年 10 月的日均产量环比下降了 5 000 吨,比同年日产量最高的 6 月少了 5 600 吨。同时,很多新建电解铝产能也都推迟了投产进度。但现有电解铝产能中应淘汰的落后产能已不多,缺乏竞争力企业关停过程中涉及地方税收、人员安置、债务化解、上下游产业等一系列问题,产能退出渠道不畅,电解铝产能过剩压力仍较大。同时其他品种冶炼产能及中低档加工产能过剩也比较严重。

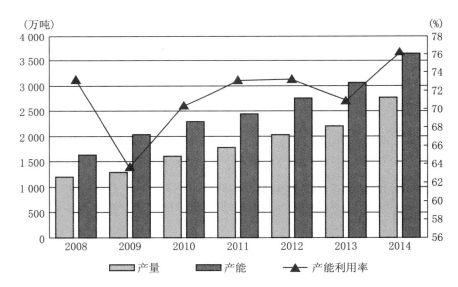

资料来源:根据中国有色金属工业协会公布的数据整理。

图 3.5 中国电解铝行业产能利用率情况

4. 平板玻璃行业

金融危机发生之前,中国平板玻璃发展迅速,平板玻璃行业利润最高更是达到了 31.4 亿元。在高额利润的刺激下,中国平板玻璃行业经历了生产能力和产量的快速增长期,潜在过剩产能也在不断上升。2008年由于受到金融危机的影响,加之行业自身生产能力的过剩,中国平板玻璃行业利润下降了75%。2009年国家对平板玻璃行业实施了重大的产业结构调整,关闭生产能力7 700万重量箱,平板玻璃产量下降了0.6%,但是由于有新增产能,产能过剩现象仍然比较严重。2012年平板玻璃行业产能为10.4亿重量箱,产量为7.6亿重量箱,约占全球产量50%,平均产能利用率为73.1%,如果正在建设的浮法生产线32条全部建成投产后,产能将进一步扩大,产能利用率也将进一步下降。到2015年4月,平板玻璃产量6 142万箱,同比跌11.2%,跌幅较上月增加4.6个百分点,平板玻璃产量持续下跌,且跌幅逐渐扩大,前四个月平板玻璃产量同比跌6.4%。虽然玻璃产能有所压缩,但玻璃行业的库存压力依旧较大,据监测,截至2015年4月下旬,玻璃行业产能利用率仍然徘徊在72%,全国玻璃总生产线340条,同比增加20条。

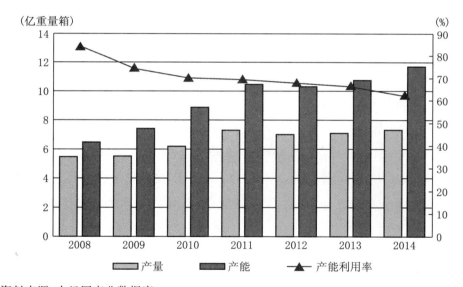

资料来源:中经网产业数据库。

图3.6 2008—2014年中国平板玻璃行业产能利用率情况

5. 船舶行业

2012年中国船舶行业产能约为8 010万载重吨,完工量6 021万载重吨,产能利用率为75.2%,如果考虑三年以上没有产出的产能以及转移至海工和修船等部分产能,船舶行业产能将达到 1.2 亿载重吨,产能利用率会进一步降低。2013 年 8 月,国务院颁布《船舶工业加快结构调整促进转型升级实施方案 2013—2015 年》,提出要严控新增产能,整合优势产能,淘汰落后产能;11月,工信部发布《船舶行业规范条件》,进一步加强船舶行业管理,化解产能过剩矛盾,加快结构调整。为了淘汰过剩产能,各地方也出台了相关政策。然而,化解过剩产能也面临着成本过高、资金支持能力不足等困难,产能过剩的情况并没有真正得到缓解。2015 年上半年,受中国航运整体形势低迷影响,船舶行业的需求大幅减少,产能过剩问题仍然突出。

尽管关于合意的产能利用率尚无明确的标准,中国一般使用 75% 的标准,而不少研究通常使用美国的 79%—82% 的标准区间。但是一部分行业,如平板玻璃和钢铁等行业,一旦开工就很难轻易停止生产,否则将导致巨大的经济损失,所以这些行业的合意产能利用率业内公认应为 90% 左右,由此可见这些行业的产能过剩现象非常之严重。

本轮部分行业的产能过剩早在 2005 年就已经引起了关注。以钢铁行业为例,2002—2004 年钢铁行业开始出现了大规模投资,产能迅速扩张。到2008 年粗钢产能 6.6 亿吨,需求仅 5 亿吨,当年黑色金属行业产能利用率仅为58.22%。这些行业产能过剩一直存在,说明引发产能过剩的关键原因尚未被解决。尽管资本密集型行业内存在大量的产能过剩,但是高端制造业、生产性服务业明显供给不足。行业间呈现出结果性过剩与结构性短缺并存的特点。随着中国居民人均收入水平的不断提高,消费需求表现为向高端化、多样化过渡,对文化产业、养老产业等高端服务业的需求日益增加,但是目前却供给乏力。

3.2.2　行业内的结构性过剩与结构性短缺

中国轻工业与重化工业内部都存在着一定程度的结构性过剩与结构性短缺,即低端产品供给过剩而高端产品供给不足。其中,轻工业行业的结构性问题主要是由于消费需求升级下,部分轻工业行业尚未能适应市场的变化导致的;重化工业的结构性问题主要来自技术创新不足。

第一,轻工业行业内需求结构升级下结构性过剩与结构性短缺并存。目前中国轻工业行业中的劳动密集型行业相对过剩,而仍有部分高端产品需要进口。IMF 数据显示,2012 年国产纱锭约为 1.5 亿锭以上,但国内棉花的需求量从 2009/2010 年度末的 1 088 万吨下降到 2012/2013 年度的 783 万吨左右。涤纶的上游原料是 PTA,PTA 在之前处于供不应求的状况,期货远期合约一般表现为升水现货。而近几年随着产能的持续投放,PTA 由供不应求转为供应过剩,开工率也由之前的满负荷(除去必要检修)降低到目前的 70% 左右。油脂压榨行业的产能过剩更为突出,国内 2012 年大豆压榨产能约为 1.25 亿吨,但大豆的消费量约为 6 000 万吨,产能利用仅在 50% 左右,行业压榨利润年内大部分时间处于亏损状态。

随着中国经济发展和居民收入水平的不断提高,国内需求结构得以升级。以奶粉市场为例,2013 年以来,中国 300 元以上超高端奶粉市场增长率平均高达 80% 以上。中国海关最新数据显示,2014 年 1—11 月中国进口奶粉量达到 88.4 万吨,同比增加 20.25%,进口额为 43.12 亿美元,同比增加 44.09%。轻工业行业出现的结构性过剩主要是因为:一方面原有的基本消费品供给已经趋于饱和;另一方面,市场需求不断由低端、低附加值产品向高端、高附加值产品转换,在此期间,部分轻工行业未能适应需求结构变化而及时升级调整,形成低端产品过剩而高端产品供给能力不足共存的现象。

第二,重化工业内技术创新不足下结构性过剩与结构性短缺并存。2011 年 11 月 28 日工信部发布《建材工业“十二五”发展规划》指出,中国玻璃工业结构性过剩与短缺并存,普通浮法玻璃、单一功能加工玻璃等普通产品产能过剩;透明导电膜玻璃、超薄屏显基板玻璃等高端产品对外高度依存。2010 年,平板玻璃精深加工率仅为 35%,低于世界平均水平近 20 个百分点。在风电行业,国际上主流陆上风电设备功率已达到 3 兆瓦以上,海上风电设备的功率达到 5 兆瓦以上,但中国风电设备行业多数企业大都停留在 1.5 兆瓦以下的低端设备的生产上。

2014 年中国钢铁产能利用率为 72%,低端产品粗钢和螺纹钢产能过剩,精钢和特钢仍需从日本和德国进口。2014 年累计进口钢材 1 443.21 万吨,同比增长 2.52%。在进口钢材数据中板材仍旧是进口量最大的品种,占比基本上在 85%。数据显示,2014 年进口板材 1 208.06 万吨,同比增长 1.64%。且在进口板带材中,附加值较高的镀层板、冷轧薄板带、中厚特带钢、涂层板和电工钢板的进口量排在前5位(见图3.7)。这些进口钢材品种主要用于大型及超大型变压器、高档汽车、高档家电、风电、核电等领域。

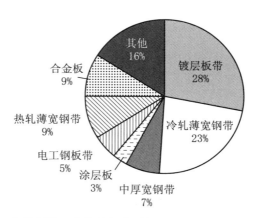

资料来源:根据《2015中国钢铁工业统计年鉴》整理。

图3.7　2014年中国板材进口情况

中国的重化工业具有较强的体制依赖性,市场退出机制不完善,竞争压力不足导致企业对于技术的创新研发动力较小。一方面,由于装置性为主的重化工企业一旦点火后不能轻易熄火,产能过剩调整时需要一定时间才能适应市场需求的快速变化;另一方面,地方政府及国有资本的预算软约束问题,使得资本密集型的重化工业成为产业发展的首选而备受重视,为重化工业产能过剩推波助澜,对这些产业的过多政策倾斜,使得其缺乏动力进行技术创新。

3.3　产能过剩与短缺并存的原因

从现阶段中国产能过剩的特点来看,导致当前产能过剩的因素既有结构性的,又有周期性的。其中,产业内低端过剩、高端供给不足的格局折射出中国企业创新能力的不足;而产业间的过剩与短缺并存,则突出地反映出国内供需结构的错位,其背后更多的是体制性的因素,如地方政府在晋升激励下的产业结构偏向以及国内各产业间的行政性限制;当然,人口结构的变化也给房地产市场和汽车市场带来了明显的冲击,从而使得相关产业的需求快速收缩。

周期性的因素也同样明显,自 2008 年金融危机以来,全球经济持续低位徘徊,目前仍难言明显好转,外需低迷使得中国出口出现负增长;中国经济也在不断下行,内需也同样低迷。一些传统产业在前期累积了较高的产能,面对需求的快速下滑,产能难以快速退出,导致产能过剩。

3.3.1 核心技术缺失、高端产品供给不足

中国当前的一些产能过剩行业,典型地呈现出低端过剩、高端不足的结构性问题。其背后反映出来的就是企业技术创新能力的不足,在一些高端产品的生产上没有掌握核心技术。应该认识到,技术的发展是有其客观规律的,取决于一国经济和制度的发展阶段。2014 年,按照购买力平价来计算,中国的人均 GDP 为 12 599.18 国际元(2011 年价格),相当于美国的 24.17%。从发展阶段上,中国与前沿国家还存在着比较明显的差距,这就决定了中国的技术水平仍处于相对较低的水平,一些高端产品仍然严重依赖发达国家。

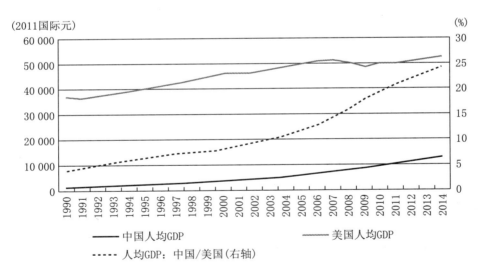

资料来源:World Development Indicators。

图 3.8　中美两国按照 PPP 衡量的人均 GDP 对比

从要素禀赋结构来看,技术水平也是随着要素禀赋结构的升级而逐步提升的。与发达国家相比,中国仍典型地具有劳动力比较丰富、资本较为稀缺的特点。2011 年,中国的劳均资本存量为 56 920.38 国际元(2005 年价格),仅相当

于美国的 19.72%。这就决定了中国的比较优势长期集中于劳动密集型的产业，这种要素禀赋结构和产业结构也决定了中国的技术创新水平是较为低下的。

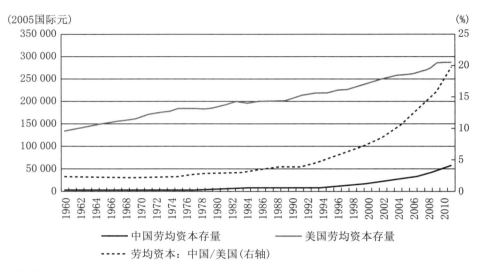

资料来源：Penn World Table 8.1。

图 3.9　中美两国劳均资本存量对比

此外，还有一些阶段性或体制性的因素限制了企业技术创新能力的提升。譬如，对创新具有显著支撑作用的资本市场的发展不充分；具有创新意识的企业家精神的缺失以及知识产权保护制度的缺失；以 GDP 为主要考核目标的背景下，政府长期推行的粗放式的发展战略等等。由于企业的技术创新能力有限，便只能在低端产品的生产环节进行竞争，在信息不对称的情况下，"潮涌现象"会导致低水平产能的重复建设。而一些高端产品则由于有效供给能力的缺失而出现短缺，不得不依赖进口。

3.3.2　体制性因素导致供需错位

在产业间，结构性的产能过剩同样存在，其主要表现就是产业间的过剩与短缺并存。可以看到，当前中国存在严重产能过剩的行业往往都是资本密集型产业，而与此同时，中国的一些服务业却存在供给严重不足的情形。看病难、上学难、出行难等问题，都折射出了中国医疗、教育和运输等服务性供给的缺失。这种产业间的供给过剩与不足并存的状况，主要是与现阶段中国的一些体制性因素密切相关的。一是地方政府出于晋升激励和经济增长的考虑,偏重于发展资本密集型产业,忽视了医疗、教育和运输等服务性需求的满足;二是上述产能过剩的资本密集型产业的进入限制较低,但诸多服务领域还存在着严重的行政性进入壁垒,导致供给不足。

首先,地方政府有强烈的动机去影响产业结构,着重发展资本密集型产业。在政治锦标赛中,上级政府对于下级政府官员的政绩考核是基于经济增长率(Li and Zhou,2005),因此地方政府展开了激烈的经济增长竞争(张军、周黎安,2008)。在晋升激励下,地方政府倾向于重点发展和引进资本密集型产业,因为这些产业的投资规模巨大,对经济的带动能力比较强;并且,资本密集型产业的产业链较长,还能通过产业关联效应间接带动经济增长。程仲鸣等(2008)以及唐雪松等(2010)的研究就发现,在经济增长竞争压力下,地方政府的干预导致了地方上市国企过度投资。为增长而竞争的格局,还导致了各地低水平的重复建设屡禁不止,陷入产能过剩的困境。而与此同时,教育、

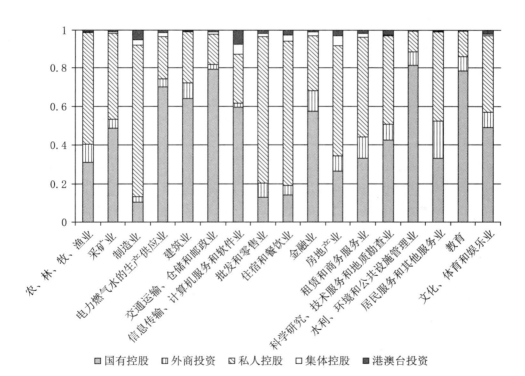

资料来源:国家统计局。

图 3.10 2013 年分行业的投资的所有制结构

医疗等服务性行业或民生领域,由于对经济增长的贡献不够明显和直接,受到的政府扶持力度有限,导致其供给滞后于需求。

其次,中国目前针对产业的行政性限制也会导致产业间的供需错位。中国的产业规制在总体上正逐步放松。但是,由于体制性的原因,民营企业在市场准入方面一直受到"歧视"。国有经济在金融、铁路、邮政、通信、航空、冶金、石油、电力等重要行业和领域,一直占据绝对垄断的地位,民营私营企业很难介入。但另一方面,诸如水泥、平板玻璃、煤化工等传统产业以及国家鼓励发展的多晶硅以及风电设备等战略性新兴产业,相应的制度性壁垒则较低,进入相对简单。社会资源尤其是民营资本由于缺乏投资渠道,极易在这些行业形成过度进入,造成这些行业产能的严重过剩。而与此同时,一些开放度较低的行业,则又面临着进入困难、供给不足的困境。

3.3.3　中国进入结构转换期

近年来,中国的人口结构发生了明显的变化。15—64岁的劳动年龄的人口在2013年达到了峰值,2014年已经开始下降。与此同时,中国人口的总扶养比则自2010年起逐步上升,老年抚养比也呈持续上升的态势。

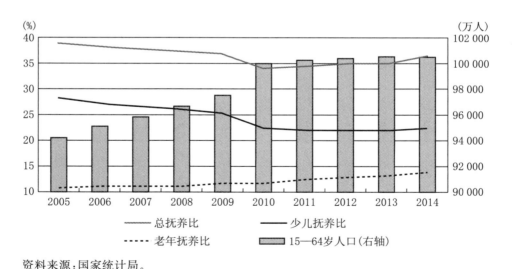

资料来源:国家统计局。

图 3.11　中国人口结构的变化

人口结构的变化,带来了中国产业结构的剧烈变化。在各年龄层人口中,劳动年龄人口是耐用品消费尤其是房地产和汽车市场的主力人群,而人口扶养比的上升尤其是老龄人口比重的不断提高,势必会使得房地产和汽车市场的增速放缓。因此,我们可以看到,房地产投资的增速在近年来产生了明显的下滑,截至 2015 年 11 月,房地产投资的累计增速已经降至 1.3%,与 2013 年同期相比,跌去了 18.2 个百分点。

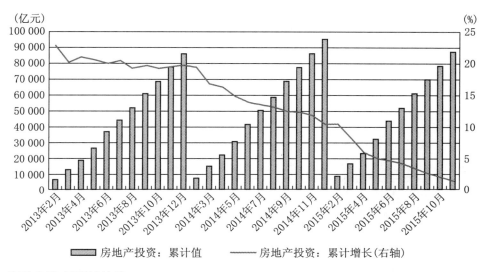

资料来源:国家统计局。

图 3.12　中国月度房地产投资累计值及累积增速

而受此影响,房地产相关的产业如钢铁、玻璃等行业的需求也会产生急剧下跌。但前期累积的扩张产能却无法在短时期内快速退出,最终导致了传统行业大量过剩产能的堆积。

3.3.4　经济低迷带来周期性的产能过剩

当前中国的产能过剩,其中一个重要的原因在于需求低迷。从外需来看,自 2008 年金融危机以来,全球经济已经经历了七年的调整期,但时至今日,全球经济仍难言明显好转。全球 GDP 的增长率已由 2007 年的 5.67% 下降到了 2014 年的 3.43%。之所以 2008 年金融危机后全球经济在低位徘徊了这么久,是因为全球步入了"长期停滞"的新常态,其背后有以下几方面因素:首先,劳动生产率下降。这又归因于技术进步缓慢,因为缺乏在全球范围内产生引领作用的技术创新。其次,人口结构与劳动力市场恶化。发达国家如美国、欧盟和日本等普遍经历了劳动力供给数量减少、劳动参与率下降的困境。再次,收入分配恶化。日趋恶化的收入分配格局,进一步抑制了发达经济体的增长潜力与社会活力,成为导致长期停滞的重要因素之一。①

全球经济的低迷,使得中国的出口增速在近年来产生了显著的下滑。2015 年 11 月,中国出口总值 1 964.63 亿美元,同比下降 6.8%。与 2013 年同期 12.7% 的正增长相比,跌去了 19.5 个百分点。受外需低迷的影响,前期产能扩张较快的行业如钢铁、电解铝、玻璃等行业,在出口下滑的背景下难免会遭遇到产能过剩的困境。

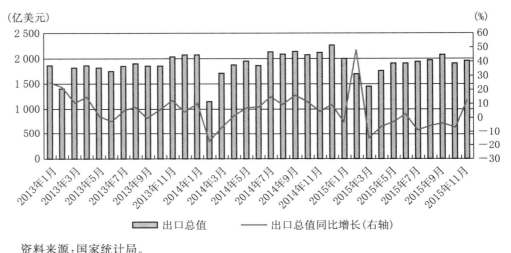

资料来源:国家统计局。

图 3.13　中国月度出口总值及同比增长率

而从内需来看,中国经济的增长速度也在持续下行,经济承压导致内需低迷。中国 GDP 的增长率已由 2007 年的 14.2% 下降到了 2014 年的 7.3%,2015 的 GDP 增速进一步下滑。截至 2015 年 11 月,工业增加值同比增速已降至 6.2%,累计增速也由 2013 年 11 月的 9.7% 下降到了 2015 年 11 月的 6.1%;2015 年 11 月,固定资产投资额的累计增速仅为 10.2%,与 2013 年同期 19.9% 的增速相比下降了 9.7 个百分点。而钢铁、煤炭和玻璃等行业的需

---

① 参考李扬、张晓晶:《"新常态":经济发展的逻辑与前景》,《经济研究》2015 年第 5 期。

求严重依赖工业的发展和固定资产投资,在工业整体低迷、投资不振的格局下,这些行业自然面临着需求大幅下滑的局面。

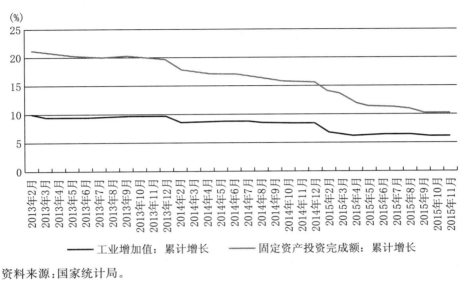

资料来源:国家统计局。

图 3.14　中国月度工业增加值和固定资产投资累计增速

3.4　新常态下优化结构与平衡供需的政策建议

3.4.1　建立以市场为主导的化解产能过剩政策体系

现有的化解产能过剩的政策主要以行政性命令为主,在国家和地方层面上对产能过剩的行业不再新批产能,并制定淘汰过剩产能任务层层下达执行、辅之以新增产能的产能置换政策。上述政策在取得一定效果的同时,也存在一定缺陷,使产能过剩的问题并未得到有效缓解。

切实化解产能过剩问题。首先,应改变行政性、一刀切的过剩产能认定标准,建立产能过剩淘汰指标的交易市场,利用市场规律淘汰低效率产能。目前中国对"落后产能"的定义并不明确,在实际操作中,往往将小产能、小企业作为"落后产能"代名词,如全国范围内钢铁行业将 400 立方米及以下炼铁高炉作为过剩产能的标准,电解铝行业将 160 千安以下预焙槽产能认定为过剩产能。同时,地方政府可根据本地区实际情况适当调高落后产能淘汰标准,因此出现了某些产能在 A 地区属于落后产能而在 B 地区属于先进产能的情况。

以水泥为例,浙江省提出在5年内逐步淘汰能源消耗和污染物排放不达标的日产2 000吨以下新型干法水泥熟料生产线,而河北省则提出将新型干法水泥比重提高到98%以上。从全国层面上看,可能并未对水泥行业的产能过剩产生明显作用,甚至可能造成资源浪费。同时,"扶持大企业,限制小企业"的政策则让大企业为获得政府扶持、小企业为成为"大企业"而纷纷通过兼并重组、新建生产线等手段扩大产能,客观上反而进一步加剧了产能过剩。另外,由于产能过剩行业往往是地方政府的税收大户以及就业大户,地方政府对于"一刀切"的减产能政策并不积极,即使在全国性的行政指令下,2014年,安徽省钢铁行业、江西省煤炭和稀土行业、山东省煤炭行业未完成当年淘汰落后和过剩产能任务。利用市场规律化解产能过剩,可以仿照产能置换制度,设立各地区的过剩产能淘汰指标,并允许地区之间进行指标的购买和转让,从而在市场规律的作用下,技术先进、效率较高、盈利能力较强的产能得以保留,效率最低、成本最高的产能会被逐渐淘汰。经济发展较为落后、产业结构较为单一的地区,可利用转让过剩产能淘汰指标获取的收益进行员工安置和发展新产业。

其次,探索建立产业准入的负面清单制度,建立以市场为主导的产业政策体系。短期内,行政性的化解产能过剩政策可以起到一定作用,但长期来看,行政性的产业政策易干扰市场运行,甚至人为造成产能过剩。"十二五"期间,发展七大战略性新兴产业的目标几乎出现在每个省市的"十二五"规划中。全国有超过90%的地区选择发展新能源、新材料、电子信息和生物医药产业,近80%的地区考虑发展节能环保产业,60%的地区发展生物育种产业,50%以上的地区选择发展新能源汽车,28个省份将物联网作为产业发展重点。这种遍地开花、"运动式""粗放式"的政府支持模式下产生的大批战略性新兴企业,往往只是从事战略性新兴产业中价值链较低的环节,缺乏真正的竞争力,容易造成战略性新兴产业的产能过剩问题。目前太阳能光伏产业、风电产业的过剩一定程度上是政策使然。在各省化解产能过剩的政策中,也不乏进一步发展新能源、新材料,以及提高高级钢材、高级平板玻璃的市场占有率的目标,若各地方政府对于上述行业仍以"一哄而上""遍地开花"的方式进行发展,则为未来的产能过剩埋下隐患。长期来看,行政性的产业政策应逐步减少,代之以市场为主导的产业政策体系,根据目前自贸试验区对外商投资实行"负面清单"管理的经验,编制全国性的产业准入"负面清单",进一步降低行业进入壁垒,促进生产要素在行业间的流动。对于战略性新兴产业等政府需要进行扶持的产业,可以将政府直接拨款和补贴改为政府对相应产业的投资基金进行投资,由投资基金通过专业评判选择投资的项目,使企业的真实成本和效益得到反映,在市场规律下优胜劣汰。

3.4.2 改革以国有商业银行为主体的金融结构,进一步健全多层次金融市场体系

产业结构的变迁会形成特定的金融需求,要求建立与之相匹配的金融结构。首先,积极发展中小银行和地方性银行,为中小企业提供融资服务。中国现阶段的金融结构以国有商业银行为主,主要服务于固定资产占比较高的大型企业和大型项目,由于信息的不确定性和信贷审核成本,中小企业、固定资产占比较低的行业获得商业银行的贷款较难。现阶段产能过剩的行业中,钢铁、平板玻璃、电解铝等行业恰恰需要大量的前期固定资产投资,易获得传统商业银行的贷款融资。银行业的信贷偏好一定程度上加快了这些行业产能过剩的速度。而中小银行和地方性银行一方面在贷款项目上会和国有大型商业银行形成错位竞争,另一方面地方性银行离贷款对象较近,易获取当地企业的信息,有利于缓解中小企业的融资问题。

其次,拓展直接融资渠道,完善股票市场和债券市场。直接融资渠道的缺陷一方面使普通民众无可靠投资渠道与中小企业融资难并存,另一方面使产能过剩通过企业兼并重组得以化解的难度系数增高。西方主要国家的工业发展史中,无数次利用企业兼并重组浪潮化解产能过剩问题,中国已进入工业化后期,至今为止却没有发生一次兼并重组的浪潮。当前,股票市场作为融资渠道已发挥巨大作用,然而其进入、退出机制尚不完善。资本市场应建立起严格的上市和退市的标准和制度,积极发展中小企业板和创业板,以及公司债券市场,使资金能从失去竞争力的企业和产业中退出,进入具有比较优势的新兴产业和有竞争力的企业,提高资金的使用效率。

再次,鼓励发展风险投资基金。风险投资是技术进步的助推器,战略性新兴产业在发展初期具有高风险性,获取银行贷款较难,也难以通过股票市场和

债券市场融资。以"互联网＋"为代表的新兴产业和商业模式需要在初创期消耗大量资金用于市场培育和用户群体的形成,在第二阶段则利用规模效益进行流量变现和盈利。"十三五"期间中国要实现创新驱动,则需要完善风险投资机制,形成个人、企业、机构多种渠道的资金供给,最大限度利用社会闲散资金。另外,建立针对风险投资的税收优惠政策,提高风险投资的积极性和活跃度。

最后,注重多种金融工具的平衡性和针对性。中国地区之间经济发展程度有极大的差异性,东部地区劳动力成本上升,人力资本存量较高,在资本和技术密集性行业具有比较优势;中西部地区则仍具有较大的人口红利和劳动力密集型产业的比较优势,其中,西部地区在资源密集型产业也具有竞争优势。因此,中国需要建立多层次、各地区各有侧重的金融市场体系,东部地区需要发达的直接融资渠道(包括股票市场、债券市场、风险投资等)为化解产能过剩和新兴产业的发展提供资金,中西部地区则更多地需要商业银行、小微金融为企业发展提供资金支持。

3.4.3 建立以企业为主体的市场创新体系

创新体系不完善,企业创新动力不足是中国高端产品供给不足的原因之一。实现创新驱动和产业升级应培育良好的创新环境,具体来说,第一,应增强知识产权保护机制。中国已成为发明专利大国,然而专利保护措施和机制仍不够健全,侵权成本较低,维权成本较高。国家知识产权局的调研数据显示,30％的专利遭遇过侵权纠纷,但仅有不到10％的人选择维权。[①]与此同时,电子商务网站淘宝网的假货率则高达63％。[②]应进一步简化侵权举报流程,降低维权诉讼成本,同时加强执法力度,将各类保护知识产权专项行动化为常态。另外,将知识产权侵权记录记入企业信用档案,增加其侵权成本。

第二,注重培养和引进创新型人才。据《2015中国企业家成长与发展专题调查报告》显示,妨碍企业创新的因素中,认为"创新人才缺乏"占比最高。[③]

---

① 数据来自张维炜,《专利维权,"难"在哪里?》,《中国人大》2014年第11期,16—17页。
② 数据来自《中国经营报:淘宝假货之争》,http://news.163.com/15/0127/18/AH04T3S000014SEH.html。
③ 数据来自李兰,《我国企业创新面临的困难和问题》,http://www.cssn.cn/dybg/gqdy_ttxw/201601/t20160107_2816300.shtml。

应注重提高创新型人才的比重,建立以实际贡献为主的创新人才薪酬制度,逐渐形成吸纳国内外优秀创新人才的蓄水池。

第三,打破思维定势,促进观念创新。"旧常态"下中国的经济发展主要靠要素驱动,使一大批企业管理者形成"重投资,轻创新"的思维定势。据《2015中国企业家成长与发展专题调查报告》显示,企业家认为最困难的创新工作为观念创新。企业管理者的年龄一定程度上可以反映企业的创新氛围,以央企为例,据统计,2012年中国央企高管平均年龄为53.83岁,年轻一代在企业中话语权权重较低影响企业的创新氛围。企业管理者应认识到单纯的要素驱动的经济发展模式已难以为继,企业的持续发展应建立在重新定位自身的比较优势,提高产品的附加值,实现技术升级的基础上。

第四,实现创新资金来源多元化。据《2015中国企业家成长与发展专题调查报告》显示,2000—2014年企业创新外部资金渠道较为单一,占被调查企业创新资金来源的前三位为自有资金投入、银行贷款和政府基金。且由于经济形势回落,企业使用自有资金投入创新的意愿略有降低。创新作为一项高风险的活动,自有资金投入和银行贷款并不适合企业进行创新活动,且易造成企业资金流的问题。建立以企业为主的自主创新体系,应促进企业通过股票市场、企业债券和风险投资等方式为企业创新融资,从而分散创新风险,提高企业创新积极性。

第五,改革科研体系,促进产学研一体化。中国的科研机构,包括高校、研究所、企业等机构相互合作、信息交流较少。科研机构存在大量的研究成果尚未产业化,科研与生产的"两张皮"现象成为中国科研领域的痼疾。一方面,在科研成果管理方面,除国家重点攻关项目外,应允许科研机构中知识产权所有人主导知识产权的转让和商业化,知识产权所在机构可以从中提取一定比例收益;另一方面,政府应积极为企业和科研机构搭建沟通桥梁,促进企业与科研机构合作研发,提高研发成果转化率。

3.4.4 发展行业组织,落实市场监管制度,建设良好的市场环境

行业组织作为行业的自律性团体,对沟通行业信息、缓解行业产能过剩、引导行业健康发展起着非常重要的作用。中国行业性组织发展程度低,在市

场需求下降时,行业投资者仍不断对相关行业进行投资,从而使产能过剩愈演愈烈。要化解及预防产能过剩,需鼓励行业内部企业自发建立或政府牵头建立行业组织,进行行业研究,沟通行业内企业生产经营情况和产品需求变化,当产品市场需求有下降趋势时,及时发出预警信息,帮助行业内企业判断市场形势并对本企业的生产和投资作出调整。政府作为宏观信息的最大掌握者,应建立完善的信息公布平台,定期公布宏观信息和行业信息,从而帮助企业决策。

另外,政府也应进一步简政放权,简化企业的各项审批和检查制度,帮助企业提高运行效率、降低运营成本。同时落实市场监管制度,引导企业按照国家规定的产品标准和安全标准进行生产,建设良好的市场环境。若市场上仍存在大量的假冒伪劣商品,同时质量识别的成本较高,则优质商品会失去竞争力,形成"柠檬市场"。"柠檬市场"的存在,会使高质量、高品质的商品难以生存。以食品行业为例,中国食品安全领域出现问题,使国内高品质的食品难以获得消费者认同,同时催生大量高质量食品进口需求。因此,落实行业监管制度,营造良好的市场环境,有利于中国高附加值产业的发展,缓解高质量产品的供给不足。

3.4.5 降低部分行业进入壁垒,促进要素在产业间自由流动

中国存在着部分行业(如钢铁、水泥、电解铝等)产能过剩,同时部分行业(医疗、教育、电信等)供给不足的问题。行业间进入壁垒的高低成为上述现象的原因之一。中国少数制造业和大部分服务业仍存在着较高的进入壁垒,且主要是行政性进入壁垒。医疗产业、教育产业等服务业部门长期存在着高进入壁垒和价格管制,逐渐形成行业垄断和供给不足的问题。当前,中国工业部门的开放度至少在 80% 以上,而服务业部门 50% 左右的垄断格局尚未打破。对此,应进一步降低行业进入壁垒,加快行政性垄断事业改革,促进要素资源在行业间自由流动,从而缓解产能过剩和供给不足并存的问题。具体来说,首先,降低服务业的行政性进入壁垒,放松价格管制,改革不合理的税制,刺激民间资本进入相关产业,填补供给缺口;其次,按照自贸试验区投资"负面清单"的经验,逐步将产业投资的"负面清单"在全国范围内推广,对内外资企业一视

同仁,法无禁止即可投资。

3.4.6 积极探索和"一带一路"沿线国家和地区的产能合作

与中国国内基础建设投资需求逐步趋缓的趋势相比,"一带一路"沿线国家则存在着大量的基础建设投资和产能合作的机会。中国中西部地区和"一带一路"沿线国家经济发展水平较中国东部地区低,基础建设投资不完善,甚至有些国家尚处于工业化起步阶段。从短期来看,由于中国过剩产能存量较大,"一带一路"沿线国家和地区难以完全消化中国的过剩产能。据测算,假设"一带一路"所能拉动的钢铁需求量与2014年国内铁路建设需求量相同,也仅占中国钢铁过剩产量的7%,因此,短期来看,"一带一路"的产能合作仅能部分缓解中国产能过剩的状况。长期看来,抓住"一带一路"沿线国家和地区的基础建设领域的产能合作,不仅有利于缓解中国产能过剩,也有利于中国保持制造业中心的地位。据亚洲开发银行预测,亚洲在2010—2020年间基础设施一共需要8万亿美元的投资。中国在铁路、公路、航空、电信、电网和能源管道等六大领域与"一带一路"沿线国家和地区实现互联互通,将持续拉动中国相关产业的需求,为这些产业的转型升级提供时间和空间,降低产业空心化的发生概率。

3.5 本章小结

中国产能过剩与供给短缺并存的"悖论"本质上是中国产业结构失衡的反映,中国众多企业和产业拥挤在低端的环节不仅造成了资源的浪费,而且往往在这些环节形成惨烈的价格竞争。低端的锁定又会通过"温水煮青蛙"的效应延缓着中国产业的技术升级,中国空有巨大的"大国市场"而无从发挥。因此,要改变供需错配的问题,可以在更大的空间范围如利用"一带一路"的倡议实现产能的转移,实现产业资源的优化配置。同时,必须实现产业自身的升级,以有效的供给来适应需求的升级以及产业的升级。这些都需要深层次的结构的调整,并需要防范可能的风险。中国的供给侧改革需要对接需求,需求管理同样要配合供给侧改革。从经济的发展上来看,供给侧改革需要对中国经济发展带来的需求升级做出反应。供给侧改革会涉及深层次的结构调整,传统经济不可避免产生调整压力,需要一个宽松的政策环境,并防范风险,短期的需求侧管理要积极配合立足长远的供给侧改革。实际上有时候很难区分政策是定向于需求还是定向于供给,政府短期内能做的或者说在次序上政策可以选择以下几方面:一是减税增收,主要以结构性减税为主,重点投向国家支持的服务业、先进制造业及战略性新兴产业。通过降成本间接增加企业主体的收入,重点降低制度性交易成本、企业的社会保险费、财务成本、物流成本等。二是中央政府适当增加开支,扩大赤字率,注重"调结构"和定向调控,财政重点定向支持教育、社会保障、智能制造等领域,这些方面也是释放供给侧的人力资本潜力、提高资本效率、促进创新的有效举措。三是供给侧改革的指向主要集中在劳动力、资本、土地、全要素生产率等要素上,因此,供给侧改革最终需要提高这些要素的配置效率。而要实现上述要素的升级,特别需要在国企改革、简政放权上深入推进。

4 供给侧与需求侧的协同运用：宏观政策组合新思路

2015 年 12 月 21 日,中央经济工作会议明确提出:2016 年及今后一个时期,要在适度扩大总需求的同时,着力加强供给侧结构性改革,以使经济运行在合理区间。这一新的提法并没有从根本上改变以往的掌控好消费、投资和出口"三驾马车"的总需求调整政策,是阶段性地突出了要用结构性改革的方法来平衡好中国经济的供需关系。供需从来就是融为一体的经济平衡,可以在某一阶段突出需求对经济增长的作用,也可以在某一阶段强调供给来稳定经济增长。提出供给侧结构性改革并没有否定财政与货币政策对宏观调控的有效性,而是力求在供需结构的效率、质量、潜力方面着手、发力、协调,最终实现稳中求进的政策目标。

供给侧政策不是孤立于货币政策和财政政策之外,更不会否定货币与财政政策[①],而是对上述两大政策的补充,管控供需两方面的政策协奏才能取得令人满意的效果。

4.1 供给侧经济学的来龙去脉及政策要点

2013 年 9 月后,与政策部门有着紧密联系的经济学家开始研究供给侧经济理论来分析宏观经济运行变动中出现的新特征。2015 年 7—8 月间,中国宏观调控政策的供给侧经济学色彩渐浓,到 12 月就比较充分地阐述了供给侧结构性改革的思路及任务。"供给侧结构性改革"见诸媒体后,各种评论、疑问

---

① 参见 Jesus Fernandez-Villaverde, Pablo A.Guerron-Quintana, Juan Rubio-Ramirez, "Supply-Side Policies and the Zero Lower Bound," NBER Working Paper 17543, October 2011。

的说法形形色色。针对各种解读,2016年1月4日,中央政府以权威人士接受《人民日报》独家专访"七问供给侧结构性改革"的方式作了阐释,以求"正本清源"。囿于报纸篇幅和不同的认识角度,公共媒体、政策咨询机构、相关政府部门在名词解释上原地打转的比较多,鞭辟入里的研究略嫌不足。为了更好地理解和分析这一新的政策观点,让我们做一次追本溯源的旅程,将以供给侧经济学为基本理论来源的"新政"内容展示出来。

任何重大经济政策出台背后是深刻的经济结构变动以及政策层面对解决问题有了新的看法。大致说来,1965—1975年间,美国资源供给增长非常快。1973年后美国经济进入"滞胀",产出、就业、储蓄、投资等经济指标增长率放慢了。1965—1975年,美国劳动生产率的年均增长率是4.9%,而1975—1980年的增长率已下跌为3.0%。怎样应对劳动生产率增长率的下降?经济学家开始献计献策,1979年8月,第一次出现了"供给侧经济学"这一字眼的是国会联合经济委员会的年中报告和工作人员研究论文《1980年代展望》(Outlook for the 1980s),宣称供给绩效在评价政府如何改善经济运行效果时具有中心重要的作用。[①]如果基于学术渊源,供给侧经济学可以回归到古典经济学:供给创造需求,供给决定需求。然而1929—1933年的大萧条催生了凯恩斯经济学,改变了政府在无为而治的市场体系中的角色,提倡用货币和财政政策来影响总需求,以扩大货币供应量或政府对商品、服务以及转移项目的支出形成产出和就业的"扩张"作用。此后政府干预经济的宏观政策登上了历史舞台。

20世纪60—70年代的美国政府对经济干预效果大不如前了,"滞胀"的出现使得部分经济学家对凯恩斯主义的需求管理政策提出了疑义,并举起了"供给侧经济学"大旗,聚焦于那些可以扩大总需求的潜在产出供给。[②]

4.1.1 供给侧经济学的理论框架

供给侧经济学家强调个人选择会影响资源的现在和未来可得性,以及资

---

① 参见John A. Tatom,"We are All Supply-siders Now!"Federal Reserve Bank of St. Louis,May 1981,18—30。
② 参见Martin Feldstein,"Supply Side Economics:Old Truths and New Claims",NBER Working Paper No.1792,January 1986。

源配置效率。供给侧经济学观点可以提炼和总结如下：

第一，根据简单的生产可能性边界，设定工厂、机器设备、知识等资本数量不变，产品的既有技术也不变，多生产钢铁，必然少生产计算机，多生产厨房器具，就少生产医疗设备。在自由市场的经济中，各种商品生产者、消费者之间的竞争决定产品和资源价格，也决定收入在个体之间的分配。

第二，当劳动或资本供给增加时，或技术改进时，生产可能性边界向外移动，个体就有了一次选择机会，经济资源可以用于消费，也可转向资本品或创新性产品。那么，经济政策既能够直接影响资源供给增长率，也可以改变生产可能性边界。

第三，规制经济活动的政策同样能够影响供给，政策既可以实现垄断控制，减少供给，也能够限制垄断，鼓励竞争来促进技术创新，结果是供给增加。

第四，应当缩小政府的作用，有两个原因用来支持这样的观点：一是通过政府来增加供给将资源从民营部门吸收过来，而政府的低效率使得供给减少。二是政府增加对企业资本税的结果是企业延长资产使用期而不是更换新资产，对个人所得税的累进征收使劳动者选择"闲暇"，也就缺少有效劳动力的供给。税收提高会在任何一个国民收入水平上都降低消费支出，它的影响是使总需求减少。税收减少 100 元使得可支配收入增加 100 元，消费和储蓄都会增加。当储蓄增加时，投资也会上升。显而易见，更高的税收会减少当前和未来的资源供给，一个高的税收的客观效果是把经济长期增长的税基变得更小了。

可以看出，供给侧经济学的重要政策主张是反对政府干预经济，因为已经十分庞大的政府支出及其迅速增长将从劳动生产率更高的民营部门吸收资源，使生产和消费的可能性边界向外移动率下降。同时，鼓励企业多投资，对新设备、新技术进行投资；鼓励个人多工作、多储蓄。如果政府能够对这两部分进行激励，就为经济活动提供更多的资源，从而促使更多的产品和服务供给。1981 年 4 月 13 日，《华盛顿邮报》对供给侧经济学及其政策主张的评述给出了点睛之笔的评论："聚焦激励机制。"

供给侧经济学一再强调的是以更多的资本投入和更多的劳动力投入，创造出新的供给体系，最终也会创造出新的需求总量。

增加供给是政策目标。要使生产可能性边界向外移动就需要动用更多的资源投入生产过程,加速折旧是鼓励企业进行资产设备更新,美国的复兴计划曾提出了"10-5-3"方案,即企业有形资产的折旧年限为 10 年,机器设备折旧年限是 5 年,而企业所用的卡车和轿车折旧年限仅为 3 年。基于科学技术的飞速发展和国内外竞争压力,这一方案重新定义了资产的生命周期,机器设备、通信设备、实验设备等有形资产的折旧年限正日益缩短,绝不应看作是一种浪费,反映了技术变化的冲击使得原有的机器设备等有形资产使用价值的下降。

4.1.2　美国供给侧结构改革的效果与改革重点修正

　　1980 年,里根总统上台是反通货膨胀的政策主张的胜利。其随后推行的供给侧结构改革是一次政策转换,最终是否取得了如预期的良好效果? 1985 年 12 月 29 日,美国著名经济学家马丁·费尔斯坦在美国经济学年会的"供给侧经济学:留下什么"分会场上作了一次讲演,通过对 1981—1985 年美国经济增长的研究总结了两个基本观点:

　　第一,1981—1985 年,美国供给侧结构改革重点是放在结构性减税方面,70 年代的高通货膨胀压力使得联邦政府采取从紧的货币政策来降低通货膨胀,同时又以减税来激励企业进行设备投资,减征个人所得税的结果是储蓄上升。收入税边际税率的一次实际减少提供了更多的经济活动和政府的长期预算平衡。在《总统 1981 年经济复苏计划》中,里根政府实施供给侧政策时宣布未来五年期间 GDP 将增长 19.1％,而实际增长了 10.9％,要比目标值下降 45％。据此,经济学家认为 1981—1985 年经济实际表现对供给侧经济学家来说是一个不友好的数字。

　　第二,尽管新供给侧人士的主张没有获得众口赞誉的美名,但是其实际做法真实地阐明了一国实际收入增长必须依赖物质资本和知识资本积累,对增长要素的分解进一步重视和强调劳动力质量和劳动力的工作努力无疑是正确的。[1]

---

[1]　参见 Martin Feldstein, "Supply Side Economics: Old Truths and New Claims", NBER Working Paper No.1792, January 1986。

1986 年后,美国供给侧结构改革政策已基本告一段落,其实际绩效是毁誉参半。此后的理论和政策研究重点已从结构性减税对经济增长效应转向供给侧结构改革究竟应该朝哪一个方向修正,如何借助于供给侧的变动为长期增长寻找动力等问题上。

1989 年 3 月,小罗伯特·卢卡斯在希克斯讲座上作了题为"供给侧经济学:一个分析评述"的讲演,从两个方面在新古典经济学的分析框架下提出了供给经济学的政策重点。

第一,税收、资本积累和经济增长是有关联的,减少税收有利于资本积累。根据他的估计,美国取消资本税可能增加 35% 左右的资本存量,那么 1981—1990 年的十年间,这样的估算或许可使美国资本存量年增长率增加一倍多,如果转换成福利效应并不会是惊人的。有两个原因:其一,资本报酬递减规律隐含着 35% 的长期资本增长转换成长期消费增长只有 7%;其二,数量巨大的资本扩张必然伴随有一个长期收益被分享之前的消费减少时期。因此,依靠减税的最终福利效应不会很大。

第二,有关劳动力所得税的减少能否转换为一种新的思路,即调整财政支出政策的重点。例如对学校教育的补贴,不光短期内对人力资本积累有扩大需求的边际影响,并且对长期的人力资本积累也有潜在影响。这将有利于一国经济的长期增长,因为评估供给侧经济政策或其他政策主张的最重要指标是生产率增长与否。

小罗伯特·卢卡斯引入人力资本和内生增长思想既重新解释了供给侧经济学,又为今后经济学家修正这一问题开辟了新的路径。

20 世纪 90 年代初,彼得·爱尔兰德的研究深化了供给侧经济学的这一修正观点,提出当技术参数为零时,资本是没有生产率的,那么采取简单的税率改变对经济增长理论也就没有任何效果了,只有转向物质和人力资本等多种资本的同时积累才会有更高的生产率,它是新的增长动力。[①]因而,内生增长理论为供给侧结构性改革注入了活力。

---

① 参见 Peter N. Ireland,"Supply-side Economics and Endogenous Growth",*Journal of Monetary Economics* 33 (1994) 559—571。

4.1.3 德国供给侧改革的三点经验

供给侧经济学提出并在美国实践 30 多年后，德国经济学家再次运用供给侧经济学方法全面考察了两德合并之后的德国经济绩效。对怎样提高德国经济表现提出了三条途径：

第一，需要对供给侧的资源进行有效的重组，提升民营部门的作用，促使经济资源流向劳动生产率更高的民营部门。

第二，一个更加灵活的劳动力市场被列为供给侧改革的核心要素，这与 20 世纪 80 年代初美国供给侧经济学的主张高度一致，因为最能够提高生产要素效率的就是劳动力本身。

第三，要提高国内总需求来降低失业率和创造更多就业，而更强劲的经济增长反映了经济资源重组后的实际效果。可以设想，一个需求不足的经济体所面临的最大困境是如何创造更多的就业，而不是解雇工人。总需求作用是显而易见的，只有创造就业才能使总供给与总需求匹配起来。①

进入 2016 年后，中国所开始的供给侧结构性改革需要从理论本源上弄清供给侧经济学的分析框架，也应当分享和学习美国和德国经济学家从供给侧角度对短期和长期经济增长经验的总结。

4.2 提升要素效率的供给侧结构性改革重点

经济增长率下降就是一次逆向的需求冲击，供给侧结构性改革讲的是调整不同供给部门生产要素投入数量，来更好适应新的需求结构。

2016 年，提高全要素生产率是中国供给侧结构性改革的实际目标，循着内生增长理论的思路，劳动力数量和质量是关键要素，这必然要求劳动力市场结构发生一个重大变化，创造出更加有利于劳动力要素能够充分流动的市场。劳动力的更有效使用和向生产率更高部门转移才会有更高回报率，是正向的劳动生产率增长；如果实际上发生了劳动力从高劳动生产率部门向低生产率

---

① 参见 Wendy Carlin and David Soskise, "German Economic Performance: Disentangling the Role of Supply-Side Reforms, Macro-economic Policy and Coordinated Economic Institutions", Working Paper June 2008。

部门的转移,也就违背了供给侧结构性改革的本意,也有违劳动力流动的经济规律。一个经济体能否实现持续增长就要看劳动生产率增长率,因此从劳动力结构改革着手是一项可行的政策选择。

4.2.1 1996—2015年生产率增长故事

讨论供给侧结构性改革的中心议题不应当放在过剩产能的企业倒闭问题上,也不是短期内的去杠杆,这些都不是当下中国经济再平衡的重点。必须看到结构性改革政策不大可能迅速提高当前的劳动生产率,即使有效应也需要几年时间才能显现出来。改革的真正方向是提高经济活动的全要素生产率上。从供给侧角度看,基于对1996—2011年的中国经济增长的核算研究,需要弄清如下三个问题,重点还是聚焦于劳动力要素方面:①

第一,不可忽略资本作用,实际增长中的资本贡献是逐渐上升的,2001—2006年间是12.1%,2006—2011年间是13.9%;对增长贡献也是依次上升的:从6.5%到6.9%。在增长份额中始终占有很高的比率,2006—2011年达到了65%。由于资本报酬递减的门槛效应,当资本积累达到一定数量时,每增加一单位资本所带来的产出数会不可避免地下降,说明经济增长不可能单凭更多的资本投入。事实上,生产函数中的指数是1/3,远低于报酬不变的数值1,这意味着资本报酬递减是十分显著的。

实物资本,是一个经济体积累起来的用以帮助生产的机器设备和建筑物的存量。当一个经济体面临较少资本存量的发展水平时,资本对经济增长贡献保持了增加的态势,资本报酬递减更有可能发生在形成巨大资本存量,且资本利用效率比较低的状态下。1996—2015年的20年间,中国的资本积累发挥了提高资本存量和促进经济增长的积极作用。

第二,劳动力贡献,2001—2006年劳动力数量贡献比2006—2015年更大。进一步看,劳动力增长受人口影响,短期内人口中的劳动力数量很难改变,那么,供给侧结构性改革则可以通过延长退休年龄来增加劳动力的供给,而通过放松农业劳动力的户籍限制来增加非农劳动力供给数量一直是改革开

---

① 参见 Vincent Koen, Richard Herd, Sam Hill, "China's March to Prosperity: Reforms to Avoid the Middle-Income Trap", OECD Economics Department Working Papers No.1093, 2013。

放以来的供给侧改革内容。农业劳动力的边际产出非常低,几乎是零,2000—2014 年间,1.33 亿农业劳动力流向了非农部门,劳动力的再配置效应是大的;也可以提高大学入学率,以改变劳动力质量的方法来增加更有效率的劳动力,就是数量不变,质量上升。

中国拥有 13.68 亿人口,基于 2015 年人均 GDP 为 7 900 美元的现实,供给侧结构性改革要把闲置的或低生产率的巨大劳动力能量转化为看得见的更大生产力,也要使现有的农业劳动力和非农劳动力的质量来一次提升。2016 年各项改革任务中的劳动力结构改革无疑处于最优先的地位。

第三,需要不断提升劳动生产率的贡献。在内生增长模式关系式 $Y=AK$ 中,A 表示创新,创新的前提和基础是知识存量的积累,这一数字越大,创新能力越强。因此,创新不是空中来物,来源于长期的物质资本和人力资本投入所积累的资本存量,并在市场激励机制的推动下创造出新的产品和服务。

供给侧是各种生产要素构成的供给体系,既有资本要素,也有劳动力要素,同样包括了数量和质量要求。毫无疑问,如果减少劳动力、知识和资本投入,全要素生产率的增长必然下降;如果在增加劳动力和资本投入的同时提高劳动力和资本投入效率,可以预期全要素生产率将保持增长势头。因此,供给侧结构性改革政策就是要推动更高质量的劳动力投入和更高的资本利用效率,实施加快人力资本深化和物质资本深化的发展战略,才有可能提高创新驱动的成功概率。

劳动力质量决定供给质量,市场配置资源的效率决定供给效率。要使供给侧结构性改革取得中长期成效,必须牢牢记住这一规律。

4.2.2 劳动力供给侧的 GDP 结构计算

供给侧就是用产出法来计算国内生产总值(GDP)每一个生产者创造的 GDP 数额等于生产过程中增加的价值。这个所谓的增加值是通过从每个生产者产生的收入中减去中间产品的价值得到的。依据产出法计算的 GDP,应结合就业结构才可以了解经济发展的实际水平,只是用产出数来分析供给侧结构性改革重点就很容易得出有偏差的观点。表 4.1 是 2000—2014 年分两个阶段统计的劳动力供给结构。

表 4.1　劳动力供给侧结构

	2000 年 （万人）	2008 年 （万人）	2000—2008 年 增长情况	2014 年 （万人）	2008—2014 年 年增长情况
第一产业	36 043	29 923	下降 20.45%	22 790	下降 31.3%
第二产业	16 219	20 553	增长 26.6%	23 099	增长 12.5%
第三产业	19 823	25 087	增长 26.6%	31 364	增长 25.02%

资料来源：《2015 年中国统计年鉴》。

（1）1990 年第一产业劳动力为 38 914 万人，占全部就业 64 749 万人的 60%。2000—2014 年，第一产业劳动力减少 1.33 亿人，2014 年第一产业劳动力还有 2.51 亿人，占全部就业的 29.5%，比 2000 年的 50% 减少了 20.5 个百分点。但是，29.5% 农业劳动力比重这一数字本身就显示相对低的经济发展水平。参照美国 1985 年数据，农业就业人数占全部就业的 3%。假设中国农业劳动力占 10% 的比重，中国还需要转移 1.51 亿农业劳动力；如果占 5%，那么有 2 亿农业劳动力需要转移。这是供给侧结构调整中所面临的重任之一。设想 2 亿农业劳动力是以拥有知识和技术的生产要素向非农部门转移，所形成的供给能力肯定要比受教育水平相对较低的半熟练劳动力要强得多，劳动力的边际生产力会更高。因此，改变和提升 2 亿多农业劳动力质量是至关重要的改革内容。

（2）2000—2008 年，第二产业劳动力从 16 219 万人增加到 20 553 万人，增长 26.6%，净增加 4 334 万人。2008—2014 年间的劳动力增长 12.05%，净增加 2 546 万人。从绝对数字上看，2000—2014 年间的第二产业劳动力净增加了 6 880 万人，恰好是人均 GDP 从 1 000 美元提高到 7 600 美元的工业化时期，需求的劳动力是产业工人。

2014 年中国第二产业劳动力数达到了 2.31 亿人，超过了美国、日本和德国之和。考虑到中国工业劳动生产率仍大大低于工业发达国家的现状，产业劳动生产率必须保持提高状态。

（3）可以用"服务业"这一更清晰的概念来表示第三产业。2000—2008 年间，服务业劳动力增长了 26.6%，净增加 5 264 万人；后一时期的增长率是 25.02%，净增加 6 277 万人。

可以预期,农业劳动力向非农部门流动的潮流不会停下来,而非农部门能否吸纳更多的农业劳动力要看各个行业劳动生产率的增长,主要是看工业部门的劳动生产率增长,并把这一生产率增长效果传递到服务业。劳动生产率能够继续提高的重要条件是劳动力质量的提高,把劳动力质量提升作为劳动力结构调整和供给侧结构性改革的重点是正确的选择。

4.2.3 劳动力工资预示了供给侧结构性改革重点

我们已经对劳动力供给侧结构作了初步分析,说明未来数十年的劳动力仍将在不同产业间流动。工资是劳动力价格,决定了不同质量的劳动力流向不同的行业和部门,怎样从劳动力工资分析中提炼出真正能够决定供给侧结构性改革的方向性看法?

在分析中国行业工资水平对劳动力供给结构影响方面之前,我们先来讨论美国不同行业的劳动力工资结构,以期有一个参照坐标。美国劳动力工资是周工资数,1990 年美国制造业是劳动生产率较高的行业,人均周工资数是 441.86 美元,高于平均值的 320.46 美元,也高于金融、保险和不动产业的 345.69 美元。可以知道,在市场化配置生产要素的体制里,绝大多数服务业劳动生产率要低于制造业、建筑业和交通运输部门,不同的工资水平是实际反映。

我们选择若干行业城镇单位就业人员工资的原因是国家统计部门公布了这些数据。2003—2014 年间,劳动力平均工资从 13 969 元增加到 56 360 元,翻了两番。但是,不同行业的工资结构性差异与美国不一样。

第一,中国制造业和建筑业人均工资要低于平均水平,2014 年分别只是平均值的 91.1% 和 81.3%,流汗、辛苦的就业岗位所获得的劳动报酬是低的,与美国制造业和建筑业人均工资结构有一个鲜明对照。

第二,2014 年,中国金融、保险行业的人均工资水平是平均值的 192.1%,接近平均值的 2 倍,成为所有行业中人均工资最高的部门。金融、保险行业的出奇高工资是源于其更多的知识创造、技术创新的全要素生产率,还是行业、所有制、垄断等其他因素呢?

表 4.2　若干行业的城镇单位就业人员工资比较

产　业	2003 年工资（元） 平均＝100	2014 年工资（元） 平均＝100	美国 1990 年周工资（美元） 平均＝100
合　计	13 969 (100.0)	56 360 (100.0)	345.69 (100.0)
制造业	12 671 (90.7)	51 369 (91.1)	441.86 (127.8)
建筑业	11 328 (81.1)	45 804 (81.3)	526.40 (152.3)
交通运输	15 753 (112.8)	63 416 (112.5)	504.14 (145.8)
信息软件业	30 897 (221.2)	100 845 (178.9)	/ /
金融业	20 780 (148.8)	108 273 (192.1)	356.93 (103.3)
商务服务	17 020 (121.8)	67 131 (119.1)	/ /
科技服务	20 442 (146.3)	82 259 (150.0)	/ /
教　育	14 189 (101.6)	56 580 (100.4)	/ /
卫　生	16 185 (115.9)	63 627 (112.3)	/ /
服务业	/ /	/ /	320.46 (92.7)

资料来源：《2015 年中国统计年鉴》；宿景祥：《美国经济统计手册》，时事出版社 1992 年版，第 34—35 页。

第三，信息软件业、商务服务与专业服务业高于平均工资，如 2002 年和 2014 年科技服务业人均工资是平均值的 146.3％和 150.0％。

从理论上说，更高的工资是更高劳动生产率的表现。为此，我们需要对行业的劳动生产率水平进行实证分析。劳动力始终是供给侧的核心，当我们将有关供给侧工资高低的讨论转到全员劳动生产率的比较时，却发现了一个与通常所说的不同图像。我们采用一个相对简单的劳动生产率测算，对 2000—2014 年间的产业增加值除以产业劳动力数，得到当年的人均劳动生产率；再以全国全员劳动生产率为 100 分别计算三大产业劳动生产率数值来反映其劳动生产率高低。

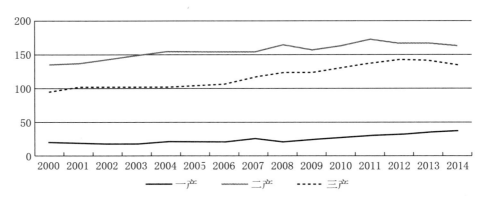

图 4.1 三大产业劳动生产率差异(以全国平均值＝100 计算)

劳动生产率是衡量经济绩效的最主要指标,2000—2014 年间,三大产业全员劳动生产率均有一个稳步增长,产业劳动生产率比较的基本结论如下:

(1) 2000—2014 年间,全员劳动生产率从 20 657 元提高到 72 313 元,增长 2.5 倍。第一产业从 4 083 元增加到 25 597 元,增长 5.27 倍;第二产业从 27 946 元增加到 117 652 元,增长 3.21 倍;第三产业从 20 044 元提高到 97 576 元,增长 3.87 倍。这一期间的农业劳动力流出 1.33 亿人,向非农部门的转移大大提高了资源配置效率,并且自 2007 年以后使农业劳动生产率有了迅速提高。2000—2006 年间,农业劳动生产率/全员劳动生产率的比率在 20% 上下波动,未见有看得见的变化,2007 年的这一比率是 25.43%,2014 年已经是 35.40% 了,劳动力流动产生的资源配置效率是有福利效应的。

(2) 三大产业间的劳动生产率差异还是非常明显的,第二产业劳动生产率一直以来较高,始终高于全国劳动生产率平均值,在 2000—2007 年间处于稳定上升状态,此后在 162%—172% 之间浮动。那么,一个具有更高劳动生产率的工业部门,其劳动力工资却低于平均值,还只是金融、保险行业的一半,就成了难以解释的疑惑了。

(3) 第三产业/全员劳动生产率的比率在 2005 年后稳步往上走。就整个产业而言,第三产业劳动生产率低于第二产业。

过去很多年对技术创新和全要素生产率的研究中常常提出一个问题:是

什么原因阻碍了人力资本流向制造业、流向科技创新部门？原来是不同的劳动力工资结构发挥着看不见的影响，上述讨论引出了一个强有力的结论：既然供给侧结构性改革是要实现有效供给和创新驱动战略，就要把人力资源开发放在科技创新最优先位置，把调整人力资本回报率作为基础来重塑生产要素回报率导向的资源配置模式。

灵活的劳动力市场结构意味着生产要素的稀缺性会通过价格直接反映出来，而一个扭曲了的工资体系必然有一个同样扭曲的劳动力市场。当金融部门普通员工的工资收入远高于制造业工程师、技术员时，劳动力资源配置的低效则是可想而知的。怎样解决呢？一方面，任何政策都没有办法提高竞争性行业的工资，却可以调整垄断行业的工资；另一方面，制造业是工业社会的脊梁，几乎所有政治家和政策制定部门一直呼吁提高制造业附加值和技术创新能力。2016 年 1 月 7 日，国务院决定推动《中国制造 2025》，提到抓紧发布智能制造、绿色制造、质量品牌提升等实施指南。[1]促进制造业升级，实现中国制造迈向中高端，理想的政策目标需要更高的劳动力质量和劳动力的创造能力，而低于社会平均工资水准的制造业劳动力根本无法承担起这一重任。促进生产要素的市场化流动，打破垄断来焕发劳动力的活力才是劳动力供给侧结构性改革的最重要内容。

因此，劳动力供给侧结构性改革就有两大主攻方向：一是积极促进农业劳动力向非农部门转移，进一步发掘人口红利；二是破除各种所有制、行业限制，创造出一个无所有制限制、无行业限制的竞争市场，企业、劳动力进入任何行业和区域没有壁垒、退出没有障碍的市场结构，真正实现劳动力工资能够反映劳动力质量的报酬体系，行业、劳动力本身的回报率基于劳动力质量，而不是来自行业垄断及非市场因素。

可见，城镇单位就业人员工资差异不能想当然地看成是不同生产率表现，更可能是一种非市场化配置劳动力资源的扭曲。上述的发现和讨论对今后供给侧结构调整来说，无疑应当把产业劳动生产率与产业工资水平匹配起来，才是提高供给质量的可行举措。

---

[1] 《21 世纪经济报道》，2016 年 1 月 28 日第 8 版。

4.3 发掘需求侧的投资新潜力

把事情做得更好的第一步是理解为什么事情是这样的。宏观经济学最美妙的核算关系是总产出＝总支出,对总供给的分析之后就应转到总支出方面。用支出法计算国内生产总值是从最终使用的角度反映生产活动最终成果的一种方法,包括最终消费支出、资本形成总额及货物与服务净出口三大部分,多年来已经以"三驾马车"形象方式概括了三大部门在总需求中的比率。

4.3.1 逆向的总需求冲击

国民收入核算并非为统计局的需要去核算,而是通过这样的核算来寻找经济运行规律,并从规律的把握中为改进经济运行找到一个有效的政策,不仅可以避免经济的突然波动,而且可以有意识地使经济朝着更为稳定的方向转变。

中国经济增长率的下行可以用结构性下降来解释吗? 回答是否定的。表4.3 大致记录了 2010—2015 年季度产出的周期性波动,可以看出两个明显的周期性波动:一是在 2009 年以"四万亿"为标志的经济刺激下,2010 年第一季度增长率为 11.9％,此后各个季度是趋势性地下降,偶尔有一个季度同比增长率略高于前一季度,2010—2012 年实际上是短暂的强劲复苏。二是 2012 年第四季度同比增长率为 7.9％,随着刺激效应减弱,季度增长率一路走底,2013—2015 年各个季度同比增长率再也没有比 7.9％更高了,2015 年第三季

表 4.3 2010—2015 年季度 GDP 增长率（％）

季 度	2010	2011	2012	2013	2014	2015
1	11.9	9.7	8.1	7.7	7.4	7.0
2	11.1	9.6	7.6	7.5	7.5	7.0
3	10.6	9.4	7.4	7.8	7.6	6.9
4	10.4	8.9	7.9	7.7	7.7	6.7
全 年	10.8	9.2	7.7	7.7	7.4	6.9

资料来源:国家统计局;中国人民银行货币政策分析小组《中国货币政策执行报告》。

度增长率已跌到 6.9％,破"7"了。我们预计 2016 年季度增长率沿着下行轨道缓慢地朝着更低数字滑动,探底和筑底仅是一种可能性而已,或许再延一年。

要监控商业周期,就应当正确了解商业周期。消费物价指数是预判经济周期的一个指标,用工业品出厂价格指数(PPI),对于以工业化为基本特征的中国经济增长来说价值更大些,它已经是连续 50 个月的负增长了,负的数字说明一个重要的事实:实际产出低于潜在产出。我们是否能够精确地度量 PPI 负增长结束的时间呢? 只有当季度经济增长率止跌回稳并逐渐上行的时候,才可以看成经济下行期的结束,并确定这一轮经济周期的底部。

由于经济增长的周期性特点,减缓下行周期所带来的逆向总需求冲击究竟依靠供给侧改革为主,还是以适度扩大总需求的政策为主? 目前令人担心的是,在供给侧改革的政策大潮下把短期需求管理政策看作违背中央经济政策的观点,使得积极扩大总需求的努力付诸东流,也可能失去了用需求稳定经济增长的良好时机。为此,深入解剖需求侧变动的态势及原因是必要的。

4.3.2 需求侧"三驾马车"拉动的比率

需求侧结构变动可能性始终是一个激发经济学家对经济运行趋势进行深入思考和研究的问题。不同国家以及同一国家的不同发展阶段的需求侧结构是不同的,绝对不能、也不可能用其他国家特别是工业发达国家需求侧结构特征来评论,甚至批评中国需求侧结构的合理性。例如美国消费一直占到 GDP 的 65％—70％,但请注意下述两个数字的差别:2000 年美国人均 GDP 是 3.5 万美元,中国不足 1 000 美元,美国人均 GDP 是中国的 35 倍,两国人均资本存量差别也在这一倍数附近。

表 4.4 是支出法 GDP 构成分解,支出法构成的资本形成所占比率最高,2012 年和 2014 年分别是 46.45％和 45.85％。2000—2014 年间,在所有的固定资产投资中,制造业和公用事业投资要占 40％以上,住宅投资占 25％,加上交通运输等基础设施投资占 10％左右,这四大部门占投资的 75％。所以,投资是 GDP 变化最大的一个部分,高的投资率促进了中国制造业、房地产业、道路等基础设施的资本积累量增加,这一期间是资本形成的快速发展时期。

表 4.4　中国 2012 年和 2014 年支出法的 GDP 构成

	2012 年 总额(亿元)(占 GDP 的%)	2014 年 总额(亿元)(占 GDP 的%)
国内生产总值	534 745 (100)	640 697 (100)
居民消费支出	198 537 (37.13)	242 927 (37.92)
农村居民	45 223 (8.46)	54 574 (8.52)
城镇居民	153 314 (28.67)	188 353 (29.40)
政府消费支出	73 182 (13.69)	86 523 (13.50)
投资(资本形成)	248 390 (46.45)	293 783 (45.85)
货物和服务净出口	14 636 (2.74)	17 463 (2.73)

资料来源:《2015 年中国统计年鉴》。

GDP 的消费部分由家庭部门对当前生产的产品和劳务的购买组成。消费可分为耐用品消费(如汽车和家用电器)、非耐用品消费(食物、衣服等)和服务消费(医疗、教育、娱乐等)。2000—2010 年是最终消费率占支出法国内生产总值急剧下降的时期,从 63.7% 下跌至 49.1%,资本形成率则是上升的。这一变动受到广泛的批评:消费率太低,投资率太高。然而,过去 15 年的经验是,与可支配收入上升相比,居民边际消费能力较低,即消费会随着收入的增加而上升,但是消费的增加没有可支配收入增加得那么快。实际上,人均可支配收入越高,边际消费倾向越低,使得居民消费支出似乎是一个比较稳定的比率。因此,消费支出在总需求中是仅次于投资的一个组成部分,近年来占到 GDP 的 35%—40%。

政府消费支出,是指当前产品中被各级政府部门购买的那部分,占 13% 左右。

出口需求增加是对国内生产产出的需求增加,如同投资需求的效应一样,均衡收入将随之提高。因此,出口需求增加对均衡收入具有扩张效应,而进口需求增加对均衡收入则具有紧缩效应。

由此可见,用需求侧来分析 GDP 结构之后更增强了我们对有关投资在当前中国经济增长中的作用的看法,如果刻意地、人为地去改变,结果是出现一个扭曲的总需求结构,并导致经济增长率的下跌。

4.3.3 弱消费需求条件下的短期管理政策

上述季度增长率的逐季下行显示出中国经济的周期性特征,此时再次的强刺激政策难以扩大总需求。众所周知,供给与需求是一枚硬币的两面,谁也离不开谁。供给创造需求,没有需求的供给是无效供给,没有供给的需求只是水中花、镜中月。因而,探讨总需求结构变动的目的正是为了更加正确理解供给侧结构性改革。

表 4.5 的数据是基于凯恩斯经济学的短期需求管理分析框架,只要宏观经济处于周期性波动,短期需求管理政策仍然是有用的,对熨平周期波动是有效的。无论凯恩斯学派,还是供给侧经济学都承认这一点,这是一个有实际价值的分析工具。

表 4.5　2014—2015 年中国宏观经济增长

经济目标		2014 年目标	2014 年实际值	2015 年目标	2015 年实际值（截至第三季度）
经济增长	GDP 增长（%）	7.5	7.4	7	6.9
	固定资产投资增长（%）	17.5	15.3	15	10.3
	消费增长（%）	14.5	12	13	10.9
	出口贸易增长（%）	7.5	3.4	6	−1.8
价　格	CPI（%）	3	2	3	1.4
就　业	城镇新增就业（万人）	1 000	1 322	100	1 066

资料来源:《2015 年中国统计年鉴》;中国人民银行货币政策分析小组:《中国货币政策执行报告》2015 年第三季度。

（1）2015 年,全国社会消费品零售总额增长 10.7%,而年度增长目标是 13%。2012—2014 年间的消费增长率分别是 14.3%、13.1% 和 12%,2015 年的继续下降是周期性表现。促进消费、扩大消费是 2012 年 12 月中央经济工作会议以来所公布文件的政策目标,提法之多,重要程度的层层加码几乎穷尽了相关的词汇。最近又针对 2015 年消费增长的颓势,提出了消费升级的想法,以更高质量的供给来创造和扩大消费。新的政策主张尚未经过实践检验,如果要在短期内取得突破性进展还需要花很大的力气。

当消费增长率下降时,消费物价指数上涨动力就非常弱,2012 年和 2013 年居民消费物价指数涨幅均是 2.6%,2014 年和 2015 年分别是 2% 和 1.4%。可以预见,消费物价的跳跃上升在 2016 年的概率是不高的。

(2)中央政府提出 2016 年增长目标为 6.5% 以上的底线思维,必然要求找到能够在短期内实现这一目标的"马车",它只能是投资需求了。2014 年的固定资产投资增长率是 15%,2015 年回落到 10%,而对 2016 年投资增长率的预测目标又下降到 9% 以下。可以设想,如果投资增长率不能重返 10% 以上,单是依靠政府鼓励消费的政策和改变供给结构来创造新的需求均无法起到立竿见影的效果。

要实现有效消费来支撑总需求扩大必须有两个条件:一是高的收入增长率,有更高的收入增长率才会有更高的消费倾向,如果面临的是一个低收入增长率的经济形势,政策激励甚至纵容无休止的借款消费,都不会激发理性消费的释放,反而是在累积社会债务风险;二是更多的就业机会和充分就业,在此条件下即使一个低的消费倾向也会导致资本增长和经济增长。2009 年以来,中国经济体系的流动性一直非常充裕,金融机构和个人储蓄所沉淀的资金数量已经太多了。2005 年的居民储蓄数是 14.11 万亿元,2015 年则达到了 53 万亿元,增长 2.76 倍;各种储蓄存款从 2005 年的 19.15 万亿元增加到 2014 年的 88.03 万亿元,翻了两番多;社会融资规模存量从 2005 年的 22.43 万亿元增加到 2015 年的 137.6 万亿元;货币供应量 M2 存量从 29.88 万亿元增加到 137 万亿元。由于很难把充裕的流动性引向消费增长方面,中国实际情形证明了投资与消费既是互补关系,也是前后关系:投资增长在先,消费增长随之上升;前者下降,后者尾随下行;前者上移,后者同步。2010—2015 年的经验是投资增长率的高低决定了消费增长率的高低,而不是相反。

(3)美国金融危机后的 2009 年,中国出口增长率下降了 16%。随着各国宽松货币政策和宽松财政政策的纷纷出台,全球经济有一次强刺激下的复苏插曲,2010 年中国出口增长率反弹至 31.3%,2011 年出口增长率是 20.32%。2012—2014 年间的出口增长率分别是 7.92%、7.82% 和 6%。2015 年增长率下降了 1.8%,是全球经济增长动力不足、活力不够的结果。2016 年,中国的低出口增长率注定了其对经济增长贡献的微弱性。

2008—2014 年间,全球经济的年均增长率只有 1.98%,欧盟是 0.9%,日本是年均负增长 0.57%,说明 2014 年人均收入要低于 2008 年;美国经济稍好些,年均增长率仅为 1.05%。2016 年初,国际货币基金组织再次下调了 2016 年全球和中国经济增长率,那么中国出口增长率要取得过去八年的年均增长率的可能性并不高,意味着出口对总需求增长贡献度减弱是预料之内的。

在全球经济疲软的背景下,"稳中求进"的基本政策要求实现 6.5% 以上增长率,既然不能以迫使居民消费方式的改变来扩大总需求,也不能再次祭出强刺激的法宝,那么借助于供给侧经济学的思想和主张是一个好的主意,通过促进有效投资来提高投资增长率,发挥精准投资在经济下行周期中稳增长的关键作用。

有关弱消费需求的分析,有利于深入思考供给侧与需求侧平衡联系,从中找到基于 2016 年增长 6.5% 底线目标下的增长动力。相信较高投资率不仅是 2016 年的现象,也将是未来 10 年的长期现象,但并不会始终是一个高的比率。许多有价值的投资可以创造物质财富和精神财富,一个人对财富的追求只能用投资的方式来实现。改变人的消费习惯,或者刺激消费的各种游戏在这几年中没有明显成效,留给我们更重要的推论就是有效投资理论。我们已经证明,投资与消费增长之间有联系,前者是通向后者的道路,新的有效投资肯定可以激励新的消费,更高的经济增长率又带来更多的财富可以分配,而更高的收入有利于提高消费倾向,从而又可以使有效投资增长。因此,保持一个稳定而高的经济增长率是需求侧与供给侧政策都要追求的目标。

4.4 "补短板"是供给侧与需求侧动态平衡政策的精髓

供给侧结构性改革方案是基于下述认识:一是供给侧结构性改革的根本目的是提高社会生产力水平;二是在适度扩大总需求的同时,去产能、去库存、去杠杆、降成本、补短板,从生产领域加强优质供给,减少无效供给,扩大有效供给,提高供给结构适应性和灵活性,提高全要素生产率,使供给体系更好适应需求结构变化。[①]

就产业而言,生产领域是供给侧结构性改革的主要部门,同我们阐述的三大产业劳动力结构与全要素生产率分析后提示的看法接近,也就更加突出了工业部门结构性改革的重要性。

4.4.1 "三去一降"与"补短板"的协奏

去产能、去库存、去杠杆、降成本、补短板,是 2016 年经济工作的五大任务。这五个关键词是破解中国供给侧与需求侧平衡调整的密码,也是中央和各级地方政府制定适合本地实际情况的政策的出发点、着力点。

基于经济总量的增减效果,去产能、去库存、去杠杆政策使得现有生产活动总量减少,看上去把各种"僵尸"企业清理出资源配置体系,是一种减法。"去"本身就是一种损失,这可以从企业倒闭、兼并重组与工人转岗、失业等负面效应看出来,同时还有企业的利润损失和财政部的税收损失;也可以从产出和就业增长率下降从而国家经济能力多少有点削弱的结局看出来。降成本,也是一种减少支出的经济活动,在某些情况下,降成本一下子变为企业解雇工人的藉口。通过提高生产效率来降低成本又归到"补短板"的投资上,持续地提高生产领域技术效率的途径是对生产设备进行技术更新和改造,就是一种新的有效的投资。为此,可以把这"三去一降"视为"看跌状态",而"补短板"则是"看涨状态"。

2016 年,中央政府和各级地方政府要提前预见两个新的情况:一是在"三去一降"的政策压力下,建筑业、矿业、制造业将出现大规模的下岗失业、欠薪问题,有可能引发各种形式的社会矛盾,少数会以极端方式出现。而缓解就业压力的措施不是单纯的财政转移支付,毕竟这类支付的数目太小,对于解决众多的工人下岗问题只能是杯水车薪。二是国内外消费需求疲软是 2016 年挥之不去的阴影,不景气、衰退、现金为王等各种观点不断泛起,成了把 6.5% 底

---

① 《中央财经领导小组第十二次会议"抓紧抓好抓实供给侧结构性改革"》,《文汇报》2016 年 1 月 27 日第 1 版。

线往下拉的负面力量,使稳增长面临的艰巨性超过了 2008 年金融危机以来的任何年份。因此,唯有通过一个出乎意料的"补短板"政策指引下的投资潮,上下发动,齐心协力,才能使 2016 年的中国经济出现一道亮丽的风景线。

2015 年 12 月 21 日中央经济工作会议至 2016 年 1 月 29 日中央政治局集体学习之前的有关供给侧结构性改革的舆论,以及对 2016 年宏观经济增长的前景、特征、政策重点的看法,似乎并不是积极和主动的态度,新闻媒体上有比较多的悲观论调。2016 年 1 月 29 日,中央政府对经济工作会议列出的"五大任务"有了一个新的认识,实际上是温和地修正了五大任务的排序:"各地区各部门各单位各方面都要在深入调查研究的基础上明确自己工作方面的短板是什么,以扎实的思路、举措尽快把短板补齐。"[①]

4.4.2 "补短板"打开了新的投资和增长窗口

什么是"短板"? 只要经济生活中短缺的,即是当下的短板,也可能是相当长时期内的"短板"。短缺现象是长期以来资本流入数量太少、欠账太多造成的。什么是"补"? 补就是投资行为。短板太多,一年或两年的投资及其高增长率根本无法补齐这些短板,以投资来促进增长和稳定增长将需要很多年的努力。

一个高的经济增长率必然需要一个高的资本形成率及其增长率。我们认为,"补短板"的力度会不断加大,特别是经过深入调研找到既有利于短期需求扩大的投资领域,又具有解决未来长期增长所需要的资本积累,未来的收益是无穷的。

有效供给才能满足有效需求。如我们一再强调的,供给侧结构性改革的核心是劳动力市场,即形成一个有利于劳动力质量提升的资本投入体系和有利于劳动力资源高效配置的市场体系,将使生产要素和各种资源得到最有效利用。一旦我们树立了这样的经济发展观和供给侧改革的指导思想,对中国经济有实际需求的部门分析就有可能为供给侧结构性改革的资源重新配置提出建议方向,也可以把供给侧结构性改革政策落到实处。

---

① 《文汇报》,2016 年 1 月 31 日第 1 版。

中央政府把"补短板"列为 2016 年的重点任务,短板与长板之间的区分会随着时间和发展阶段有所变化。借助于长期以来对中国投资与消费数据关系的研究及实地调查所积累的经验知识,我们认为可以把绝大多数短板分成表 4.6 中的三大类别。科技创新和人力资本的指标未在其中,这方面需要花更大的篇幅才能阐述清楚,也就不在此处分析了。

　　表 4.6 包括了 2000 年、2008 年和 2014 年的数据,下述的分析是以表 4.6 中的三个类别的数据指标为主要依据的,也不限于这些数据,旁征侧引也是必要的,并对这些数据指标的未来数值作一个可信的预见,就有可能得出"补短板"所需要的投资量。

　　(1)采用实物发展水平是我们长期以来坚持用物质眼光判断发展阶段的优势。①以人民币计算的人均 GDP 在 2000—2014 年间从 7 902 元提高到 46 629元,增长近 5 倍;如果以美元计值,从不到 1 000 美元上升到接近 7 600 美元。预计 2016—2020 年间以人民币计算的人均 GDP 可提高到 8.4 万元,比 2015 年增长 80%;以美元计算的数字是 1.16 万美元(7.2 元/美元汇率)。②2014 年,城镇居民恩格尔系数已下降到 34%,城镇人均衣着支出占 GDP 比率下降为5.64%。如同过去 15 年,随着人均收入水平上升,传统的吃饭穿衣开支比重是逐渐下降的,表明这类消费内容扩大的空间是有限的,早已不是短板了,也就退出了"补短板"之列。③人均发电量从 2000 年的 1 074 千瓦小时增加到2014 年的 4 141 千瓦小时,增长近 3 倍。2014 年日本和德国人均发电量大约是 8 000 千瓦小时,这一前瞻性参照指标有预示作用,要使中国人均发电量达到日本和德国的水准,就是中国人均 GDP 接近日本和德国所需要的年份,至少是 20 年,每年的人均增长率约 3.5%。由于工业产能利用不足,当下的发电量变成"长板"了。④2000—2014 年间,城镇百户家庭汽车普及率上升是令世人震惊的,普及率从 0.5 上升到 25.7,汽车产量从 207 万辆扩大到 2 372.52 万辆,轿车产量从 60.7 万辆增加到 1 248.31 万辆,产量有一个质的飞跃,成为全球汽车产量和销量最大的国家。目前汽车进入家庭是否达到饱和期呢? 对比其他中等收入国家的千人拥有量为 250 辆,高收入国家的千人拥有量是 550辆,尽管有关汽车进入家庭的普及率有许多截然不同的专家观点,其中常常见诸媒体的一种观点是中国人口基数庞大,家庭的汽车普及率不可能达到中等

表 4.6　中国经济的短板及"补短板"的增长潜力指标

指　　标	2000 年	2008 年	2014 年
1. 实物发展水平			
① 人均 GDP(元)	7 902	23 912	46 629
② 城镇恩格尔系数	39.4	37.9	34
③ 城镇人均衣着/可支配收入(%)	7.95	6.83	5.64
④ 人均发电量(千瓦小时)	1 073.62	2 617.2	4 141.1
⑤ 城镇汽车普及率(百户家庭)	0.5	8.83	25.7
汽车产量(万辆)	207	930.59	2 372.52
轿车产量(万辆)	60.7	503.81	1 248.31
2. 城镇居住与环境水平			
① 城镇商品住宅销售额(亿元)	3 228.6	21 196	62 410.95
② 城镇人均居住面积(平方米)	20.3	30	32#
③ 商品住宅竣工面积(亿平方米)	2.06	5.43	8.09
④ 商品住宅竣工价值(亿元)	2 174	9 295	22 079
人均粗钢(公斤)	102	380	603
⑤ 年末实有道路长度(万千米)	16	26	35.2
⑥ 每万人拥有道路长度(千米)	4.1	7	7.9
⑦ 城市人均拥有道路(平方米)	6.1	12.2	15.3
⑧ 城市人口密度(人/平方千米)	442	2 080	2 419
⑨ 城市建设用地面积(平方千米)	22 114	39 140	49 983
⑩ 人均公园绿地面积(平方米)	3.7	9.7	13.1
3. 交通发展状况			
① 高速公路(万千米)	1.63	6.03	11.19
② 公路里程(万千米)	167.98	373.02	446.39
③ 全国民用汽车拥有量(万辆)	/	3 271.14	11 748.19
④ 铁路营业里程(万千米)	6.87	7.97	11.18
电气化里程(万千米)	1.49	2.50	3.69
高铁里程(万千米)	/	/	1.9

注:#是估计数。

资料来源:根据《中国统计年鉴》等资料整理而成。

收入国家,更不可能触及高收入国家普及率的门槛。然而,经济发展规律和历史经验均不支持这样的看法。我们始终坚持这样的观点:一个低的家庭汽车普及率,就是短板。2016 年 1 月下旬腾讯新闻"航拍数十万农民工的摩托大军",报道农民工拖家带口千里骑行回家,从珠江三角洲向粤西、粤北以及周边的广西、湖南、江西甚至更远的云贵川渝奔行跋涉。摩托车载着大人、小孩,大包小包,超重超载现象隐含着对汽车的潜在需求。既然中国家庭汽车普及率远未达到饱和期,推动汽车普及率提高是一次"补短板"的机会,也就需要增加新的投资,并不会与"去库存"发生冲突。但是,与家用电器普及率上升不同的是,汽车普及率上升需要更多的道路,道路"补短板"的需求有多大呢? 为此,我们转入第二类数据指标的讨论。

（2）讨论城镇居住与环境指标,大致可以分为三个部分:城镇住宅、城市道路和城镇环境。

对 2000—2014 年城镇住宅竣工面积等指标的统计确实描绘了一幅令人振奋的城镇化图像:城镇商品住宅销售量从 3 228.6 亿元上升到 62 410.95 亿元,增长 18 倍以上;商品住宅竣工价值从 2 174 亿元到 22 079 亿元,增长 9 倍以上;商品住宅竣工面积从 2.06 亿平方米到 8.09 亿平方米,增长近 3 倍。在这样惊人的增长倍数前不要迷失在数据云雾中,要看清这样的增长倍数发生在 13.6 亿人口的大国,也是之前几十年只建造少量住宅的国家,更是居住标准极低条件下开始住房制度改革的国家。表 4.6 中 2008 年城镇人均居住面积是 20 平方米,2014 年估计是 32 平方米。我们再引入上海人均居住面积作进一步说明,2000—2014 年间,上海居住房屋总量从 20 865 万平方米扩大到 61 094 万平方米,以常住人口计算人均居住面积从 13 平方米增加到 25 平方米。[①]当前,"化解房地产库存"指的是已经变成长板的某些区域的房地产,而大城市的房地产则需要"补短板",两者不是截然对立的,是区域供给侧结构性问题。

那么,如何分析城镇住宅的供给侧与需求侧平衡呢? 第一,我们统计了 1991—2015 年全国商品住宅销售面积,总量大约为 93 亿平方米,估计到 2016 年底达到 100 亿平方米。以 2014 年城镇人口为 74 916 万人统计人均新建面

---

① 《2015 年上海统计年鉴》,第 5 页和第 198 页。

积,大约是13平方米。如果以人均30平方米测算城镇居住水平,需要255亿平方米的住宅。第二,到底城镇住宅建设是"短板"还是"长板",让我们做一次"乌托邦"式的旅行。由于1991年之前的绝大多数居民住宅质量低劣,理应重新建造。我们以71%城镇化率计算13.7亿人口中有10亿人居住在城镇,并以人均40平方米居住水准测算,四口之家需要160平方米,三口之家也就是120平方米了,这是一个实实在在的中等收入国家和中等收入家庭的基本要求,中国城镇就需要400亿平方米的住宅面积,减去1991—2016年新建的100亿平方米商品住宅面积,至少还将建造300亿平方米的商品住宅。在"看跌"状态下,城镇住宅面积仍然是"短板"的结论可能会遇到质疑的挑战,过去一年深圳房价上涨从供给侧提醒了"去库存"政策要适当调整。2015年,深圳新房成交量价齐升,全年成交面积660万平方米,同比增长65%,全年均价增长近四成。2014年11月深圳新房均价2.6万元,2015年11月已经超过4.4万元,房价上涨69%。①媒体对此的解释是"引燃楼市,宽松调控政策功不可没"。其实不然,那为什么其他城镇房价没有普遍上涨呢?真正原因是供需矛盾所致,是供给侧问题。

今天,住宅结构调整的重点已经不是满足城镇居民有一个"屋顶"的需求了,而是更高质量和更高标准,并且连同道路、车位、绿地等环境设施的一体化的新需求了。

最近几年城市环境日益恶化,雾霾不时降临,道路拥堵已成常态。根源是城市建设的投资量太少。表4.6中列举了城市道路数与人均数,"贫乏"数字不堪言。2000—2014年间,每万人拥有道路仅从4.1千米增加到7.9千米,增长1倍;人均拥有道路从6.1米到15.3米,只增长1.5倍;年末实有道路从16万千米到35.2万千米,增长1.2倍。而同期的百户家庭汽车普及率从0.5到25.7的50倍增长。道路不足是城镇化过程中的最大短板,是2016年后政府投资及其引导社会投资的"补短板"内容。因此,增加道路的有效供给正在成为供给侧结构性改革的重点。

我们还讨论了城市建设用地面积从22 114平方千米扩大到49 983平方

---

① 《21世纪经济报道》,《另类繁荣,信贷驱动下的甚至楼市能否持续?》,2016年1月18日第9版。

千米,增长1倍多一些;城市人口密度从442人/平方千米到2 419人/平方千米;城市人均绿地面积从3.7平方米扩大到13.1平方米。这三个数据说明城市早已拥挤不堪了,增加城市建设用地面积来降低城市人口密度,同样也是供给侧结构性改革的内容之一。

（3）交通运输供给的短板是新闻媒体天天的话题,百姓日常生活中的深切之感。一方面,2000—2014年交通发展的成就是值得瞩目的。高速公路从1.63万千米增加到11.19万千米,增长近6倍;一般公路里程从167.98万千米扩大到446.39万千米,增长1.66倍;铁路营业里程从6.87万千米扩建到11.18万千米,增长62.74%;其中电气化里程从1.49万千米到3.69万千米,增长近1.5倍。此外,截至2015年底,高铁运营里程达到1.9万千米,占世界高铁总里程的60%以上;另一方面,我们看到春运期间铁路运输系统的"一票难求",铁路的短缺同13.7亿人口有着紧密的联系。确定"补短板"和多大的投资量来"补短板"必须考虑人口基数,从一年或两年的"补短板"逐渐演化为长期"补短板"的投资趋势,这是2016年后供给侧结构性改革需要重新思考的实际问题。

由此可见,2016年启动的"补短板"政策不仅加快了以质量为基础的供给数量增长,而且有利于中国经济的长期稳定增长。

4.4.3 积蓄增长能量

应该说,经济政策再次重申了"补短板"的投资作用,它将救治一个国内外消费需求增长率仍在下降的糟糕局面。2016年1月,国家统计局发布的数据显示,2015年全国规模以上工业企业实现利润总额63 554亿元,比上年下降2.3%。这是继1998年以来,规模以上工业企业利润首次出现负增长。其中国有控股企业、采矿业利润更是同比分别下降21.9%和58.2%。工业利润的下滑仍在继续,甚至加剧。

面对脆弱的全球经济增长前景和国内消费需求增长率逐年往下走的趋势,以供给侧结构调整为重点来重塑供需平衡是一次重大的政策转换,"三去一降"被动式的结构调整应让位于市场发挥决定性作用,中央政府和各级地方政府不是市场参与方,必须与这类经济活动保持一定距离;同时也要摒弃将中国经济刻画成"L型"增长的悲观主义。"补短板"的主动和积极进攻将担当

2016年保持6.5％增长底线的目标重任。以往15年的增长故事不断重复着发展事实：只有稳投资，才能稳消费，最终也就稳增长了。不计其数的"补短板"，既是稳增长的投资需求和就业创造的来源，又为未来更高质量的发展积蓄增长能量。2016年后的不同之处是为一个积极创造有效供给的努力者提供能够获得成功的需求基石，没有它，无论有效供给，还是高质量供给，只会落得又一次"过剩"的恶名。如何准确地了解有效供给的部门和领域，我们上述的实证分析只是提供参考指标，虽然说不上精准，却是合适的、可行的。

4.5　本章小结

2016年，受全球经济增长放缓与美联储加息导致全球资金向美国流动的资金紧缩的双重压力，再加上2008—2015年间所累积的各种风险进入危机酝酿期和可能爆发期，中国经济增长率的下行已成定局。面临这样的宏观经济背景，提出供给侧结构性改革是力图破除长期积累的一些结构性、体制性、素质性突出矛盾和问题。这一新的思路将改善供给质量和扩大有效供给，也能够在一定程度上实现提高全要素生产率的目标。但是，任何供给侧结构性改革成功与否的关键并不在供给侧本身，特别是中国经济正处于周期性下行阶段，用需求的上升来匹配有效供给增加将显得更加重要。因此，对于2016年的短期经济稳定性来说，需求仍然扮演着主角。供需是互为条件的，相互转换，两手都得抓；供需有机统一是最基本特征，均不可偏废，更不能排斥一方。不要说过多忽略需求，哪怕是轻微蔑视需求在短期宏观经济稳定中的作用都将遭到增长率下降的惩罚。

在这里，我们无意评述凯恩斯经济学的基本理论，只是点出主张国家干预经济的理论是在大危机时代的辩论中产生，由于高失业率是总需求不足的结果，后者是因投资过低造成的，只要看到经济衰退或经济下行压力不断加大，就要通过更多投资来扩大总需求，对抗攀升的失业数。供需平衡的逻辑机制是：更多的投资，更多的就业，意味着有效购买力的提高，也就促进了消费，推动更多服务业的发展，使经济稳步地进入到复苏与繁荣。

我们认为，2016年扩大总需求是供给侧结构性改革成功的基本前提。

5 中国经济高债务问题：潜在风险及其应对策略

    2008年以来，中国地方政府的巨量债务的实际规模、结构与可持续性问题成为萦绕在中国经济新常态上的疑云。多数研究机构数据表明，2009年以后，中国债务负担迅速增加：债务总额与同期GDP的比率从2009年的不足140%，迅速放大到2015年的220%左右。但是这些数据极少能够给出完整且具体的债务结构信息，同时，根据这些数据也很难做出债务可持续性的可信估计。因此，摸清中国地方政府性债务的确切情况成为把握当前中国经济整体债务情况的重要方面。

5.1   中国债务的规模与结构

5.1.1   中国债务的总体规模

    自2007年到2013年的短短7年内，中国债务总规模由11.89万亿元迅速攀升至33.22万亿元，年均增长率高达30%（见图5.1）。具体而言，通货由0.3万亿元增至0.59万亿元，存款由3.96万亿元增至11.51万亿元，贷款由3.01万亿元增至9.39万亿元，债券由1.32万亿元增至3.03万亿元，股票规模由0.93万亿元增至1.30万亿元，证券投资基金份额由0.08万亿元增至0.19万亿元，证券公司客户保证金由0.13万亿元降至0.04万亿元，保险准备金由0.3万亿元增至0.89万亿元，金融结构之间的往来由0.33万亿元增至0.67万亿元，准备金由0.54万亿元增至1.94万亿元，库存现金由0.07万亿元增至0.11万亿元，外商直接投资由0.65万亿元增至1.47万亿元，其他债权债务由0.25万亿元增至0.53万亿元，以及金融负债的其他方面（如中央银行贷款、结算资金）。

    进一步，利用债务总额与GDP的比率得到全社会杠杆率（见图5.2）。不

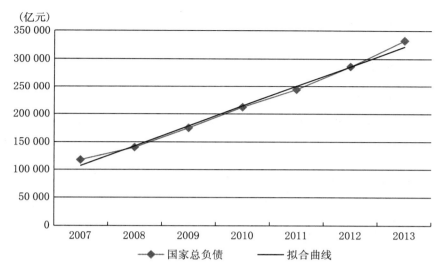

（亿元）

资料来源：Wind 数据库，经作者整理。

图 5.1　2007—2013 年中国总负债规模的变动趋势

（%）

资料来源：Wind 数据库，经作者整理。

图 5.2　1996—2014 年中国债务总额与同期 GDP 比率的变化趋势

难发现，全社会杠杆率由 1996 年的 113％持续上升至 2014 年的 235％，年均上升幅度为 6.8％。同时，以 2008 年作为分界线，1996—2007 年间呈现较为平缓的上升趋势，而 2008 年后呈现较为陡峭的上升趋势，两者的增长幅度分别为 4.8％和 11％。出现这种情况的背后原因在于 2008—2009 年的"四万亿"刺激计划。事实上，紧接着中央"四万亿"政策的是，地方政府近 20 万亿元的配套投资计划(Shih,2010)。

5.1.2 中国债务的结构特征

整体来看,依据借贷主体的不同,中国债务可以划分为四大部门,依次是政府部门、非金融企业部门、居民部门和金融机构部门。其中,政府部门又划分为中央政府和地方政府。由图 5.3 可以看出,1996—2014 年间各部门的债务规模均呈现递增的趋势,居民部门债务规模增长比例高达 11 倍,金融机构部门债务规模增长 4 倍多,政府部门增长近 1.5 倍,而非金融企业增长约为50%。对于近年来各部门债务规模的增长情况,下文将进行详细解读。

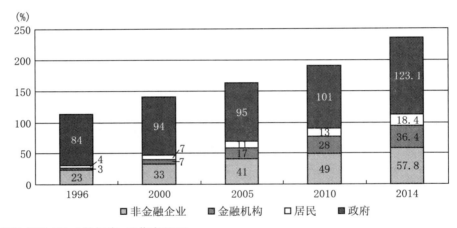

资料来源:Wind 数据库,经作者整理。

图 5.3 分部门债务规模与同期 GDP 比率的变化趋势

1. 政府债务

图 5.4 刻画了 1996—2014 年间政府部门债务规模与同期 GDP 比率的变动趋势。不难看出,在此期间该比值保持较为平稳的上升趋势,由 1996 年的23%增至 2014 年的 57%,年均增幅为 1.9%。

表 5.1 报告了 2007—2013 年间中央政府的资产负债情况。不难看出,伴随着中央政府负债规模的不断扩张,其总资产规模亦呈现雷同趋势。具体而言,总资产规模由 14.09 万亿元增至 25.35 万亿元,总负债由 5.6 万亿元增至10.24 万亿元,资产净值由 8.48 万亿元增至 15.11 万亿元。进一步,中央政府的资产负债率呈现涨跌互动的波动趋势,但整体维持在 40%左右。

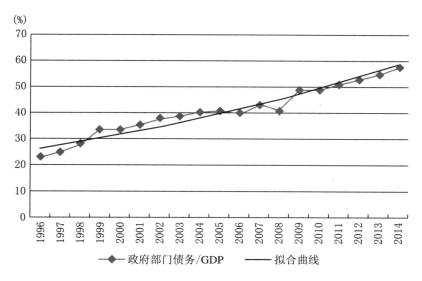

资料来源：Wind 数据库，经作者整理。

图 5.4 1996—2014 年政府部门债务总额与同期 GDP 比率的变化趋势

表 5.1 中央政府的资产负债情况（亿元）

年　份	中央政府总资产	中央政府总负债	中央政府资产净值	资产负债率
2007	140 905.90	56 059.60	84 846.25	0.40
2008	164 818.70	57 502.40	107 316.30	0.35
2009	194 291.90	64 680.30	129 611.60	0.33
2010	230 148.40	72 244.40	157 904.00	0.31
2011	258 055.20	77 531.90	180 523.30	0.30
2012	244 333.00	85 701.00	158 632.00	0.35
2013	253 508.00	102 410.00	151 098.00	0.40

资料来源：Wind 数据库，经作者整理。

　　表 5.2 报告了 2007—2014 年间地方政府的资产负债情况。与中央政府债务一致的是，伴随着地方政府负债规模的迅速扩张，其总资产规模亦呈现相同的趋势。具体而言，总资产规模由 49.87 万亿元增至 108.20 万亿元，总负债由 13.89 万亿元增至 302.8 万亿元，资产净值由 35.98 万亿元增至 77.92 万亿元。进一步，中央政府的资产负债率呈现涨跌互动的波动趋势，但整体维持在 28% 左右。由此可见，地方政府的资产负债率远低于中央政府。

表 5.2 地方政府的资产负债情况（亿元）

年 份	地方政府总资产	地方政府总负债	地方政府净资产	资产负债率
2007	498 735.23	138 932.20	359 803.03	0.28
2008	586 179.42	157 734.69	428 444.73	0.27
2009	637 972.16	189 351.81	448 620.35	0.30
2010	755 268.95	240 953.14	514 315.81	0.32
2011	899 837.01	288 592.18	611 244.83	0.32
2012	860 800.00	245 200.00	615 600.00	0.28
2013	975 800.00	275 600.00	700 200.00	0.28
2014	1 082 000.00	302 800.00	779 200.00	0.28

资料来源：Wind 数据库，经作者整理。

据全国人大地方债务调研报告称，截至 2014 年底，全国地方政府债务余额总规模为 24 万亿元。其中，地方政府负有偿还责任的债务余额为 15.4 万亿元，地方政府或有债务余额为 8.6 万亿元，对应的占比分别为 64％和 36％。政府或有债务包括两部分：一是政府负有担保责任的债务，余额规模为 3.1 万亿元，占比为 13％；二是政府可能承担一定救助责任的其他相关债务，余额规模为 5.5 万亿元，占比为 23％（见图 5.5）。

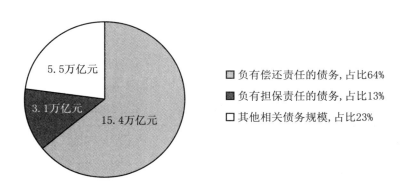

资料来源：全国人大地方债务调研报告，经作者整理。

图 5.5　2014 年底全国地方政府债务的总规模及构成

从政府层级来看全国地方政府负有偿还责任的债务余额，省级、市级和县级（含县镇）的债务余额分别为 2.1 万亿元、6.6 万亿元和 6.7 万亿元，对应的占比分别为 14％、42％和 44％（见图 5.6）。

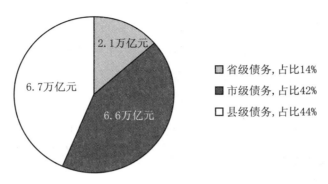

省级债务,占比14%
市级债务,占比42%
县级债务,占比44%

2.1万亿元
6.7万亿元
6.6万亿元

资料来源:全国人大地方债务调研报告,经作者整理。

图 5.6　2014 年底地方政府负有偿还责任的债务规模及构成:政府层级

自 2015 年底至 2016 年初,各级地方政府相继披露 2015 年的最新地方政府债务数据。依据《第一财经日报》记者搜集的 25 省、自治区和直辖市的负有偿还责任的债务数据可以看出(见图 5.7),2015 年各省份的债务规模呈现出从 0.1 万亿元到 1 万亿元不等的空间布局。其中,江苏省政府债务最高,约为 1.1 万亿元,紧随其后的是山东、浙江、广东、辽宁和贵州,对应的债务规模均超过 0.9 万亿元。当前阶段,债务规模最小的是宁夏,约为 0.11 万亿元。

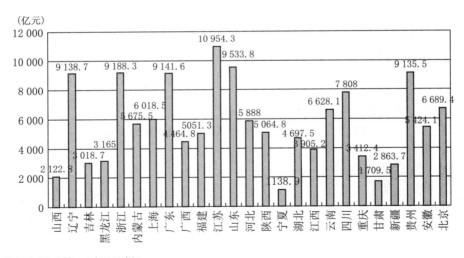

资料来源:《第一财经日报》。

图 5.7　2015 年底 25 省地方政府债务规模

从增长速度来看(见图 5.8),最快的是宁夏,在 2013 年 6 月到 2016 年 1 月的两年半时间内,债务余额增长率为 127%,广西、福建超过 100%,贵州增长幅度逼近 100％。对比全国地方债务增长速度的平均值,陕西、浙江、山东、安徽、江西、云南、新疆、辽宁和内蒙古亦在其列。值得说明的是,湖北和重庆出现轻微的负增长,而北京债务增长率也仅为个位数。

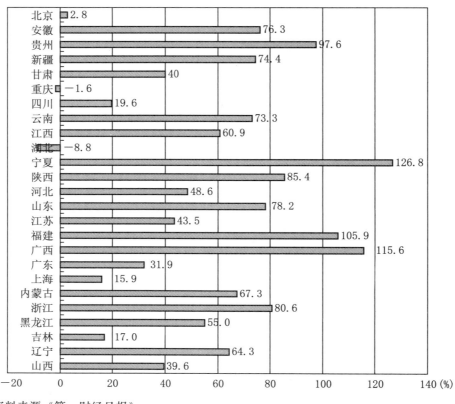

资料来源:《第一财经日报》。

图 5.8 2015 年底 25 省地方政府债务规模增长率

当然,判定债务规模是否过大并非看其绝对规模大小,而是看其相对大小。国际上,通常以年末债务余额与地方综合财力的比例作为判别指标,100％为警戒线。《第一财经日报》的测算结果发现(见表 5.3),2015 年债务率最高的是贵州,约为 190％,辽宁、云南和内蒙古债务率亦超过 100％警戒线,而北京、福建、陕西和浙江债务率逼近 100％警戒线。

最后,从债务期限来看全国地方政府负有偿还责任的债务余额,2015 年到期债务规模为 3.1 万亿元,所占比重为 20％;2016 年到期债务规模为 2.8 万亿元,占比为 18％;2017 年到期债务规模为 2.4 万亿元,占比为 16％;2018

表5.3 2015年底债务率情况(%)

第一档 (>150)	第二档 (100—115)	第三档 (90—100)	第四档 (80—90)	第五档 (70—80)	第六档 (60—70)	第七档 (50—60)	第八档 (<50)
贵 州	内蒙古 辽 宁 云 南 北 京	浙 江 福 建 陕 西 湖 北 江 西 四 川	广 西 河 北 宁 夏 江 苏 山 东	吉 林 黑龙江 上 海 重 庆	新 疆 广 东 安 徽	山 西	甘 肃

年及以后年度到期债务规模为6.2万亿元,所占比重高达40%。此外,以前年度逾期债务规模为0.9万亿元,占比为6%(见图5.9)。

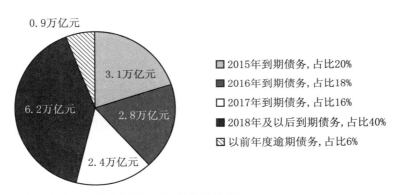

资料来源:全国人大地方债务调研报告,经作者整理。

图5.9 2014年底地方政府负有偿还责任的债务规模及构成:期限结构视角

2. 非金融企业部门债务

作为实体经济的重要组成部分,非金融企业部门的资产负债基本情况汇总如表5.4所示。在2000—2014年间,总资产规模由36.57万亿元增至337.61万亿元,年均增速为59%;总负债由24.55万亿元增至201.87万亿元,年均增速为52%。相应地,资产负债率由2000年的67%下降至2014年的60%,并在此期间呈现先下降后上升的U形变动趋势,且结构变化点为2008年。

进一步,图5.10刻画了1996—2014年间非金融企业部门债务规模与同期GDP比率的变动趋势。尽管此期间该比值呈现涨跌互动的波动趋势,但整体上呈现上涨趋势,由1996年的84%增至2014年的123%,年均增幅为2.2%。其中,2005—2010年间基本保持不变,但2010年后涨幅较大。

表 5.4　非金融企业部门的资产负债情况

年　份	非金融企业 总资产	非金融企业 总负债	非金融企业 净资产	非金融企业 资产负债率
2000	365 700	245 520	120 170	67
2001	401 100	259 990	141 120	65
2002	438 480	274 080	164 400	63
2003	486 560	291 890	194 680	60
2004	559 460	321 540	237 920	57
2005	655 380	363 390	291 980	55
2006	789 340	433 300	356 030	55
2007	970 250	521 930	448 320	54
2008	1 215 060	626 600	588 460	52
2009	1 468 480	810 700	657 780	55
2010	1 821 120	1 037 530	783 590	57
2011	2 206 690	1 243 890	962 800	56
2012	2 615 180	1 518 500	1 096 680	58
2013	3 045 600	1 805 550	1 240 050	59
2014	3 376 090	2 018 710	1 357 380	60

资料来源:Wind 数据库,经作者整理。

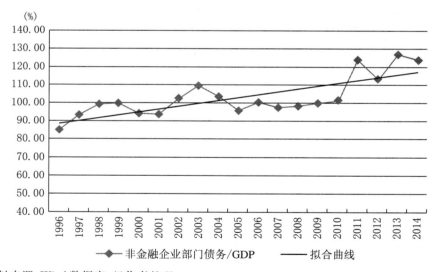

资料来源:Wind 数据库,经作者整理。

图 5.10　1996—2014 年非金融企业部门债务总额与同期 GDP 比率的变化趋势

3. 居民部门债务

表 5.5 报告了 2000—2014 年间居民部门的资产负债情况。显然,居民部门的资产负债率整体呈现上升的态势,但仅由 2000 年的 5% 上升至 2014 年

的 9%，仍旧很低。从总资产规模来看，由 53.25 万亿元增至 253.72 万亿元；从总负债来看，由 2.82 万亿元增至 23.14 万亿元；对应的净资产由 50.43 万亿元增至 30.58 万亿元。

表 5.5　居民部门的资产负债情况（亿元）

年　份	居民总资产	居民总负债	居民净资产	资产负债率
2004	532 505	28 179.17	504 325.83	0.05
2005	641 135	31 597.1	609 537.9	0.05
2006	734 191	38 296.98	695 894.02	0.05
2007	940 958	50 674.67	890 283.33	0.05
2008	965 053	57 082.48	907 970.52	0.06
2009	1 202 375	81 819.3	1 120 555.7	0.07
2010	1 366 683	112 586.13	1 254 096.87	0.08
2011	1 622 450	136 072.59	1 486 377.41	0.08
2012	1 914 731	161 300	1 753 431	0.08
2013	2 154 334	198 504	1 955 830	0.09
2014	2 537 220	231 410	2 305 810	0.09

同时，图 5.11 描绘了 1996—2014 年间居民部门债务规模与同期 GDP 比率的变动趋势。整体而言，居民部门债务占比呈现快速上涨趋势，由 1996 年的 3%增至 2014 年的 36%，年均增长幅度为 1.83%。其中，自 2002 年加入

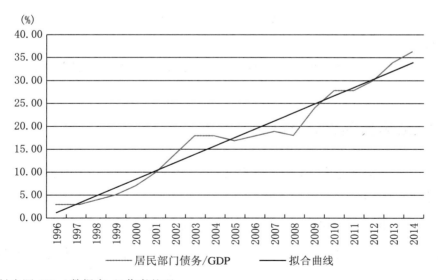

资料来源：Wind 数据库，经作者整理。

图 5.11　1996—2014 年居民部门债务总额与同期 GDP 比率的变化趋势

WTO 以来到 2008 年金融危机的这段时间内,该比重基本保持不变,而 1996—2001 年和 2008—2014 年保持快速增长态势。

4. 金融机构部门债务

图 5.12 展示了 1996—2014 年间金融机构部门债务与同期 GDP 比率的变动趋势。显然,该比值呈现稳定的上升趋势,由 1996 年的 4% 升至 2014 年的 18%,年均增长幅度为 0.8%。值得指出的是,2010 年出现短暂的下降,幅度为 2%。

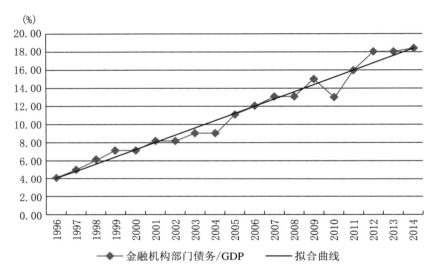

资料来源:Wind 数据库,经作者整理。

图 5.12　1996—2014 年居民部门债务总额与同期 GDP 比率的变化趋势

5.2　中国债务对经济增长的影响

自 2008 年金融危机以来,美国先后经历了个人债务危机和公共债务危机,对全球实体经济造成巨大冲击。而根据国际清算银行的数据,1980 年至 2011 年的 30 年间,中国家庭、公司和政府债务这三类债务总额与 GDP 的比率也已经由 167% 增长至 2011 年的 314%,而且增长趋势并未显现出任何改变。鉴于希腊这一数字也"仅仅"为 185%,因此中国债务水平是否过高,风险是否可控的议题渐渐成为国家、市场讨论的焦点。

从经济理论上来讲,债务是一把双刃剑,当举债适度时通常能够提高资金配置效率,增进社会福利。因为债务使得个人即使在当前没有收入的情况下也可以平滑消费,企业即使储蓄不足也可以投资并利用借贷应对随时发生的销售波动,财政当局则可以凭借借贷维持宏观经济稳定。但是,历史的经验告诉我们,过度举债则会酿成灾难:对于个人和企业,资不抵债意味着破产和金融困境;对于政府,举债过度会影响其为居民提供服务的能力。因此,对于特定的负向冲击,债务水平越高,整个社会发生违约的可能性越大,不稳定因素增多。所以,债务最优水平的决定是信贷驱动的繁荣与债务违约引起的泡沫破裂之间的权衡。

那么,自然而然产生的问题是,当债务达到什么水平才算是"过度"? Cecchetti 等(2011)利用 18 个 OECD 国家 1980—2010 年的个人、非金融企业、政府层面的债务数据发现:当家庭债务或者政府债务与 GDP 比率超过 85％时,对经济会有负面影响。而对公司来说,这一阈值为 90％。而且,从最近的美国次贷危机也可以发现,私人部门债务和公共债务相互作用,并非独立:当政府为私人借贷提供财政后盾时,违约会提高公共债务水平。

根据已有文献,我们可以看到,债务影响经济的拐点也取决于债务结构。因此,在接下来的分析中,我们将详细讨论各种债务类型对实体经济的影响,并尽可能给出机制分析,以便为当前中国债务问题提供部分解决思路。

5.2.1 公共债(政府债)对经济增长的影响

传统的政府债务研究来自 Elmendorf 和 Mankiw(1999)。他们认为,在短期,当产出低于潜在产出水平时,其 GDP 高低取决于需求。这是因为,财政赤字(或者是较高的公共债务)的增加会提高可支配收入以及总需求,从而最后带来总产出的增加。但是长期情况则有所不同:如果李嘉图等价定理不成立,那么公共储蓄的下降并不会被私人储蓄的上升所弥补,从而整个国家的储蓄就会下降,利率上升,投资降低,资本积累减缓,最终阻碍生产率提高,对 GDP 增长造成负向冲击。Barro(1979)认为,公共债务对经济增长带来的负面影响还不止于此,一旦关于不确定性增加的预期形成,市场主体会怀疑政府将来通过通货膨胀、扭曲性税收、金融抑制等手段解决债务问题,从而提前做出反应,导致即使在短期也会阻碍经济增长。极端情况下,由公共债务引起的银行或汇率危机会给经济带来沉重打击(Burnside, et al., 2001; Hemming, et al., 2003)。最后,政府债务过高还会对政府逆周期财政政策的实施造成束缚,从而造成经济波动相对较大(Aghion and Kharroubi, 2007)。

相比于理论分析,Reinhart 和 Rogoff(2010)则在实证层面上探讨了债务与经济增长之间的关系。他们发现,当债务与 GDP 比率比较低时,其与经济增长并不存在必然联系,但是,在 22 个发达国家样本中,当债务与 GDP 比率由不到 30%上升到 90%时,其增长率的中间值下滑达到 50%。不过也有例外,澳大利亚和新西兰两个国家,即使在二战后期面临高额债务时,也能够更快地增长。至于发展中国家,这种联系则更为明显:包含阿根廷、巴西、印度、墨西哥、南非、土耳其、尼日利亚在内的 24 个新兴市场国家中,当债务与 GDP 比率在 60%—90%之间时,中值增长率在 4.5%,而当这一比率超过 90%时,中值增长率下降到了 2.9%。从平均值来看,其增长率更是由 4.2%跌落到 1%。

可以看到,债务 GDP 比值达到 90%是发达国家和新兴市场国家经济出现大幅下滑的一个临界点。但是,在债务水平增加的同时,两个群体通货膨胀却表现不同。对于发达国家,当债务与 GDP 比率低于 30%时,通胀率为 5.2%,而当这一比率上升到 90%时,通胀率降低为 3.9%。对新兴市场国家而言,通胀率则由 6%急剧上升到 16.5%。Reinhart 和 Rogoff 认为,"财政主导"可能是这一现象背后的原因。除此之外,国家对外债务成为了新兴市场国家经济增长的另外一个隐患。例如,在 1970—2009 年间,当外债与 GDP 比率达到 90%以上时,新兴市场国家经济增长率急剧直下甚至变为了负值,这对那些严重依赖短期借贷的国家尤为显著。

最近其他学者的研究显示,不同国家债务阈值有所不同,90%并非统一标准,对于特定地区,这一数字可能远低于 90%。比如,Jaejoon 和 Manmohan(2015)利用 1970—2008 年间 38 个发达国家与新兴市场国家的数据实证检验发现,公共债务每增长 10%,人均 GDP 下降 0.2%。Balazs(2015)通过集中研究 20 个 OECD 国家 1790—2009 年的情况,发现当债务与 GDP 比率高于 20%时,每提高 1%,经济增速下滑 0.04%。

然而其他学者针对 90% 这一临界值也有颇多争论。第一，根据 Reinhart 和 Rogoff 的样本选取，美国在过去的 218 年里仅有 6 年债务与 GDP 比率超过 90%，而且这 6 年全部发生在 20 世纪 40 年代二战后期，所以其结论对于美国而言并不稳健。第二，文章只是简单地测度了债务水平与经济增长的关系，却并未给出两者因果。真实的情况可能是：经济减缓引起了债务水平上升。第三，Chudik 等（2015）认为，既然利率是导致债务与经济增长相关的可能路径，他们却发现只有作为流量的政府赤字与利率相关，而债务水平这一存量对利率的影响并不显著，因此 Reinhart 和 Rogoff 的结论存在一定的瑕疵。最后，他在分析了 187 个国家和地区 1961—2012 年的数据后确认，政府债务的增长而非债务水平本身对经济的影响更大，并且各个国家阈值差异很大。

5.2.2　企业债对经济增长的影响

国际清算银行 2015 年的数据显示，新兴市场国家企业债务水平在过去的十年间增长十分迅速：非金融部门企业债务由 2004 年的 4 万亿美元增长到了 2014 年的 18 万亿美元。这些数字无疑预示着系统风险的逐步增大：政府通过提供低利率贷款使得信用扩张，从而促进投资以避免硬着陆的行为造成了企业产能的大幅提升。如此，一旦衰退来临，供需不匹配的矛盾会更加剧烈。但是，由于数据限制，我们无法掌握中国企业的具体情况，只能以国际上其他国家作为研究对象。比如文献中研究最多的日本。

众所周知，20 世纪 90 年代，日本在经历了经济快速增长和资产价格大幅升值之后，泡沫终究破裂。随后，社会总需求出现了大幅度的、持久的下降，导致众多商业公司陷入破产窘境，许多银行贷款无法收回。此时的日本政府当局和银行面临两个截然不同的选择：取消抵押品赎回权使企业破产，这样做的后果是银行需要冲销坏账，最终对资本充足率造成负向冲击，为了满足《巴塞尔协议》，银行需要从政府获得资本注入；或者，银行可以通过继续放贷使这些资不抵债的公司继续存在，通过这一举措，既可以防止大量失业的出现，又避免银行债务减记以及资本充足率的降低。最后，在日本政府的作用下，银行选择了后者，即开始对商业公司进行补贴使其继续存活而非破产，同时也造就了大批"僵尸"企业。

从出发点上来讲,政府和银行都希望借此为企业恢复生机赢得时间。但是,恰恰相反,当时的选择却带来了诸多负面影响:比如,结构化改革的延缓,影响了宏观经济长期发展,降低了潜在产出。微观层面,"僵尸"企业的存在阻止了那些更有效率公司的进入。Ricardo 等(2006)研究了日本各行业如建筑、零售、房地产等的"僵尸"企业后得出结论:特定行业中"僵尸"企业比例越多,就业创造、投资、生产率的增长越缓慢。比如,在房地产业,倘若没有"僵尸"企业的存在,就业水平将高出 9.5%。Tanaka(2006)的研究也表明,"僵尸"企业比正常企业更愿意增加员工数量,个别"僵尸"企业甚至还不断无效率地增加投资,所有这些都导致行业去产能的过程十分艰难。不仅如此,Nishimura 等(2005)针对日本制造业和建筑业进行研究时发现了十分反常的现象:1996—1997 年间,相比于更能承受亏损的生存下来的公司,最后选择退出的企业反而生产率更高一些。令人更为惊奇的是,新进入的企业在生产率方面竟然比现有的企业要低,这就导致资源配置机制被严重扭曲。最后,随着有效率但并未获得政策扶持的企业的退出,银行的客户资源进一步恶化,更多的贷款被投送给"僵尸"企业,最终甚至出现了"僵尸"银行,进一步延长了衰退的期限。总而言之,日本政府和银行在 20 世纪 90 年代采取的措施被认为严重削弱了日本企业的竞争能力,构成了日本经济长期低迷的不可忽略的因素。

当然,"僵尸"企业并不是日本特有的现象。根据 Adam Smith 机构的估算,截至 2013 年 11 月,英国有超过 108 000 家生产效率低下却获得较低利率的"僵尸"企业,它们的营业收入刚好能够偿还利息,该报告认为这会阻滞英国经济复苏的步伐。

5.2.3 家庭债对经济增长的影响

Atif 和 Emil(2015)发现,除了公共债务和企业债务会对经济增长产生影响外,家庭债务水平高低也决定着经济的稳定性。他们利用了 1960—2012 年间 30 个国家的数据发现,住房抵押债务是导致经济衰退的重大隐患。例如,在 2001—2007 年的 6 年时间里,美国家庭债务从 7 万亿美元迅速增加到了14 万亿美元,债务收入之比增幅超过了先前 45 年的水平。而且结构上,证券化后的次级贷款占据了家庭总债务的 70%—75%(Mian and Sufi,2008)。这直接导致当衰退来临时,抵押品赎回权丧失,资产价格大幅下跌,从而进一步引发抵押品价值下降、个人资产负债表恶化,最后消费和投资需求降低,失业上升。

Mian 等(2010)实证检验了上述机制,他们的研究显示,2008 年发生的金融危机致使至少 300 万美国家庭丧失了抵押品赎回权。紧接着,2009 年大量的抵押房屋销售引起房产价格下降 20%—30%,住宅投资降低 15%—25%。不仅如此,家庭耐用消费品下降幅度更大,并且持续时间更长:截止到 2011年,美国汽车销售量仍为 2005 年的 30%—50%。毫无疑问,以上变化还伴随着就业的大幅下降:家庭债务很高的国家,就业率从 2008 年到 2009 年下降了8 个百分点,并且到 2010 年底都没有改善。同时,Mian 等也发现,在家庭债务水平比较低的地区,即使在 2008 年第四季度,耐用品消费都未出现下降。

Atif 和 Emil 则从贸易角度对债务与实体经济的关系进行了分析:在其他国家个人债务水平保持不变的假设下,当本国个人债务水平增加时,GDP 组成中消费上升,带动进口的增加,引起经常账户的贸易赤字。这时,倘若经济陷入衰退,进口开始萎缩,出口上升,经济恢复。但是,倘若全球经济体个人债务水平都维持在较高水平,那么单个国家便无法在经济停滞时增加对世界上其他国家的出口。所以得出结论:在全球家庭债务水平上升的大背景下,美国作为进口大国在遇到危机时经济下行幅度更大。

可以发现,以上分析均认为,过高的家庭债务水平会对经济产生负面影响。但是,Reinhart 和 Rogoff 同时指出,私人债务的降低反而会在中期恶化经济增长:美国 1919—1939 年间的数据显示,当私人债务水平降低时,经济增长会减缓,中值失业率由平时的 6.7% 上涨至 9.8%。这是因为,在适度规模内,拥有高负债率的家庭为了偿还债务,其劳动供给会增加。而借贷上升引起的消费品增加虽然并非完全由本国企业提供,即对外存在溢出效应,但无疑也会增加国内企业产出。

最后,我们得出结论:无论是什么债务类型,当其水平适度时,对经济稳定和增长有促进作用,但是在过高水平下,会加剧经济波动,增加经济系统性风险,以致阻滞经济增长。

5.2.4　中国债务情况

　　根据麦肯锡估计,由于房地产和影子银行的驱动,自 2007 年至 2014 年中期,中国的债务规模已经由 7 万亿美元增长 3 倍至 28 万亿美元,其债务 GDP比率已经超过了美国和德国。更令人担忧的是,其中将近 50% 的债务直接或者间接与房地产相关,而且接近一半的资金是由不受监管的影子银行借出的。不仅如此,很多地方政府的债务也看似不可维持。

　　具体到企业债层面,标准普尔 2014 年 10 月发布的数据显示,中国企业债务规模已经达到世界之最,为 14.2 万亿美元,巴黎银行估计值为 77.9 万亿元人民币,为 GDP 的 122.3%。这一数字虽然高于韩国的 105%、日本的 101%以及美国的 67%,但仍然远低于新加坡的 201%。事实上,企业债的 60% 都是国有公司发行的,其增长也主要源于 2009 年实施的"四万亿"基础设施投资。当前形势下,随着中国经济放缓,竞争力最弱的一些企业开始逐渐失去偿还贷款的能力,银行冲销坏账的风险进一步加大。但是,正如日本政府 20 多年前所采取的措施,中国政府要求银行继续向那些已经丧失还款能力的企业发放贷款。这么做的一个直接后果就是恶化了资产负债表中资产的质量,而且由此造成的资本错配可能会使银行在较长时间内始终面临较高水平的不良贷款。随着放贷标准的提高,一些企业被迫通过发行企业债券筹集资金。数据显示,自 2011 年到 2012 年,企业债券发行量增长了接近 70%。从居民角度来看,2008 年金融危机爆发以来,全球各大央行都开始降准降息,各种投资收益率也随之下降,所以它们也乐意转向公司债以谋求更高回报。

　　虽然企业债面临的问题较大,但是中国的家庭负债率却很低。根据巴黎银行估算,截至 2014 年,这一数目仅为 23.1 万亿元人民币,相当于 GDP 的36.3%,远远低于英国的 86%、美国的 77% 以及日本的 65%。不仅如此,考虑到中国几十年来的财富快速增长和高储蓄率,家庭负债水平并不足为虑:家庭负债仅仅占据了家庭金融资产的 23% 以及全国金融资产的 10%。实际上,中国还有足够的余地发展其抵押和消费借贷市场。

　　至于公共债务,市场关心的主要是地方债问题而非中央政府债务。因为根据麦肯锡 2015 年估测,2014 年中央政府债务仅为中国 GDP 的 64%,这给了政府很大空间来刺激经济。相比之下,地方政府债务则占到了整个政府债务的 60％ 左右。更重要的是,作为地方政府债务主体的地方融资平台(LGFV)存在运营不透明、还债主体不清晰的弊端。再加上 2014—2015 年数起违约事件的影响,各界普遍担心这是否会成为中国债务危机的导火索。为了稳定市场,中央政府启动了债务置换项目,该项目允许地方政府将高利率地方政府融资平台债务置换为新发行的低利率地方政府债券(LGB),这意味着地方政府能够节省将近 3％—4％。

但是,IMF2015 年 8 月出台的报告指出,由于新债券可被置换为现金,从而为实体经济再次提供贷款,这个项目本质上变成了一个"再杠杆化"的行为。而且,该报告还认为,"增扩"债务水平易受或有负债冲击的影响,在后者的作用下,债务与 GDP 之比在 2020 年将会逼近 100％。而或有负债的冲击既可以是大规模的银行资产重组,也可以是金融体系内的紧急援助,或者由"去杠杆化"造成的不良贷款增加。所以,如果还存在宏观财政冲击,那么政府债务与 GDP 之比将会从 71％ 升至 78％。

那么,如何才能从根本上、体制上长远地解决地方债问题呢?我们首先需要简单了解其他国家针对此类问题的解决渠道。实际上,各个国家都有不同的地方政府债务管理方法。Ter-Minassian(1997)将各国对于地方政府债务的制度约束分为四类:市场约束、行政约束、规则控制以及合作安排。

实行市场约束的国家包括美国、加拿大、瑞士,中央政府并不直接规定地方政府的借贷数量、来源与投向,而是交由资本市场来决定。但是这种安排要求资本市场比较完善,所以常见于发达国家。

实行行政约束的国家由中央政府直接对于地方政府的借贷进行行政干预,有如下的表现形式:在印度和玻利维亚,中央政府对单个的借贷行为进行审查和核准;在墨西哥,对于外债有特殊处理或禁止;在 2001 年以后的立陶宛,中央政府会设定单个地方政府的年度借债上限。一方面,虽然这种方法控制严格,但是却有中央政府对地方政府债务进行了隐形担保的状况;另一方面,由于中央政府缺乏地方投资项目的全部信息,会有效率上的损失。

规则控制是指在一个宪法法律框架下,中央政府和地方政府都要按照法律规定进行借贷行为。具体表现形式有:总体预算赤字限制(奥地利、西班牙)、债务偿还能力指标限制(西班牙、日本、巴西、韩国)、运营预算赤字限制(挪威)、地方债务余额水平限制(匈牙利)、支出水平限制(比利时、德国)。德国的"黄金法则"没有规定债务上限,却限制借贷只能用于投资目的。规则控制的好处显而易见:明确、透明、容易监督,提升了人们对财政政策的信赖度。但坏处是不够灵活,在受到负面冲击时,很难实行大规模的财政刺激政策。

合作安排是指中央政府和地方政府通过谈判来设计地方债的管理方式,常见于几个欧洲国家和澳大利亚。澳大利亚在 1929 年就设立了一个协调财政政策和借贷安排的借贷委员会,现在这个委员会包括各个州的长官或财政部长和联邦财政部长。这种制度安排是前面三种制度的混合,同时也结合了前面三种制度的优点和缺点。

综合以上分析,我们发现,中国的债务虽然是可控的,但是也面临双重挑战,最终可能会拖累实体经济发展:

(1)对于各种制度安排之间的优劣,Plekhanov 等(2005)填补了以往研究只有案例分析的缺陷,使用 1982—2000 年包含 43 个国家的样本做了计量实证检验。结果发现,没有一种地方债管理的制度安排是在所有情况下都优于其他制度安排的,一种特定的制度安排是否优于其他制度安排取决于其他因素,如纵向财政不平衡程度、是否存在中央救助的历史、财政汇报的质量等。这意味着,短期内无法设计出令人满意的体制。

(2)当前企业融资成本依然过高,限制了"全民创业、万众创新"。以 2014 年平均贷款利率 7% 计算,利率成本约为 GDP 的 15%。

(3)一些国有企业杠杆率过高且不可持续。虽然 2015 年以来,政府已经允许一些涉及国有企业的债务发生违约,但是有关"僵尸"企业的报道仍然见诸报端。

(4)根据穆迪 2015 年 9 月发布的报告,截止到 2015 年 7 月 31 号,中国土地销售下降了 38%,而在 2014 年同期上涨了 3%,2013 年则是 45%。这直接导致 2015 年 1 月至 2015 年 7 月,7 个省份预算收入出现下降,18 个省份以个位数速度增长,仅 6 个省份保持两位数增速。

因此,如何既限制债务大幅增长,又要抵消经济下行压力从而达到平衡,成为了当前面临的核心议题。

5.3 中国应对高债务及其潜在风险的策略

我们认为短期内要解决中国的债务问题,应当首先考虑财政政策。而这么做的前提是必须充分认识房地产与影子银行这两大金融相关的体系,并将债务问题分解为政府债和企业债两大方面。可以很清楚地看到,当前经济的下行趋势是总需求收缩的必然结果,而总需求的收缩主要表现为投资需求的收缩。

投资需求收缩的主要责任在于中国经济的信贷密度过高。在经历了2002—2008年由土地升值带动的经济高度繁荣之后,信贷相对于GDP出现了快速的攀升。中国的信贷与GDP之比高达240%,已经成为世界上最高的国家之一。这么高的比率不仅意味着债务人每年需要有大量的利息支出,更重要的是,经济会变得很脆弱,承担巨大的金融风险。特别是当信贷密度达到一定高度时,商业银行和债券人开始担心债务的安全,引发信贷收紧,从而导致债务风险迅速上升。如果没有足够的流动性,繁荣的经济就会突然失去增长的动力,出现失速的现象,债务危机也会随之爆发。

中国现在的宏观经济形势就是2008年以来所经历的债务快速累积的结果。在经历2008—2010年的超常信贷扩张之后,经济出现了过度投资和过度繁荣的结局。尽管2010年政府决定实施宏观调控,但这意味着大量信贷将变成难以偿还的债务,从而给地方政府和企业迅速造成巨大的债务拖累,使得中国的投资需求骤然回落。2012年GDP增长也因此开始跌落到8%以下,并持续回落到7%左右。中国之所以没有爆发债务危机,很大程度上是由于影子银行所发挥的作用,地方政府和企业开始纷纷从影子银行借钱用于偿还银行的利息,使得大多数债务得以滚动,但维持债务链不中断的成本越来越高。根据测算,2012年之后每一年滚出的利息规模已经远远超越了GDP增量的规模。该趋势如果继续下去,未来两年,每年的利息支出将为当年GDP增量的3倍之多,所以中国目前面临的债务形势相当严峻。

要挽回局面不能单纯指望货币政策,因为货币基金市场的出现已经把货币市场与资本市场打通了,金融脱媒,社会的流动性不再完全听命于货币政策。这当然需要尽快改革货币政策的传导机制（将来的货币政策也不可避免转型到主要依靠债券操作的机制），更需要依赖财政政策来处理债务和降低信贷密度。如果不尽快启动大规模的更积极的财政政策来治理债务和逐步恢复实体经济中所需要的流动性水平，中国经济今后几年的状况是无法得到显著改善的。

在这方面一个重要的思路是用政府发债或国有资产管理公司发债来尽快核销相当部分债务。根据测算，如果有30%的债务（约30万亿元）可以核销掉的话，经济继续增长的条件会比现在改善很多，因为通过核销债务可以把利息负担大幅度降下来。而利息负担减轻对于庞大的债务负担而言更重要，因为对于恢复实体经济的流动性需求，债务存量不是主要的，利息是主要的。反之，如果仅仅依靠放慢信贷增长的速度，则是难以解决根本问题的。

当然，通过政府发债来核销债务会抬高中央政府债务与GDP的比率。但是，当前中国政府的债务与GDP的比率即便是用广义口径来计算也不超过30%。假如通过发债来核销25—30万亿元左右的债务，中央政府债务与GDP的比率会再上升50%左右，而这依然在一个可接受的范围之内，况且，中国现在并不通过外债来解决内债过多的问题。

另外，利用解决当前债务拖累的时机大力推进和发展债券市场也有助于中国经济的成功转型。中国经济向新的增长模式的转型核心是金融转型。对中国而言，潜在增长率的下降不是当前经济下行的最大挑战，最大挑战是已经积累起来的规模庞大的社会融资和信贷如何配置、以什么方式配置以适应新的经济增长模式。所以，金融转型（从银行融资向多样化市场融资的转变）是经济增长模式转型的核心，引导社会资金流向稳健的债券市场和多样化的股权融资市场是金融改革政策的重中之重。而金融转型的最迫切任务是组建和大力发展中国的机构投资者。国际经验表明，引导金融资源服务实体经济的主要渠道是把分散的社会资金组织到大量机构投资者中，包括产业基金、养老基金、退休基金、保险基金、大学校产基金等。在这种情况下，财政部与央行需要通力配合，财政政策必须有更大担当，要以债务核销和重组为突破口有节奏、有计划地来解决目前中国经济信贷密度过高的问题。这也是中国金融转型的核心任务。

5.3.1 地方政府债务的对策建议

针对中国当前庞大的地方政府债务问题,应当从以下几个方面来入手解决。第一,加快从地方政府融资平台债务向地方政府债券的转变。根据《2013年全国政府性债务审计结果》,截至2013年6月底,地方政府性债务来源中,银行贷款达到了55 252.45亿元,占到了政府负有偿还责任的债务的51%,远远超过了BT和发行债券的融资规模。长期的基础设施建设投向和短期的银行贷款融资方式造成了一定程度的期限错配问题,使得地方政府不得不采取借新还旧的方式来匹配资产和负债的期限。截至2012年底,有2个省级、31个市级、29个县级、148个乡镇政府负有偿还责任债务的借新还旧率超过20%。此外,短期银行贷款的利率一般要高于长期的债券利率。融资平台通过银行贷款不断借新还旧的融资行为客观上抬高了融资成本和规模。

第二,允许并鼓励有条件的省级地方政府去香港等离岸市场发行人民币计价的债券。除了上文提到的用地方政府债置换融资平台的债务以外,还可以允许并鼓励财政状况良好的发达地区省级政府去香港市场发行债券。一方面,可以避免在债务置换过程中注入过多的流动性,解决地方政府的融资需求。另一方面,为离岸人民币回流创造了一个新的渠道,有利于人民币国际化。据中国银行统计,截止到2014年底,境外人民币存款规模达到了2.78万亿元,而境外人民币债券余额约为4 816亿元,所占比重不大。

第三,立法并成立PPP管理机构,推进PPP项目落地。PPP即政府和社会资本合作模式,也是拓宽地方政府融资方式的一个重要渠道。从PPP模式较为发达的国家(如英国、加拿大、澳大利亚等)的经验来看,普遍在中央层面上通过立法和成立PPP管理机构来推进PPP项目落地。我们建议在财政部和发改委之外设立单独的PPP管理机构来推进PPP项目落地。从国际经验来看,即便是PPP运用较为成熟的英国、澳大利亚等国家,PPP投资占公共投资的比例也不超过15%。现在社会资本参与公共建设的方式主要是BT模式,未来对于主要由使用者付费的项目需要推进包括BOT模式等含有社会资本运营部分的PPP项目。

第四,推广项目收益债。截止到2013年底,美国市政债券的存量达到了

3.7万亿美元,约占美国债市总规模的 9.2%。由于免税,对于投资者来说,市政债券很有吸引力。而其中,收入债券的发行量远多于一般责任债券。项目收益债以项目未来的现金流作为还本付息的保证,没有暗含政府信用保证,使得风险更加可控。推广项目收益债也是对于 PPP 模式的一种配合。

第五,尽快编制地方政府资产负债表,在发行债券的同时进行公布。中国与其他国家不同的一个现实是:无论是中央政府还是地方政府,都拥有大量的资产。对于地方政府拥有资产的规模和可变现能力的估算相差较大,而官方统计的结果还没有公布。据披露,截至 2014 年中期,大部分省级政府地方资产负债表试编工作已完成。我们建议,地方政府在发行债券的同时,应该公布对应的地方政府资产负债表。这样能够使市场对于地方政府的家底有更深的了解,更准确地给地方政府债券定价,起到市场监督的作用。

5.3.2 企业债务的对策建议

除去地方政府债务以外,企业债对于当下中国经济的发展也有着重大的影响。企业债的积累导致了中国企业当中“僵尸”企业所占比重的上升。这些企业的存在导致了整体经济生产率的下滑和愈发严重的产能过剩,长期必将拉低中国经济的增长速度。为了解决企业高债务的问题,需要企业、银行以及政府三方通力合作。

首先从企业角度来说,高债务企业进行自救的主要渠道就是企业重组。日本企业在去杠杆化的过程当中主要采取了三个方面的措施:裁撤员工、出售企业固定资产和减少高层管理人员的分红。而据经验表明在这三者当中,前两种途径对于促进“僵尸”企业恢复正常有正向作用,而减少高层管理人员的分红则对“僵尸”企业的恢复有负向作用,因为企业的决策权主要在高层管理人员手中,这种重组方式会对企业管理层产生负向激励。

其次,想要减少“僵尸”企业的比例,十分关键的一点在于阻断银行持续性地向“僵尸”企业提供救助。银行之所以会向“僵尸”企业不断提供资金援助,是由于一旦企业倒闭就会造成银行的不良贷款,进而抵消银行的利润额,所以为了消除银行贷款给“僵尸”企业的动机,必须解决银行对于不良贷款的担忧。一种途径就是依靠银行的盈利来逐渐化解不良贷款,但是这种方式所需的时期漫长,当"僵尸"企业比重高,而银行盈利能力弱的时候,依靠这种途径难以解决银行不良贷款的问题,反而有可能由于"僵尸"企业的问题导致银行的亏损。另一种解决途径就是将银行的不良贷款出售给第三方,日本在面临"僵尸"企业的时候就采取了这种解决方式。与此同时这种解决方式也会导致企业面临损失,因为不良贷款的抵押品出售价值必然要低于银行所计的资产价值,在这种情况下就需要政府出面为银行提供资金来帮助银行走出困境。

最后,银行不良贷款的顺利解决还需要政府的大力支持。政府主要应当承担的责任有两方面,一方面是当银行出售不良贷款之后面临财务损失时,政府应当及时给需要资金援助的银行注资,以防引起银行系统的风险。但是政府注资又会带来另一个问题,那就是道德风险,当企业和银行意识到政府将最终为它们的行为买单时,便失去了自我约束的动力,所以政府还应当承担起第二方面的责任,那就是在为银行注资的同时配合加大金融监管力度,通过合理的监管,降低银行贷款给"僵尸"企业的激励。要想成功地实现企业的去杠杆化,政府需要为市场提供充足的流动性,但这也并不意味着要采取过度宽松的货币政策,因为如果货币超量供给,在刺激经济的同时也会带来严重的通货膨胀。如果在去杠杆化的过程中伴随着流动性紧缩,则会给经济带来严重的负面影响,日本在 1923—1933 年间经历的大萧条就是最好的佐证。

5.4 本章小结

2009 年以来中国债务负担迅速增加,债务总额与同期 GDP 的比率从 2009 年的不足 140%,迅速放大到 2015 年的 220%左右。据统计,1996—2014 年间各部门的债务规模均呈现递增的趋势,居民部门债务规模增长比例高达 11 倍,金融机构部门债务规模增长 4 倍多,政府部门增长近 1.5 倍,而非金融企业增长约为 50%。债务是一把双刃剑,适度举债能够提高资金配置效率,增进社会福利;但是,过度举债则会酿成灾难,影响政府为居民提供服务的能力。因此,对于特定的负向冲击,债务水平越高,整个社会发生违约的可能性越大,不稳定因素增多。所以,债务最优水平的决定是信贷驱动的繁荣与债务违约引起的泡沫破裂之间的权衡。中国现在的宏观经济形势是 2008 年以来所经历的债务快速累积的结果,要挽回局面,需要尽快改革货币政策的传导机制,同时依赖财政政策来处理债务和降低信贷密度。另外,引导社会资金流向稳健的债券市场和多样化的股权融资市场,利用解决当前债务拖累的时机大力推进和发展债券市场也有助于中国经济的成功转型。

有鉴于此,我们建议,加快从地方政府融资平台债务向地方政府债券的转变;允许并鼓励有条件的省级地方政府去香港等离岸市场发行人民币计价的债券;立法并成立 PPP 管理机构,推进 PPP 项目落地;推广项目收益债;尽快编制地方政府资产负债表,在发行债券的同时进行公布。

6 消费结构升级与潜在需求增长：新供给与新需求创造

中国已进入消费需求持续增长、消费结构加快升级、消费拉动经济作用明显增强的重要阶段。以传统消费提质升级、新兴消费蓬勃兴起为主要内容的新消费，及其催生的相关产业发展、科技创新、基础设施建设和公共服务等领域的新投资新供给，蕴藏着巨大发展潜力和空间。为此，积极顺应和把握消费升级大趋势，以消费升级引领产业升级，以制度创新、技术创新、产品创新满足并创造消费需求，有利于提高发展质量，增进民生福祉，推动经济结构优化升级，激活经济增长内生动力，实现持续健康高效协调发展。本章重点阐述中国消费结构升级的主要表现以及潜在需求增长的具体内容，并从结构性改革要求出发，提出消费结构升级与消费需求增长的相关政策建议。

6.1 消费理论嬗变及其对中国的适用性

主流消费理论和非主流消费理论分别从"自定"和"他定"的视角，从"消费—收入"和"消费—非收入"的观察路径，为构建中国特色的消费函数和消费理论创新提供了丰富的构建要素。

6.1.1 主流消费理论

主流消费理论主要是围绕消费与收入之间的关系展开的。凯恩斯（Keynes，1936）在《就业、利息与货币通论》中认为，"消费倾向是一个比较稳定的函数，所以总消费量一般取决于总收入量"，消费与当期收入之间的函数关系被称为"绝对收入假说"。凯恩斯的消费函数在早期的实证研究中获得了成功,但进入 20 世纪 40 年代之后,发展经济学家库兹涅茨(Kuznets,1942)发现,短期内人们的平均消费倾向会随着收入的增加而减少,然而在长期,人们的平均消费倾向却会逐渐趋于稳定。为了解释"库兹涅茨之谜",弗里德曼(Fridman,1957)在《消费函数理论》中提出"持久收入假说",认为消费是持久收入(而不是当期收入)的函数;而莫迪利安尼等人(Modiglian and Brumberg,1954)则在《效用分析与消费函数》一文中提出了生命周期消费模型,此后又衍生出不带有遗赠和带有遗赠的两个版本,生命周期假说把消费同人们一生的财富联系起来,解释了长期消费函数的稳定性以及短期消费波动的原因。到了 20 世纪 70 年代,以卢卡斯(Lucas)为代表的理性预期学派盛行,霍尔(Hall,1978)将理性预期引入生命周期—持久性收入假说,认为只有未预料到的持久性收入的变化才会影响最优消费路径,为此最优消费路径根本捉摸不定,这被称为消费函数的"随机游走假说"。消费只与过去的消费以及未预料到的信息集有关,而与收入无关。但随后的实证研究否认了霍尔的随机游走假说,弗莱文(Flavin,1981)指出,消费变动与可预期的劳动收入变动之间具有显著的正相关性。弗莱文的方法和结论不仅得到了发达国家经验数据的验证,同时也很好地拟合了包括中国在内的发展中国家的经验数据(袁志刚、宋铮,2001),说明随机游走假说不能完全诠释消费行为,消费与收入之间具有密切联系。坎贝尔和迪顿(Campbell and Deaton,1989)进一步验证了消费与收入之间的关联,并指出消费对由滞后收入预期到的劳动收入的变化具有敏感性,而对未预期到的劳动收入的变化不敏感,这被称为消费的"过度敏感性"和"过度平滑性",如果消费者具有跨期预算约束,那么消费的"过度敏感性"和"过度平滑性"势必同时存在或不存在。为了进一步解释消费的"过度敏感性"和"过度平滑性",20 世纪 90 年代之后的消费理论围绕消费与收入的函数关系作更为深入的探讨,相继出现了流动性约束假说(Zeldes,1989a)、短视行为假说(Shea,1995)、预防性储蓄假说[①](Zeldes,1989b;Dynan,1993)和 λ假说(Campbell and Mankiw,1990;1991)等消费理论的新发展,把信贷市场

---

① 预防性储蓄假说将不确定性(风险)引入消费理论,当消费者对未来收入高度不确定时,就无法根据生命周期效用平滑当期消费,而只能更多地根据当期收入来安排消费支出,表现出消费的过度敏感性。消费者面对的风险越大,预防性储蓄动机就越强。

风险、不确定性、消费心理以及消费者异质性等因素引入消费函数。

6.1.2 非主流消费理论

非主流消费理论剑走偏锋,立足社会各阶层消费行为的差异性,强调社会分层、制度变迁以及消费心理与消费文化对消费行为的影响。例如,后凯恩斯主义的消费理论(Kalecki,1971)从马克思社会再生产理论汲取养料,把经济体系分为工人和资本家两个阶级,具有不同的社会和经济属性,收入水平和收入来源都有所不同。凡伯伦(1964)指出炫耀性消费的动机在于歧视性对比(invidious comparison)和金钱竞赛(pecuniary emulation),一个人的消费标准实际上是他所隶属的那个阶层的对应物。韦伯(Weber,1968)的消费思想主要体现在《经济与社会》的上卷第四章中,在学说史上首次将消费同经济地位、社会声望以及其他非经济因素联系起来,指出特定的消费方式是上层社会保持和区别身份的手段。布迪厄(Bourbieu,1984)在《区隔》一书中进一步深化了韦伯的消费理论,运用资本、场域、惯习等概念工具,分析了消费在阶层分化中扮演的重要角色。此外,杜森贝里(Duesenberry)于1949年提出的相对收入假说也受到了凡伯伦思想的启发,他认为消费并不取决于现期绝对收入水平,而是取决于两种效应的叠加:"示范效应"和"棘轮效应",前者表明消费者的社会属性,由于互相攀比动机和"赶上别人"的心理压力,个体消费受到他人消费的影响;后者代表了消费的不可逆性,即消费具有"由俭入奢易、由奢入俭难"的特性。在杜森贝里消费理论的基础上,阿贝尔(Abel,1990)、坎贝尔和曼昆(Campbell and Mankiw,1990)将"示范效应"和"棘轮效应"分别以外部习惯和内部习惯引入消费函数,将个人消费同他人的消费以及自身过去的消费联系起来。

6.1.3 消费理论的中国化:一个简单评论

20世纪90年代中叶以来,中国学者开始运用西方消费理论研究中国消费问题,用来解释消费需求不足等中国特有的经济现象[1],取得了较大的进展。与此同时,微观家计调查数据[2]也不断丰富,为研究微观消费和社会福利

---

① 具体内容详见陈斌开等:《理解中国消费不足:基于文献的评述》,《世界经济》2014年第7期。
② 目前几个常用的微观家计调查数据库有:中国居民收入调查项目(CHIP)、中国健康与营养调查(CHNS)、中国健康与养老追踪调查(CHARLS)等。

创造了条件。然而，从消费理论构建看，国内研究仍然处于"模仿"阶段，随着中国经济的崛起，消费理论从"模仿式"研究向"原创式"研究的转变已被提上议事日程。

一是要兼容并蓄，汲取主流和非主流消费理论的各自优势。实际上，主流消费理论主要是围绕消费与收入之间的关系展开，其研究领域未免过于狭窄。在消费的诸多影响因素中，收入固然重要，但随着收入的增长，收入不再是影响消费的唯一因素，非主流消费理论是对主流消费理论的有益补充。中国正处于人均GDP从3 000美元向12 000美元迈进的中等收入发展阶段，收入的快速上升，一方面提升了消费者的消费能力和消费结构，另一方面也使得消费行为日渐复杂化，一些非收入因素的作用日益显见。

二是要人以群分，在理论"微观基础"中引入异质性行为人。主流消费理论对"代表性消费者"假设的固执与坚持，在使理论模型精致漂亮的同时，也使理论的解释能力受到局限。面对大国经济而言，我们需要的是一个能够体现异质性的反映结构变化的消费理论。中国消费理论创新必须容纳城乡差异、贫富差异、劳资差异、年龄差异等结构性因素。

三是要立足国情，关注中国转型期内特有的消费问题。既然消费是经济发展的结果，那么研究消费就一定要"跳出消费看消费"，消费问题不只是消费本身的问题，而是经济发展模式、经济结构甚至是制度环境方面出了问题，从而迫使消费者在既定约束下做出"理性"反应。因此，从这个意义上讲，消费理论一定带有国别特征。例如在中国，居民的目标性消费、消费的"短视"行为、"损失厌恶"情绪、消费习惯的养成，以及收入分配与总消费关系的研究等，这些问题在西方并不受关注，但在中国却是有着广泛社会基础和影响力的"原创性"问题。

6.1.4 建构中国特色消费理论

1. 目标性消费计划

中国的消费者难以用一生为时间跨度来平滑消费，而是根据生命周期中的重大事件（如买房、结婚和养育子女等），阶段性地安排消费计划，而这些重大事件又往往需要大额刚性支出。因此，在流动性约束和目标性消费计划的牵制下,大部分消费者存在"短视行为"(余永定、李军,2000;叶海云,2000;汪伟、郭新强,2009),使得中国居民的消费模式不同于生命周期理论。

2. 预防性储蓄动机

经济转型期内,中国城乡居民处在一个不确定性日益增强的经济环境之中,随着改革开放的逐步深化,国有企业的社会职能逐步被剥离,城乡居民面对的微观风险与宏观风险都有不同程度的增加。市场经济环境下,一方面,劳资雇佣关系的不信任度和对抗性日益增强,劳动合同的短期化倾向也会直接加剧工资收入的波动性(李凌、王翔,2008),产品是否迎合市场需求、投融资技术能否带来持续的利润等诸多企业管理问题都带有强烈的不确定性;另一方面,加入 WTO、"一带一路"战略等开放政策的实施和全球资本流动加速,以及利率、汇率、通胀率等因素的变化交织在一起,构成了中国居民所面临的宏观风险。20 世纪 90 年代以来城镇居民所面临的大量隐性失业的显性化、教育预期支出的不断增加、医疗保障制度和住房分配制度的渐进式改革,以及人口老龄化引发的养老模式的改变等转型经济的特点,进一步强化了中国消费者的预防性储蓄动机,人们倾向于更谨慎地消费,将收入更多地储蓄起来,以应对不确定性事件的发生(如金融危机等)。

3. 损失厌恶情绪

中华民族历来崇尚节俭美德,特别是在相对保守的农村地区,超前消费和负债消费时常被认为是"离经叛道"的事,只有在出现确实无法承担的重大和突发事件的费用支出时,方才认同熟人之间的相互借贷。所以在传统消费观念还比较盛行的农村,经济形势向好时,消费的扩张速度慢于经济的扩张速度,一旦经济形势稍有不好,消费的收缩速度便快于经济衰退的速度(李凌、王翔,2009)。在相对保守的消费理念支配下,中国消费者的"损失厌恶情绪"和过于谨慎的消费心理特征明显。

4. 非理性消费行为

如果说谨慎消费是消费者针对目前经济转型期不确定性增强的一种理性反应,那也应看到,中国城乡居民也还存在着"排浪式"消费的特点。从 20 世纪 70 年代的"旧三件"——自行车、缝纫机、手表,80 年代的"新三件"——彩电、冰箱、洗衣机,到后来的电脑、摩托车,直至今天的 iPhone 手机、进口包、汽车,以及令人咋舌的境外消费①等。其中,不排除"量入为出"的消费,但也不乏货币错觉、羊群效应、攀比心理、炫富心理等非理性的消费行为。尤其是随着全球消费社会理念的兴起,以及中国人口结构的变化,"80后""90后"成为消费的主力军,及时行乐等一些新的非理性消费行为已然出现。这一方面表明中国居民的消费潜力巨大,计划经济时代由于产能不足、供求信息不对称等问题,导致大量居民消费需求被压制;另一方面,随着市场经济的深入发展,被释放的消费需求需要合理引导,国内的消费环境仍有待改善。

6.2 中国消费结构变迁与升级实证分析

计划经济体制下,一方面,社会生产力发展水平较低,局部地区物资匮乏,经济发展长期处于供不应求的状态,社会生产的重点在于满足居民的必需品消费;另一方面,企业和国家包揽了个人在生、老、病、死等大部分个人事务方面的支出,居民储蓄动机较弱,消费模式差异不大。党的十四大提出建立社会主义市场经济体制,经济制度变迁从体制层面解放了制约生产的束缚,各类生产要素的动力与活力迸发。大约以1997—1998年为分水岭,中国消费领域供不应求的现象得以整体缓解,并迅速转变为生产过剩的局面(赵卫华,2007)。消费在生产、流通、分配和再生产循环中扮演着"良性循环枢纽"的角色(林白鹏、臧旭恒等,1994),拉动经济增长。在此背景下,大规模消费成为经济进一步扩张的基础和条件。进入2000年之后,中国政府明确提出一系列扩大内需政策,生产经济开始逐步转向消费经济,关注城乡居民消费结构变迁成为中国经济转型中不可或缺的重要内容。

6.2.1 消费与产出同步增长

首先,从总量上看,消费与产出同步增长,消费增速略低于产出增速,政府消费增速快于居民消费增速,城镇居民消费增速快于农村居民。1978—2014年最终消费水平从2 239.1亿元扩张到32.83万亿元,年均增长9.73%(扣除物价

---

① 2013年春节期间中国消费者在境外奢侈品消费累计达85亿美元,比上年的72亿美元增加18%,占海外同期奢侈品消费总额的53%。中国消费者已成为境外奢侈品消费的主要群体,超过日韩,居全球榜首。2014年之后因受反腐和"八项规定"等因素的影响,境外奢侈品消费累计达69亿美元,比2013年略有下降。

因素,下同),最终(居民)消费率从 1978 年的 62.1%(48.8%)下降到 2014 年的 51.23%(37.69%),最低点出现在 2010 年,仅为 49.07%(35.92%)。其中,居民消费从 1 759.1 亿元增长到 24.15 万亿元,年均增长 9.52%,略低于同期产出增长率 10.34%。在最终消费内部,居民消费增速(9.52%)低于政府消费增速(10.40%)、农村居民消费增速(6.34%)低于城镇居民消费增速(11.61%)。这些特征在 1995 年之后也都基本保持。

表 6.1　1978—2014 年中国宏观消费水平及其增长(亿元)

年　份	支出法 GDP	最终消费	居民消费	农村居民消费	城镇居民消费	政府消费
1978	3 605.60	2 239.10	1 759.10	1 092.40	666.70	480.00
1980	4 539.30	2 974.30	2 336.90	1 414.90	922.00	637.40
1990	18 968.40	12 011.10	9 435.00	5 240.90	4 194.20	2 576.10
1995	61 328.90	36 225.70	28 072.90	11 537.70	16 535.20	8 152.80
2000	100 080.10	63 729.20	46 987.80	15 611.80	31 375.90	16 741.50
2005	187 767.20	101 604.20	75 232.40	20 912.00	54 320.40	26 371.80
2006	219 424.60	114 894.90	84 119.10	22 639.60	61 479.50	30 775.80
2007	269 486.40	136 438.70	99 793.30	25 588.50	74 204.80	36 645.40
2008	317 172.00	157 746.30	115 338.30	28 840.70	86 497.50	42 408.00
2009	346 431.10	173 093.00	126 660.90	30 666.20	95 994.70	46 432.10
2010	406 580.90	199 508.40	146 057.60	33 610.30	112 447.20	53 450.90
2011	480 860.70	241 579.10	176 532.00	41 075.30	135 456.60	65 047.20
2012	534 744.60	271 718.60	198 536.80	45 222.80	153 313.90	73 181.80
2013	589 737.20	301 008.40	219 762.50	49 432.10	170 330.40	81 245.90
2014	640 796.40	328 311.20	241 541.00	54 177.60	187 363.40	86 770.50
1978—2014 年						
名义 增长率(%)	15.48	14.86	14.65	11.45	16.96	15.53
实际 增长率(%)	10.34	9.73	9.52	6.34	11.61	10.40
1995—2014 年						
名义 增长率(%)	13.14	12.30	11.99	8.48	13.63	13.25
实际 增长率(%)	10.89	10.04	9.74	6.06	11.41	11.00

注:实际值＝名义值－居民消费价格指数。
资料来源:国家统计局《对 2013 年支出法国内生产总值数据及历史数据修订的说明》,2015 年 6 月 3 日。

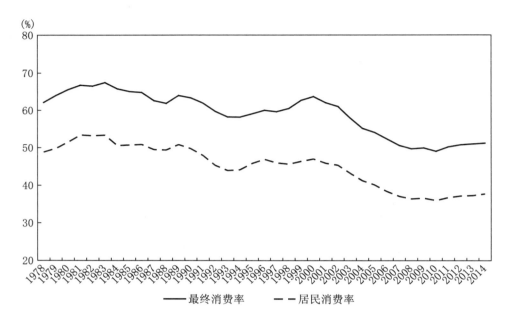

图 6.1　1978—2014 年中国最终消费率和居民消费率

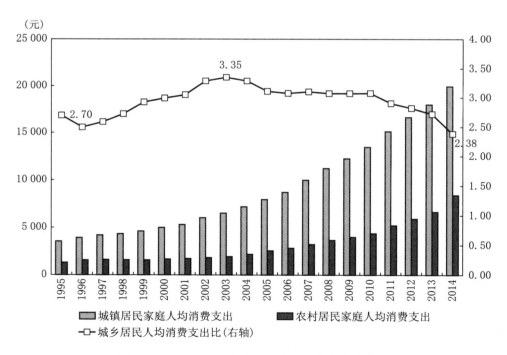

图 6.2　1995—2014 年中国城乡居民家庭人均消费

其次,从人均消费水平看,城乡居民人均消费水平同步增长,而且农村消费增长快于城镇消费。据统计,城镇居民家庭人均消费从 1995 年的 3538 元,增长到 2014 年的 19 968 元,年均增幅 9.54%;农村居民家庭人均消费从 1995 年的 1 310 元,增长到 2014 年的 8 383 元,年均增幅 10.26%,扣除物价因素后,分别增长 7.32% 和 7.84%,与同期人均 GDP 增长率 10% 左右基本同步。更进一步,城乡居民家庭人均消费支出之比基本维持在 2—3.5 之间,2003 年达到极大值 3.35,此后缓慢下降,2014 年缩小到 2.38。城乡消费差距小于城乡收入差距。

6.2.2 消费结构从温饱型向小康型、富裕型转变

从恩格尔系数看,城乡居民消费已基本摆脱温饱需求。恩格尔系数是指一段时期内,食品消费支出占总消费支出中的比重,经验研究表明,这一比重与经济发展水平特别是收入水平有内在的稳定关系,恩格尔系数越低,表明经济发展水平越高。联合国规定,恩格尔系数在 0.6 以上为绝对贫困型经济,0.5—0.6 为温饱型经济,0.4—0.5 为小康型经济,0.3—0.4 为富裕型经济,0.3

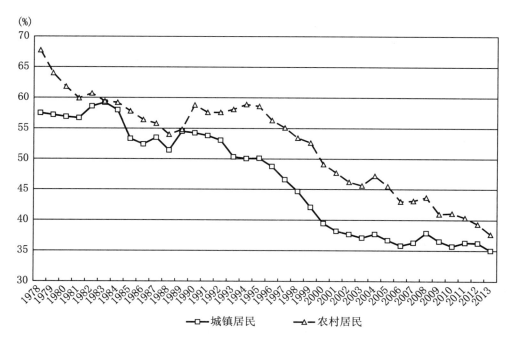

—□— 城镇居民　　—△— 农村居民

图 6.3　1978—2013 年中国城乡居民恩格尔系数变化

以下为极富裕型经济。改革开放初期,中国农村居民的生活还处于绝对贫困状态,温饱问题尚未得到解决,恩格尔系数为 0.677;城市居民也只是刚刚解决温饱问题,恩格尔系数为 0.575。改革开放之后,中国居民消费中食品支出所占份额即恩格尔系数逐步降低,到 2012 年,城乡居民的恩格尔系数分别下降至 0.362 和 0.393,2013 年起开始采用城乡一体化住户收支与生活状况调查,2014 年城乡居民恩格尔系数在 0.31 左右,已步入小康型和富裕型发展阶段,北京、上海和广东等发达省份、直辖市的恩格尔系数更低。

从城乡居民的分项消费组成看,消费结构的动态升级可以反映在食品、衣着、居住、家庭设备用品及服务、医疗保健、交通通信、文化教育娱乐服务等七个方面的消费内容及其变化。

首先,从饮食结构看,改革开放初期主要是以粮食消费为主,蔬菜和副食品消费占比较低,如今城乡居民饮食结构日趋多元化与合理化,城镇居民人均粮食消费从 1990 年的 130.72 千克下降到 2012 年的 78.76 千克,肉蛋奶的人均消费逐步增加,人均鲜奶消费从 1990 年的 4.63 千克增加到 2012 年的 13.95 千克。

其次,居民日用品尤其是家用电器的商品化和市场化程度不断提升,城乡居民人均年生活用电量从 1986 年有统计以来的 21.5 千瓦时,增长到 2014 年的约 500 千瓦时,增长了约 22 倍。[1]

再次,居民生活的信息化程度也在迅速提高,城乡居民每百户年末拥有移动手机数量,分别从 2000 年的 19.5 部和 4.32 部,增长到 2012 年的 212.64 部和 197.8 部。[2]

最后,发展性、享受性和精神层面的消费支出比重逐步提高,交通通信、居住和文教娱乐等服务型消费占比份额迅速增长。据统计,城镇居民在交通通信、文教娱乐和医疗保健方面的支出占比,分别由 1990 年的 3.2%、8.8% 和 2%,增长到 2014 年的 15.8%、12.8% 和 6.2%(见表 6.2)。

---

① 数据来自国家电力信息网。
② 2013、2014 年采用了城乡一体化住户统计口径,全国居民平均每百户年末拥有移动手机数量分别达到 203.2 部和 215.9 部。

表 6.2　1990—2014 年中国城镇居民消费结构变迁(%)

年　份	食品	衣　着	居　住	生活用品	交通通信	文教娱乐	医疗保健	其他
1990	54.3	13.4	4.8	8.5	3.2	8.8	2	5.2
1995	50.1	13.6	8	7.4	5.2	9.4	3.1	3.3
2000	39.4	10	11.3	7.5	8.5	13.4	6.4	3.4
2005	36.7	10.1	10.2	5.6	12.6	13.8	7.6	3.5
2012	36.2	10.9	8.9	6.7	14.7	12.2	6.4	3.9
2014	35.2	9.7	9.7	7.3	15.8	12.8	6.2	3.2

资料来源:2015、2013 和 2006 年《中国统计年鉴》。

6.2.3　消费结构升级与消费行为、消费观念演变

消费结构变化的背后,是消费行为和消费观念的变化。进入 21 世纪,中国居民消费率和平均消费倾向快速下降,经济体制改革从衣食住行等各个方面改变着居民的消费行为。其中,最为显著的变化可以归纳为以下几个方面。

一是居民消费模式从单一化向多元化转变。随着生产力的发展,物产富集,消费可行集迅速扩张,消费需求日趋个性化、多元化,尤其是城镇内部不同收入等级群体的消费差距迅速扩大,呈"喇叭状"。其中,高收入群体消费行为更加复杂化,炫耀、及时行乐、社会地位(金烨等,2011)等非经济因素的影响逐渐增强,而传统意义上利率与收入水平的影响正逐步弱化。

二是消费结构从量的提升向质的升级转变,具体有两种不同的表现形态。其一是"改良性的升级",即"原有消费资料的比例结构维持不变,但各个或主要消费项目向更高层次发展",是消费项目的"从有到精"。如电视机消费从黑白电视机到彩色电视机、平板电视机的升级换代。其二是"革命性的升级",即"消费的构成及其比例关系发生变化并不断高度化"。这主要表现为潜在需求项目成为现实消费,是消费项目的"从无到有"。比如,对家用汽车、宽带用户等消费项目的统计,分别始于 1998 年和 2000 年。这些随居民生活的改善和科技的发展而渐进出现的消费项目,是消费结构的突破性改变(孟慧霞、陈启杰,2011)。

三是对个体消费的规划依据由以持久性收入为主向特定阶段的消费目标为主转变。中国居民消费行为的重要特点之一,是在其生命的不同阶段中一

般都存在一个特定的消费高峰,以及一个相应的储蓄目标,比如买房、求学、婚嫁、子女教育和养老等。由于私人消费信贷市场尚不完善,人们必须在每个阶段都为迎接相应的支出高峰而进行储蓄,以便在未来的支出高峰时使用(汪伟、郭新强,2011;余永定、李军,2000)。

四是在开放环境下城乡居民的消费结构由割裂向联动转变。城镇居民的消费行为对农村消费具有一定的示范效应,城镇居民的消费内容与消费结构若干年后会在农村居民消费支出中重现。这为进一步破除中国城乡二元体制,消化过剩产能,深入推进城乡一体化建设提供了重要的理论源泉和政策依据(周建、杨秀祯,2009)。

五是居民消费观念逐步从"传统节俭观"向"适度消费观"转变。随着人口年龄结构的变化,"70后""80后""90后"成为消费大军,消费群体的自我更新导致消费观念演变,但同时也出现了由"攀比心理""崇洋心理""羊群效应"等带来的非理性消费行为。此外,互联网和新兴业态涌现也在深刻地改变着中国居民的消费模式①。

6.3 互联网时代中国消费结构升级新趋势

近年来,中国消费率持续走低,但随着互联网时代的到来,消费领域最大的亮点莫过于以淘宝、天猫等电商引领的网络消费平台的崛起,且增速惊人。其中,跨境消费电商发展迅猛,已逐步成为促进对外贸易发展的一支重要力量。根据中国电子商务研究中心提供的《2015年(上)中国电子商务市场数据监测报告》②显示,2015年上半年,中国网络零售市场交易规模达16 140亿元,相比2014年上半年的10 856亿元,同比增长48.7%;占社会消费品零售

---

① 麦肯锡的一项新近研究表明,网络零售中39%属于新增消费。在这部分新增消费中,农村网络消费异军突起。阿里零售平台的数据也印证了这一点,淘宝网(含天猫)发往农村地区的订单金额占全网的比例,从2013年第一季度的8.65%上升到2015年第一季度的9.64%,提升了1个百分点,在网络购物快速增长的背景下,农村市场的增速更快。

② 报告声明:由于绝大多数电子商务企业为非上市公司,未严格披露财务与运营状况、会员信息,《报告》编委会掌握的信息难免有所遗漏,部分数据未必能够完全反映真实市场情况,加上企业可能存在的主营业务、人员、股权、区域、注册地变更等情况,因此,本报告仍难免有不少疏漏之处,待继续予以完善。具体请参见http://www.100ec.cn/zt/2015sndbg/。

总额的 11.4%，2014 年上半年达到 8.7%，同比增长 31%；其中 8421 亿元来自移动购物市场，占比超过一半。中国网购用户规模达 4.17 亿人（截至 2015 年 6 月），相比 2014 年上半年的 3.5 亿人，增长 19.1%。

6.3.1　互联网消费新趋势：来自网络零售市场份额的观察

随着电子商务模式的普及，互联网消费迅速成为消费新热点，其中，移动购物市场和跨境消费市场将成为互联网消费的两个重要渠道和载体。从目前的市场份额来看，呈现出典型的互联网时代的极化特征。

一是从网络零售的市场份额看，中国 B2C 网络零售市场份额（包括开放平台式与自营销售式，不含品牌电商）中，天猫占 57.7%，京东占 25.1%，苏宁易购占 3.4%。其余电商份额总和不超过 15%。

二是从移动购物市场份额看，极化效应更加明显。其中，阿里无线占比高达 80.1%，手机京东占 10.7%，手机唯品会占 2.6%。

三是从跨境电商交易规模、结构、方式和内容看，2015 年上半年，中国跨境电商交易规模达到 2 万亿元，同比增长 42.8%，占中国进出口总额的 17.3%。其中，跨境电商出口占比达到 84.8%，进口比例 15.2%；跨境电商 B2B 交易占比达到 91.9%，占据绝对优势，跨境电商 B2C 交易占比 8.1%。相当一部分海淘商品集中于护肤彩妆、母婴用品、奢侈品、电子产品、服装、保健品、箱包、新宠厨具、智能产品、生活电器等。[1]

6.3.2　互联网消费新趋势：基于"双 11"的分析

淘宝（天猫）从 2009 年开设"双 11"购物狂欢节以来，每年"双 11"的销售额均创新高，从 2009 年的 5 000 万元，一直到 2015 年的 912 亿元，引领互联网消费文化，呈现出以下三大趋势。[2]

趋势一：从消费主体看，网购人群从边缘走向主流，逐步发展到全民覆盖。从年龄来看，从 2009 年首届"双 11"开始，前四年"双 11"购物群体主要集中于 18—25 岁的年轻人，占比超过 30%。2013 年出现转折，26—30 岁人群成为最

---

① 　本节数据来自《2015 年（上）中国电子商务市场数据监测报告》。
② 　参考阿里巴巴集团副总裁、阿里研究院院长高红冰在"2015 天猫双 11 全球狂欢节"上的演讲。

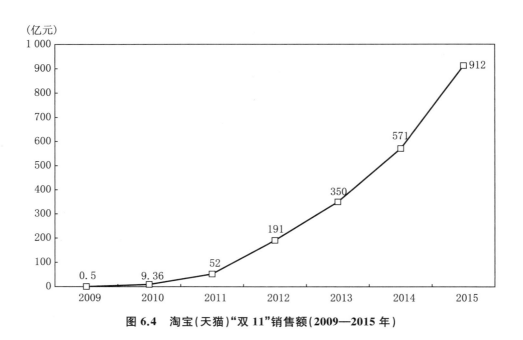

（亿元）

图 6.4　淘宝（天猫）"双 11"销售额（2009—2015 年）

大消费群体,占总消费额的近 30％,各年龄段的贡献差距在缩小。从性别来看,"双 11"不仅是一场女人的游戏,越来越多的男性也加入到"剁手党",贡献度在过去 3 年内连续上升,2014 年男性消费者占比 44％,几乎占据半壁江山。

　　趋势二:从消费客体即消费内容看,消费结构快速升级,服务型消费、进口商品消费涨势迅猛。过去的四个"双 11"都有不同的关键词,2010 年是"穿",热销品类是服装、鞋帽等类目;2011 年是"住",家具、五金、家居服务类受追捧;2012 年是"吃",餐饮服务、中西药热卖;2013 年是"行",旅游、住宿等走俏;2014 年则是"服务",与实物消费相比,服务型消费全面兴起,涨势迅猛。2014 年"双 11",服务型消费增长率达到实物商品消费增长率的 4.7 倍。在实物消费向服务型消费转型的同时,进口商品的消费需求急剧上升。据埃森哲与阿里研究院的研究成果表明,到 2020 年,中国通过跨境电商进口的消费品规模预计将达 2 450 亿美元,成为全球最大的消费市场,这个数字的背后,对欧洲、美国、中东等国家和地区中小企业而言,无疑意味着巨大的机会,也是中国中产消费阶层的机会。

　　趋势三:从消费方式看,一场从 PC 到移动端的网民大迁徙正在加速推进。2012 年以来,来自无线端的成交占比不断上涨,到 2014 年达到 42.6％。

2015年第三季度的无线成交占比更是超过了60%。最近一年,淘宝无线端的月活跃用户数新增了1.29亿人。2015年11月11日20时,大屏显示无线成交占比数据为69%,当日0时无线成交占比峰值更是达到85%。在空间分布上,无线消费金额占比Top10城市全部来自中西部地区;从时间上来说,"双11"无线销售的高峰出现在凌晨、午餐、晚餐时间及后半夜,可以说是从床上开启的"双11"。移动设备的大量普及,提升了网络消费的便捷性。

应当看到,"双11"不仅是消费者的狂欢,也是商业创新、创造和创意的结果,更是DT时代商业基础设施效能的一次集中展现。在阿里云的支撑下,支付宝每秒完成8.59万笔交易,超越全球前两位的VISA和Master。通过大数据+仓配体系,2015年"双11"第一单——北京朝阳区的一位买家,仅14分钟就收到了在天猫上抢购的电视机。"双11"不断刷新的数据背后,标志着中国正在利用互联网,跨越传统的商业基础体系,创造出包括网络支付、网络化物流仓配体系在内的一整套网络经济体系。"双11"或将引领一种崭新的生活方式,这种巨大消费潜力的释放,将给中国的经济转型升级带来新生机、新思路和新动力。

6.4　供给侧改革与启动新消费的政策建议

2015年底,国务院连续出台《关于加快发展生活性服务业促进消费结构升级的指导意见》《关于积极发挥新消费引领作用加快培育形成新供给新动力的指导意见》,为新常态下增加服务有效供给、扩大服务有效需求、推动产业转型升级和创造经济发展新动力提供了指导性意见。一时间,"新消费"成为网络热词,供给侧结构性改革语境下,为何还要关注需求侧因素?供给侧改革何以能提振新消费?

6.4.1　启动新消费具有重大现实意义

发挥新消费引领作用是更好满足居民消费需求、提高人民生活质量的内在要求。消费关系民生福祉,随着居民收入水平提高、人口结构调整和科技进步,城乡居民的消费内容和消费模式都在发生变化,对消费质量和消费环境提出更高要求。紧紧围绕居民消费升级谋发展、促发展,符合发展的根本目的,有利于更好满足人民群众日益增长的物质文化需要,使发展成果更多体现为人民生活质量的提高和国民福利的改善。

发挥新消费引领作用是加快推动产业转型升级、实现经济提质增效的重要途径。消费升级的方向是产业升级的重要导向。中国居民消费呈现出从注重量的满足向追求质的提升、从有形物质产品向更多服务消费、从模仿型排浪式消费向个性化多样化消费等一系列转变的态势。只有围绕消费市场的变化趋势进行投资、创新和生产,才能最大限度地提高投资和创新有效性、优化产业结构、提升产业竞争力和附加值,实现更有质量和效益的增长。

发挥新消费引领作用是畅通经济良性循环体系、构建稳定增长长效机制的必然选择。经济发展进入新常态需要构建经济循环新体系、增长动力新机制。只有从发展理念、制度环境和政策体系等深层次原因入手,破除市场竞争秩序不规范、消费环境不完善等体制机制障碍,才能充分激发市场活力和创造力,实现潜在需求向现实增长动力的有效转换,为经济长期健康发展提供保障。

6.4.2 供给侧结构性改革与启动新消费

供给侧结构性改革既不是里根时代的供给经济学,也不是同需求侧管理对立的经济学,而是旨在挖掘增长新动力与潜力,实现"调结构、稳增长、增效益"的一系列体制机制的政策措施。从供给和需求的内在联系看,在市场机制的作用下,供给会创造出与之对应的需求,潜在的需求也会催生出与之相关的供给。然而,一旦市场机制被扭曲,就要么产生无效供给,要么需求被抑制。因此从这个意义上讲,供给和需求是同一问题的两个侧面,供给侧和需求侧之间的良性互动是经济增长动力产生的核心机制。

我们以往对中国经济发展模式和需求结构的诟病,大多是从消费、投资和净出口的比例份额变动等需求因素着手的,认为中国居民的消费意愿不强,消费率只有50%左右(2014年为51.2%),不仅远低于美国等发达经济体的消费率,而且也低于中等偏上收入经济体的平均水平约20个百分点,所以亟需依靠强有力的财政政策加以干预和刺激,于是就有了2008年金融危机之后的

"四万亿"。然而,与之形成鲜明反差的,一是中国居民惊人的境外消费,据统计,中国已于2012年超越美国和德国,成为世界第一大国际旅游消费国,2014年中国境外旅游消费达1520亿美元,连续三年成为全球最大的境外旅游消费市场,连续七年位居境外购物退税全球首位;二是网络购物涨势亦十分惊人,2015年"双11"天猫以912.17亿元的交易额再破世界纪录,其中有3000万中国消费者购买了进口商品,中国居民已然开启"全球购"消费新模式。

笔者认为,当前国内居民消费需求启而不动的症结根源,不在于居民消费需求本身,而在于与消费相关的一系列供给侧因素,包括住房、医疗、教育的"供给不足",地方财政支出与公共服务供给扭曲,以及对土地要素、金融产品和劳动力供给的各类管制等;除此以外,商品流通领域的高税费成本、垄断与行业壁垒,以及缺乏诚信的消费环境,也都是造成消费需求难以启动的重要原因。古语有云:"百姓足,君孰与不足;百姓不足,君孰与足。"唯有藏富于民、让利于民,才能真正开启消费需求的大门。而在今天,启动消费需求、优化内需结构的关键,就在于全面深入地推进供给侧结构性改革,形成稳定就业,提升居民收入水平,构建完善的社会保障制度,持续优化消费环境,由此共同形成扩大消费需求的长效机制。

6.4.3 新消费需求增长的对策建议

国际金融危机以来,中国经济正站在由外需主导转向内需主导的"十字路口",新常态下扩大居民消费需求应致力于以下五个方面的结构调整与升级。

一是加快培育新的消费增长点。境外消费和网络购物的强劲增长势头表明,中国居民并不缺乏消费需求,而是缺乏相应的产品和服务供给,尤其是高质量、个性化的高端消费品市场。原因有诸多方面,涉及生产技术与行业壁垒等,但简而言之,是消费结构升级与产业结构升级之间脱节。随着收入的提升,消费者从有形物质产品向更多服务消费、从模仿型排浪式消费向个性化多样化的消费方式转变,信息消费、服务消费、绿色消费、健康消费、文化消费等生活性服务领域将成为新的消费增长点。因此,只有围绕消费市场的变化趋势进行投资、创新和生产,才有可能最大限度地提高投资和创新的有效性,提升产业竞争力和附加值,以消费结构升级引领产业结构升级。

二是形成可持续发展的投资率与消费率。中国经济投资驱动高速增长的同时,也带来了产能过剩、粗放型增长以及要素价格扭曲等一系列问题,出现了所谓的"投资—增长—过剩—扭曲"的悖论,需要在新一轮的结构性改革中加以解决。具体而言,就是要尽量减少对资金价格的人为干预,把投资活动的主动权交给企业,根据消费偏好、消费结构与消费生态选择投资对象,实行有助于激励相容和环境优化的投资政策。需要强调,平衡投资与消费之间的比例关系,并不意味着要从投资驱动转向消费驱动,而是要遵循市场经济运行的内在规律,发挥市场配置资源的决定性作用,使等量资本创造更多的国民财富,提高投资效率,以消费需求带动新一轮的投资需求,促进就业和收入增长,进而催生新一轮的消费需求,形成经济增长的良性循环。

三是调整政府消费和居民消费的比例结构。世界城市转型发展的一般规律表明,但凡成功实现转型升级的世界城市,都拥有一个比较高效的行政系统作为支撑,如纽约、洛杉矶、悉尼、台北、香港和首尔的政府管理成本占财政支出的比重基本都控制在7%—8%以下;而中国主要城市的行政管理成本仍相对较高,大约在20%,压缩空间还很大。行政职能转变要求政府找准在经济转型中"守夜人"角色的核心定位:一方面,把政府管制的重点有所转移,加大消费者权益保护,严厉打击"假劣伪冒"产品和"坑蒙拐骗"行为,净化消费环境;另一方面,开源节流、节俭持政,提高财政开支效率,用政府的"紧日子"换老百姓的"好日子"。

四是优化分配格局促进消费增长。分配格局一定程度上决定着消费规模,消费增长也在一定程度上反衬出分配格局是否合理。中等收入者占多数的橄榄型分配格局之所以有利于消费扩张,主要是因为,"中等收入群体"这一概念衡量的不仅是收入和财富,更主要的是这个群体的生活方式、思想状态和社会身份地位。他们根据对于自己未来持续、稳定的收入增长的预期,有计划地安排家庭和个人消费计划,形成持久的消费倾向和较高的消费率,有利于扩大消费需求,形成一支稳定的消费力量。此外,确保各收入群体之间的充分流动,消除阶层固化壁垒,是形成橄榄型分配格局的有效路径。

五是加快土地、资金和劳动要素的市场化改革。随着经济发展水平的日益提升,居民在住房、教育和医疗等方面的消费需求也将随之提高。然而,土地、教育和医疗供给以及劳动力的城乡流动却存在严格的管制,导致要素价格扭曲,无法配置和流动到最需要的地方,要素供给不是低效无效,就是呈现结构性短缺。为此,建议分类加速推进要素的市场化改革,破除土地制度、金融制度和户籍制度对要素流动的束缚,扫清不利于公平市场竞争和中小企业生产性投融资的体制障碍,保持宏观政策的长期稳定与可预期。

六是优化财政支出结构,促进公共服务均等化。公平的教育和社会保障体现了自由发展的起点公平,对于扩大消费需求而言至关重要。中国传统文化中的"量入为出""积谷防饥"消费理念,更多地是指为下一代的教育和自身的养老问题做打算。目前中国教育支出的 GDP 占比只有 4% 左右,同 7%—8% 的国际标准相比仍有差距。此外,公共卫生与社会保障事业的发展也仍处于起步阶段,亟需通过建立完善的社会政策体系,促进包括城乡流动人口在内的统一且广泛覆盖的公共财政框架,加大对城市内部和农村内部低收入群体在医疗保健消费、基本教育消费以及养老、住房等方面的财政支出力度,从政策和体制上引导和保护城乡居民消费的合理增长,为消费者解除后顾之忧。

6.5 本章小结

本章试图构建中国特色消费理论,重点阐述中国消费结构升级的主要表现以及潜在需求增长的具体内容,并从结构性改革与宏观调控的新要求出发,提出消费结构升级与消费需求增长的相关政策建议,得出如下几方面的结论:

第一,中国特色消费理论应从"模仿式"研究向"原创式"研究转变。就中国消费者而言,既有消费理论所描述的行为特征,又有一些独特的有别于主流和非主流消费理论的行为特征,如目标性消费计划、预防性储蓄动机、损失厌恶情绪和非理性消费等。需要在中国特色消费理论的指导下应对中国消费结构升级产生的一系列现实问题。

第二,消费在扩大再生产中扮演着"良性循环枢纽"的角色。大约以1997—1998 年为分水岭,中国消费领域供不应求的现象得以整体缓解,并迅速转变为生产过剩的局面。消费在生产、流通、分配和再生产循环中扮演着"良性循环枢纽"的角色,拉动经济增长。在此背景下,大规模消费成为经济进一步扩张的基础和条件。

第三,中国正在利用互联网释放压抑的消费潜力。近年来,消费领域最大的亮点莫过于以淘宝、天猫等电商引领的网络消费平台的崛起,且增速惊人,呈现出三大趋势:一是从消费主体看,网购人群从边缘走向主流,逐步发展到全民覆盖;二是从消费客体看,消费结构快速升级,服务型消费、进口商品消费涨势迅猛;三是从消费方式看,一场从 PC 到移动端的网民大迁徙正在加速推进。

第四,中国居民消费需求不足的症结,在于消费的供给侧因素。包括住房、医疗、教育的"供给不足",地方财政支出与公共服务供给扭曲,以及对土地要素、金融产品和劳动力供给的各类管制等。除此以外,商品流通领域的高税费成本、垄断与行业壁垒,以及缺乏诚信的消费环境,也都是造成消费需求难以启动的重要原因。

第五,唯有藏富于民、让利于民,才能真正开启消费需求的大门。为此,启动消费需求、优化内需结构的关键,就在于全面深入地推进供给侧结构性改革,稳定就业,提升居民收入水平,构建完善的社会保障制度,持续优化消费环境,由此共同形成扩大消费需求的长效机制。

7 新常态下房地产投资：从稳投资 到稳增长的新思路

新常态经济模式的框架下，房地产投资如何成为激励、推动新一轮经济稳增长的引擎，已成为理论界和实务界需要重点考虑的内容。尤其是在供给侧改革的政策要求下，让增速放缓的房地产投资发挥新的潜能，是 2016 年中国经济稳步增长的重要条件。唯有培育一个积极健康的房地产投资主体和市场环境，才能够规避传统驱动力减弱的风险，进而为宏观经济稳增长提供新动力。

7.1 房地产投资如何驱动经济增长

房地产投资对经济增长的牵引力，是通过一系列复杂的作用机制和环节来进行的。在供给侧结构性改革的政策环境下，房地产投资将通过总量调整和结构调整等渠道，为宏观经济的增长提供可持续的动力。

7.1.1 供给侧与稳增长的关系

在经济增长的相关理论研究中，最早可以追溯到现代经济学之父亚当·斯密的研究。他在《国富论》中就认为，增加国民财富和促进经济增长的主要途径是增加劳动者的数目、增加资本投入、加强分工和改良机器以提高生产率。后来的一系列西方经济学研究都对此类问题有过研究，包括 19 世纪初穆勒和萨伊的供给自身创造需求理论，19 世纪末马歇尔的报酬递增理论，熊彼特的创新理论等，都对经济增长提出了相应的见解。而后续包括哈罗德-多马模型、AK 模型等，也对经济增长有过较多的分析。此类经济增长理论的共同点是，都从社会供应或生产要素分解的角度进行剖析。

从供给侧的角度看，刺激经济增长是一类生产函数的关系，或者说不断优化生产函数的关系。从理论上看，生产函数是资本、劳力力、技术三种资源的函数。而对于房地产行业来说，土地要素显然也构成一类非常重要甚至重要性排第一的资源。在此类生产函数中，各要素的密切结合，为社会丰富了新的产品，最终能够反映在经济增长的相关指标上。当然，一旦此类要素的协调难度加大，资源拥有者的报酬开始下滑，那么相应的投资意愿就会不断趋于低迷。这个时候也是相关产业供给能力下滑、经济增长动力减弱的开始。这在房地产投资和经济增长的关系中尤为明显，房地产投资下滑，会通过相应的产业辐射效应而影响其他产业的发展，最后对其他产业的投资和需求都会带来较大的冲击。所以不断创新生产函数，是确保经济稳定增长的关键所在。这对于房地产市场来说也有重要的启示。而这样一个过程，就是供给侧改革的精髓，即供给侧结构调整的内涵是资源从过剩行业到新兴行业或领域的再配置，进而重构生产函数。

当然，相比别的产业，房地产业的供给侧改革有更重要的意义。房地产业发展背后，有一个较为完备的产业传导机制。房地产业在国民经济发展中扮演了重要甚至是具备支柱性地位的作用，能够带动多达70多个上中下游产业，比如钢铁、金融、商业等产业。所以在稳增长的过程中，房地产业供应端的发展能够成为一类非常重要的驱动力或生产要素。当然，地产行业作为宏观经济稳定器的作用显得非常关键，但有两个问题不容回避：

问题1：在中国宏观经济"三期叠加"、2015年中国宏观经济下行压力加大的情况下，为什么强调供给侧的经济驱动模式，而不强调需求侧的内容？实际上这和房地产发展的特殊性是有关系的。2015年中国房地产市场的各类政策实践，包括宽松货币的推出、加杠杆政策效应的释放等，对房地产市场走出低谷格局，进而步入持续复苏的通道，提供了较好的刺激作用，相应的效果也是不可否认的。但是，新的市场压力依然存在。第一，包括宽松货币和加杠杆政策的实施，对于成交量的刺激正处于边际效用递减的阶段，换言之，后续不可能把提振宏观经济的希望过分寄托在刺激需求或需求侧的层面上。第二，重视供给侧改革的思路，鼓励从供给侧角度来提振房地产市场，是一种最直接、最有效、最本质的策略。通过提高投资规模、改善投资结构、优化投资模式，来为新一轮经济增长和发展提供新的可持续的动力。

问题2：在供给侧改革的思路下，培育新的房地产供应体系，对于刺激或稳定经济增长，是否会如预期一样发挥激励效果？关于这个疑问，可以通过近几年房地产投资带来的效应来论证。第一，中国房地产市场的需求还不会出现断崖式下跌的现象，所以需求端也会希望供应端能够积极配合和跟进。第二，持续有效的供应体系下，能够吻合新一轮经济中高速增长的需要，进而为培育新的就业岗位、降低失业率、稳定价格等提供积极的作用。第三，供给侧改革思路下，房地产供应体系也会持续推进各类要素内容层次的提升，比如在政府管理职能的转变、劳动力素质的提高、土地资源开发模式的转变、融资方式的优化或改进、房企管理能力的提高等方面，都会有一个质的飞跃。而这对于经济结构的调整、增强经济主体的创新和竞争力等势必会有积极的意义。

7.1.2　房地产投资的驱动力

在供给侧的研究范畴中，投资指标是一项重要的内容，是维系或刺激经济增长的重要手段。现代经济学在投资刺激经济增长的描述上有非常清晰和成熟的理论，认为这是通过两个途径而形成的：即投资需求效应和投资供给效应。一方面，投资的需求效应表现为在投资过程中和投资项目建设过程中，不断投入各类资金，购买生产资料或生产要素，进而引致对投资品和消费品的大量需求。这样一种需求，最终能够成为国民经济需求总量的一部分，进而刺激相关行业扩大生产规模。这是促进经济增长的一个重要渠道或手段。另一方面，投资的供给效应表现为投资项目建成后投入使用，为社会增加了各类物质基础，进而能够为社会生产各部门提供新的生产要素，最终体现为社会劳动产品的增加。而这就成为国民经济供给总量中的重要一部分，这对于经济增长也有积极的作用。

投资的项目或形式包括固定资产投资、存货投资和人力资本投资，其中起最主要作用的是固定资产投资。而在固定资产投资的分类中，房地产投资无疑是最为重要的一类投资方式。房地产投资对于稳定和促进经济增长将通过一系列多元化的渠道而形成：支柱性产业的贡献、产业拉动和辐射的作用、对住房消费的刺激、财政金融的收益效应、城乡和区域经济的发展效应等。当然最主要的或者最核心的影响作用，则是通过支柱性产业的贡献来实现的。

我们以中国 GDP 规模、全社会固定资产投资、房地产开发企业投资额、房地产开发住宅投资额等四个指标来进行分析，进而研究房地产投资对宏观经济和国民经济的刺激作用。当然在这里，对房地产开发企业投资额的概念需要进行界定。这个概念实际上是指房地产开发企业本年完成的投资额，指报告期内完成的全部用于房屋建设工程、土地开发工程的投资额以及公益性建筑和土地购置费等的投资。该指标是按照形象进度原则统计累计数据。[①]

2000 年以来是中国住房市场化全面推行的时期，我们主要考察 2000—2015 年间的相关数据。从表 7.1 可以看出，房地产开发投资对 GDP 的贡献度总体上是在上升的。比如在 2000 年，房地产开发投资额占 GDP 比重为 5%，但到了 2015 年则上升为 14% 左右的水平。同时，房地产开发投资和固定资产投资的关系也比较密切，在 2000 年房地产开发投资额占固定资产投资额的比重为 15%，而到了 2015 年则上升为 17%。需要注意的是，此类房地产投资指标值的上升，很大程度上是由住宅投资引起的。观察 2000—2015 年的数据，每一年住宅投资占房地产投资的比重都保持在 70% 左右的水平。出现这样一个高且稳定的水平，和中国住宅市场需求旺盛、发展空间较好等因素是有关系的。

除了通过支柱性产业地位的渠道外，房地产投资对于经济增长的刺激作用还有其他一些渠道。比如说，房地产投资将直接刺激土地出让、住房销售等层面的内容，而这些环节都和房地产相关税费的征收密切相关。换言之，一个较为强劲的房地产投资市场，能够衍生出一个较有活力的房地产税费市场。这对于经济增长自然是有积极意义的。

在房地产发展过程中，最重要的"五税"包括房产税、契税、土地增值税、耕地占有税、城镇土地使用税。2014 年，五类房地产税收总和占地方财政收入的比重为 18.2%，比 2013 年上升 0.4 个百分点，接近 2001 年的 3 倍，比重创历史新高。2001—2014 年，年均涨幅接近 2.2 个百分点。[②]这说明房地产类税

---

① 国家统计局：http://www.stats.gov.cn/tjsj/zxfb/201512/t20151212_1288853.html。

② 数据来自易居研究院《2014 年土地财政略有弱化，财税体制亟需改革》，2015 年 3 月。

表7.1 房地产投资和经济增长的关系(亿元)

年份	① GDP	② 固定资产投资	③ 房地产开发投资	④ 住宅开发投资	③/①	③/②	④/③
2000	99 776	32 918	4 984	3 312	5%	15%	66%
2001	110 270	37 213	6 344	4 217	6%	17%	66%
2002	121 002	43 500	7 791	5 228	6%	18%	67%
2003	136 565	55 567	10 154	6 777	7%	18%	67%
2004	160 714	70 477	13 158	8 837	8%	19%	67%
2005	185 896	88 774	15 909	10 861	9%	18%	68%
2006	217 657	109 998	19 423	13 638	9%	18%	70%
2007	268 019	137 324	25 289	18 005	9%	18%	71%
2008	316 752	172 828	31 203	22 441	10%	18%	72%
2009	345 629	224 599	36 242	25 614	10%	16%	71%
2010	408 903	251 684	48 259	34 026	12%	19%	71%
2011	484 124	311 485	61 797	44 320	13%	20%	72%
2012	534 123	374 695	71 804	49 374	13%	19%	69%
2013	588 019	446 294	86 013	58 951	15%	19%	69%
2014	636 139	512 021	95 036	64 352	15%	19%	68%
2015	676 708	551 590	95 979	64 595	14%	17%	67%

注:2015年数据为国家统计局初步核算数据。
资料来源:国家统计局。

收在地方税收中起着越来越重要的作用,对地方财政的贡献逐渐加大,对经济增长也有十分明显的拉动。而此类动力最终都和房地产投资密切相关。

因此,在经济新常态和供给侧改革的框架下,研究房地产投资和稳定经济增长之间的关系,显得尤为重要。2016年是全面贯彻落实党的十八届五中全会精神和"十三五"规划的关键之年,也是产业结构调整、资源配置优化和过剩产能削减的关键之年。通过培育一个积极健康的房地产投资市场,为推进房地产市场供给侧改革、激励宏观经济健康可持续发展等创造积极条件。而从更长周期看,中国希望在2020年全面建成小康社会,国民生产总值和城乡居民收入比2010年翻一番。要实现这样一个目标,预计最基本的要求是在未来五年,中国的年均经济增速底线保持在6.5%,为此,培育积极健康的房地产投资市场显得非常有必要。

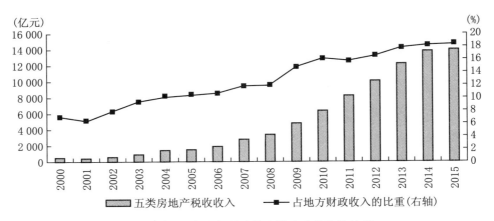

（亿元）

16 000

14 000

12 000

10 000

8 000

6 000

4 000

2 000

（%）

20

18

16

14

12

10

8

6

4

2

0

2000　2001　2002　2003　2004　2005　2006　2007　2008　2009　2010　2011　2012　2013　2014　2015

▭ 五类房地产税收收入　■─ 占地方财政收入的比重(右轴)

注：2015年五类房地产税收收入、占地方财政收入的比重均为估计值。

资料来源：国家统计局、财政部。

图 7.1　房地产"五税"收入占地方本级财政收入比重

7.2　房地产投资的困惑

房地产投资对于中国宏观经济的稳增长、调结构等发挥了积极且可持续的作用。但对于近两年房地产投资的数据而言，增速放缓显然构成了一种新的风险或忧虑。如果不对房地产投资进行新的思考和问题的解决，那么有可能会破坏房地产投资助推经济增长的机制或关系。所以剖析房地产投资的困惑，将是重构此类作用机制的前提。

7.2.1　投资增速趋于放缓

观察 2008 年以来全国房地产开发投资增速的数据，能够看出，2008 年受金融危机的影响，房地产市场受到较大的冲击。在 2008 年初投资增幅高达33％，而到了 2009 年初则下跌到 1％的水平。当然，2009 年在"四万亿"投资的刺激下，房地产开发投资增速快速拉升，并在 2010 年 5 月到达历史高位，为38％。随后几年则在高位水平上趋于总体下滑的态势。

市场参与者关于房地产投资的忧虑，在 2014 年开始加重，即对 2014 年以来投资增速持续放缓的态势保持警惕态度。从图 7.2 可以看出，房地产行业的投资模式确实在发生变化。随着增幅的持续收窄，2015 年 3 月房地产开发投资增速正式跌出两位数水平,到了 2015 年底则基本上回落到了 2008 年末的水平。

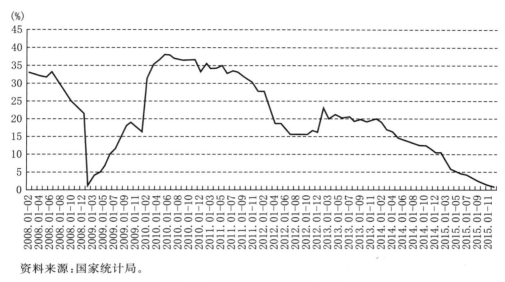

资料来源:国家统计局。

图 7.2　中国房地产开发投资增速

当然,近两年的回落和 2008 年所处的经济环境是完全不同的。2008 年受经济危机和金融危机的冲击较大,所以下降的模式呈现了急促式的特征。而 2014—2015 年的下降,总体要趋于缓和,属于有条不紊的下滑模式。而且从趋势判断看,此类下滑过程总体处于筑底状态。

投资增速持续放缓引起市场躁动,并加重了市场参与主体对房地产投资的各类猜疑,部分悲观者对中国宏观经济未来健康发展增添了忧虑。尤其是在 2015 年经济下行压力增大的时候,投资增速放缓被认为是房企厌恶投资的具体表现,进而影响了投资环境的改善。从实际经济数据看,房地产开发投资和固定资产投资增速双双下滑的背景下,宏观经济的发展确实受到了牵连。因此,在经济促增长、调结构的背景下,房地产投资的重要性再次凸显出来。为有效实现经济增长目标,房地产投资应该发挥经济增长的稳定器功能。对于房企来说,则需要加大力度去库存,促使投资端回归平稳。当然,当务之急在于探寻房地产投资增速放缓的原因。

7.2.2 投资增速放缓的原因

近两年房地产投资增速为什么会放缓？是一种不可避免的形态还是后续仍有重新修正的可能？增速放缓释放了什么样的信号？对于此类问题的回答，大致可以通过以下几方面来进行。

第一，这是经济新常态模式下的必然表现。中国经济新常态的特征，主要体现为三点：从高增长模式到中高速模式的转变，绝对短缺时代的消逝，行业波动成为行业基本特征。过去房地产开发投资指标持续在高位运行，和房地产市场粗放型的经营模式、土地市场相对激进的出让政策、房企盲目而非理性的投资思路有关。过去房地产开发投资的高位运行，也和房企数量不断增加、房企新开工和竣工规模持续扩大等市场表现有关。随着房地产市场竞争格局的转变、商业模式的转变，房地产投资开始从粗放型模式转变为集约型模式，房企投资也正不断趋于理性。因此，房地产开发投资指标从高增长模式回落到中高速增长模式，实际上正是新常态模式在房地产市场上的具体表现。而且通过增速的放缓，有利于房企在新一轮经济改革中调整节奏、转变经营方式。

第二，这和房企积极去库存、行业积极去产能的动作有关。2014年，中国楼市经历了2013年的亢奋期后，出现了新一轮降价潮。包括杭州等城市的房价出现了幅度较大的下滑，引起了市场的恐慌，市场预期随之发生变化。反映在供应指标上，房地产投资节奏开始放缓。在全国房地产开发景气指数①下滑的情况下，房企把重心放在了去库存方面，尤其寄托于降价的做法来积极做销售和回笼资金。因此从房地产开发景气指数和房地产投资增幅的曲线看，基本上是同步的，反映了房企投资信心的不足。从行业发展的视角看，则体现为房地产行业挤压库存泡沫、积极消化过剩产能的做法。另外，在本轮房地产周期波动的过程中，很多房企虽然也希望瞄准新的时机，在特定区域和时间点进行投资，但碍于过去既有的库存规模，所以整个开发投资是受到遏制的。大

---

① 根据国家统计局的定义，全国房地产开发景气指数遵循经济周期波动的理论，以景气循环理论与景气循环分析方法为依据，运用时间序列、多元统计、计量经济分析方法，以房地产开发投资为基准指标，选取了房地产投资、资金、面积、销售有关指标，剔除季节因素和随机因素的影响，采用增长率循环方法编制而成。国房景气指数选择2000年为基年，将其增长水平定为100。通常情况下，国房景气指数100点是最合适的水平，95至105点之间为适度水平，95以下为较低水平，105以上为偏高水平。

规模的土地储备也无形中增加了房企潜在的资金成本。相比过去盲目囤地而无太大风险的情况,目前市场对房企盲目投资的宽容度是在下降的,所以房企自身需要通过放缓投资节奏等做法来应对市场降温风险。

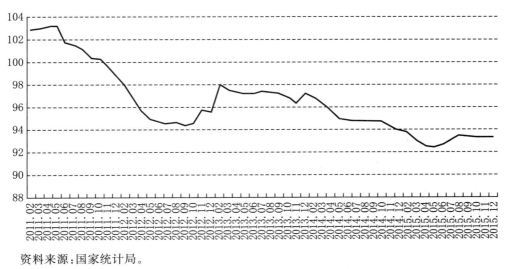

资料来源:国家统计局。

图 7.3　中国房地产开发景气指数

第三,盈利空间的收窄,倒逼房企转变投资方向,放弃传统投资领域。随着房地产行业的不断发展和成熟,房地产领域高暴利的模式开始消逝,取而代之的是房地产薄利模式。部分房企为了保持一个可持续的增长模式,主动转型,积极探寻新的业务模式。无论是中小房企还是大型房企,实际上都在此类领域有所拓展。以恒大地产为例,2015 年 3 月,恒大地产公布了健康产业的首个项目计划,即在海南打造高端美容整形医院及相关产业,这也是恒大地产在涉足矿泉水、粮油、畜牧业之后的又一次多元化尝试。对于恒大地产来说,相对于房地产行业持续收窄的利润水平,整形美容行业是公认的收益高、利润高的行业,所以此类转型背后的指向很明确,即通过涉足新的行业,进而获取更高的盈利水平。当然,对于部分房企来说,受专业度等限制,并不会轻易尝试多元化战略,而会选择轻资产的模式。比如说目前部分房企尝试“地产、金融、战略投资”的商业模式后,在传统土地储备和土地开发等方面放缓了节奏,而通过企业品牌效应的发挥和资本运作能力的施展,在地产金融业务方面发力,较好地实施了轻资产业务。

7.2.3 投资结构问题更突出

供给侧改革的思路并不在于简单地刺激投资规模,而在于充分调整投资因素背后的结构问题。这和目前经济结构转型的大方向是有关系的。实际上从近几年新常态经济模式的探索过程就能够看出来,简单刺激投资规模的增加,并不能真正促进经济转型和质量的提高,唯有对投资背后的结构进行优化,才能真正发挥各类投资要素的优化配置,进而利好投资和经济的转型。观察近几年房地产投资的历程,有以下几方面的投资问题是需要重视的。

第一,房企投资和经营的成本过高。包括土地在内的投资和经营成本过高,一定程度上会缩小房企的盈利空间,进而阻碍房企投资的积极性。毕竟在一个高成本的开发模式下,房企自身项目和产品的竞争力会下滑。投资背后的成本结构问题,在近几年有一个比较突出的反映,这可以从土地成本占房屋销售价格的比重指标看出来。根据国家统计局的数据,2015 年全国房地产开发企业土地购置均价占商品房销售均价的 49%,处于 2011 年以来历史同期的最高水平。从此类数据可以看出,房企的利润空间正不断被土地成本所侵蚀,这也是后续房地产投资过程中迫切需要解决的问题之一。否则因为此类成本问题,很多房企的投资积极性会快速削弱。

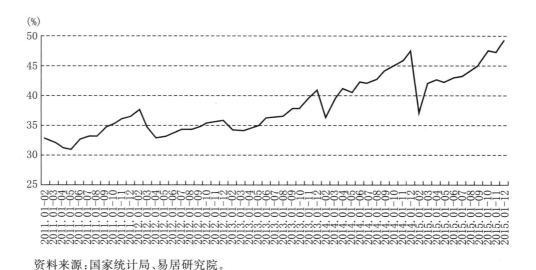

资料来源:国家统计局、易居研究院。

图 7.4 土地购置均价占商品房销售均价比重走势

178

第二,投资策略注重总量供应,而忽视多样化和个性化的消费需求匹配。从实际情况看,很多房企对于传统物业的投资有较为成熟的经验,对于此类物业的投资也比较得心应手。但随着消费习惯的转变,以及多元化市场需求的转变,房地产投资的总量供应模式实际上是一种比较落后的策略。千篇一律的住宅物业开发模式,和目前住房需求呈现个性化、多元化的特征是相抵触的。对于房企来说,也需要不断提高差异化竞争的能力,而产品的多元化开发模式是一个最基本的策略。自然而然地,对于房企来说,优化投资结构、丰富产品业态、吻合市场新需求,是供给侧机构性改革思路下的具体体现。比如说,针对后续改善型购房者的市场需求,积极在户型结构、室内布局等方面进行创新,显然是让投资价值最大化的重要基础或体现。

第三,投资策略背后的区域市场分化问题严重。在目前国家提倡积极去库存的大背景下,投资的区域市场分化特征需要引起重视。之所以作这样一个判断,和目前一二线、三四线城市背后的土地投资规模形成较大差异是有关的。2015年在楼市宽松政策的刺激下,一二线城市的去库存状况总体较好,市场基本面得以快速改善。但一个新的问题是,随着一二线城市去库存周期的持续收窄,补库存的节奏其实远远没有跟进。部分大城市甚至出现了库存不足的风险,进而催生了房价的快速上涨。反过来,三四线城市的去库存压力总体较大,过去较为激进的土地供应政策,依然形成了相对周期较长的负面影响。部分无效库存甚至恶化了城市的投资环境或投资形象。

这里以全国35个大中城市[①]的去库存周期为例进行分析。2015年12月,一、二、三线35个城市新建商品住宅存销比[②]分别为8.8、11.6和19.0个月。从经验值看,一般14个月以下的去库存周期总体是安全的,或者说是健康的。对比来看,三线城市的去库存周期是相对较高的,超过18个月的水平。此类现象一方面是过去相对激进且缺乏节制的供地政策引起的,另一方面则是各类投资资金非理性充斥楼市的结果。此类投资的背后,实际上是较大的

---

① 35个城市按一二三线城市划分如下。一线城市:北京、上海、广州、深圳。二线城市:长春、沈阳、天津、太原、济南、青岛、南京、苏州、杭州、宁波、合肥、南昌、长沙、福州、厦门、贵阳、南宁、西安、兰州、西宁。三线城市:淮南、马鞍山、济宁、烟台、常州、南通、温州、九江、荆门、茂名、北海。

② 存销比=当月新建商品住宅库存面积/近六个月新建商品住宅成交面积平均值。

金融风险和社会风险,比如"烂尾楼"现象、"空城"现象等,最后都会引起对房地产投资结构的质疑。

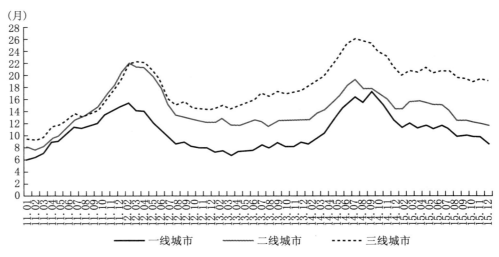

资料来源:易居研究院。

图 7.5 一二三线 35 个城市新建商品住宅去库存周期

7.3 培育新常态特征的投资市场

房地产投资对宏观经济发展和相关产业发展的贡献力度较大。在房地产投资相对低迷且受到各类质疑的情况下,培育健康可持续的房地产投资市场,既是房地产新常态发展模式的重要组成部分,同时也和目前供给侧改革思路是高度吻合的。当然,在培育具备新常态特征的投资市场的过程中,必须在去库存、维持一定幅度的增长、积极调整结构等方面进行策略调整。

7.3.1 积极去库存是前提

培育和发展房地产投资市场,并不意味要单纯通过各类刺激政策去增加供给量。恰恰相反,对于中国房地产市场而言,在库存压力较大的情况下,必须通过积极去库存和去产能的方式,为投资需求的释放开辟新空间。否则若库存规模过大,那么对于房企来说,去库存的意义就会被削弱。或者说,库存本身就是一种无效的投资结果,所以治理投资问题就不能绕开去库存的问题。

从全国商品房库存规模（待售面积）来看，近 20 年来，除了 2004 年和 2007 年有所下滑外，其他年份皆为增长态势。从 2011 年开始库存加快增长，到了 2015 年继续呈现明显增长，2015 年末全国商品房待售面积为 71 853 万平方米，较 2014 年增长 15.6%。

除了待售面积绝对规模的增长外，衡量库存压力还有另一个指标，或者可以通过公式"待售面积/销售面积"来计算。其中，待售面积来自国家统计局数据，主要是指现房可售面积；而销售面积是指当年商品房的销售面积。在计算 2015 年"待售面积/销售面积"时，"待售面积"取自 2015 年 12 月末的待售面积，而"销售面积"则是 2015 年全年的销售面积。通过对 1995—2015 年相关数据的计算，可以看出，全国商品房去化周期在 1997—2007 年持续缩短，说明市场趋强；而在 2011 年开始持续延长，说明市场趋弱。2015 年去化周期为 0.56 年，高于 2014 年的 0.52 年，说明去库存的压力在增加。

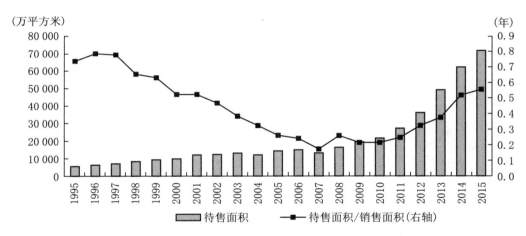

资料来源：国家统计局；易居研究院。

图 7.6 全国商品房待售面积及去化速度

积极去库存是投资开辟新市场、新需求的前提所在。当前全国房地产库存处于历史高位，积累了较大的经济、金融和社会风险。后续要促使投资节奏的加快，就需要各地政府出台各类积极有效的政策。比如说要鼓励房企积极降价，引导房企走高周转和滚动开发的道路、积极做精准营销等，只有这样，房企的去库存效果才会得到明显体现，并且在这个过程中也才能促使房企有更大精力和动力去进行新一轮投资。

7.3.2 稳增长路径的探索是关键

让投资指标保持一个平稳健康的发展状态,对于稳定市场预期、有节奏地供应房地产产品等有积极作用。2015 年 12 月,全国房地产开发投资同比增幅跌至 1.0%,某种程度上已经引起了行业的焦虑。当然,对于目前这样一个增速,总体上应该认为正步入筑底过程,后续增幅继续拉升的可能性还是较大。这也体现了房地产投资稳增长的运行模式。

上海易居房地产研究院在 2015 年 12 月发布的《2015—2016 年全国房地产市场年报》中分析认为:2016 年全国房地产投资增速企稳反弹,但幅度有限,预计全年同比增幅为 4% 左右。主要原因:一是经济由高速增长过渡到中高速增长,固定资产投资增幅持续下滑,房地产开发投资增速也受到一定程度制约;二是预计 2016 年土地购置面积稳步增长,新开工量保持平稳,从而带来开发投资同比小幅增长;三是 2015 年土地购置面积及新开工量大幅下滑,将影响到 2016 年的施工量,进而影响开发投资的增速,所以不会显著反弹。

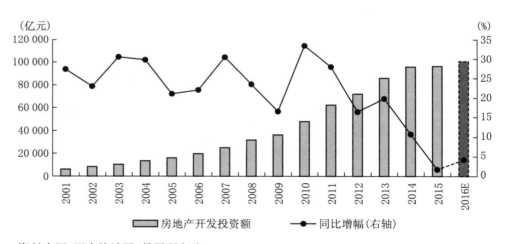

资料来源:国家统计局;易居研究院。

图 7.7　2016 年全国房地产开发企业投资完成额及增幅预测

当然从研究机构看,一些相对保守的观点也存在。比如说,平安证券就认为,由于新开工及土地购置下行,预计 2016 年行业投资增速有进一步下行压力,仍将拖累经济。①当然无论后续市场判断如何,对待后续投资的思路,总体上是希望其步入一个相对稳定的格局。在这样一个投资趋稳的过程中,也应该采取各类措施降低房企投资成本、激发房企投资情绪。

7.3.3 调结构的思路应清晰

供给侧结构性改革的思路,在房地产投资领域,体现为投资结构的调整。只有不断优化投资结构、积极开拓新的投资市场,才有可能振奋新一轮房地产投资情绪,而这也是后续宏观经济调整结构的前提所在。针对目前行业热点和房企转型的实际,建议在创客空间打造、城市运营、社区运营、农村房地产市场发展等层面积极尝试。

在创客空间的打造方面,应该积极和国家创业精神及相关政策进行配合,通过出让成本更低、利用机制灵活的土地,进而为科创中心和相关园区平台的开发提供更多基础或创造条件。此类投资背后,也需要各类灵活且富有激励性的配套政策做支持。并且,需要在这样一个过程中积极培育或孵化出相关企业。

在城市运营方面,应该主动探寻城市可持续发展的基本路径,积极探寻新的产业机遇点。对于海绵城市建设、地下管廊建设、智慧城市建设等城市运营概念,实际上都会有较大的市场需求和政策扶持。通过对此类业务进行投资,对于城市经济而言将有较大的推动作用,并且能够快速改变城市投资的硬件设施。

在社区增值服务方面,应该转变过去一次性投资房屋和销售房屋的做法,而是通过社区增值服务的投资策略,积极开拓可持续、有更大盈利空间的新业务。这样一类投资模式,在很大程度上能够吻合消费结构和市场趋势,对于房企寻找新的盈利增长点、鼓励房企开拓视野等都有积极作用。

而在农村房地产市场发展方面,后续应该将其视为房企投资的新空间和新机遇。过去房企投资很大程度上是集中在城市中的,而忽略了农村房地产投资的需求。但实际上,随着新型城镇化进程的推进,以及农村房地产市场消

---

① 平安证券:《地产行业年度猜新猜心系列报告之2016年地产行业十大畅想》,2015年12月30日。

费与投资需求的释放,积极投资农村房地产市场,对于平衡城乡经济结构、为农村经济寻找到新的增长点等都有积极作用。

7.4 投资主体的创新是重要保障

要真正让房地产投资为经济增长做贡献,一个重要的保障是鼓励投资主体积极创新。通过鼓励房企积极创新,促使房企各类投资要素得到整合,实现投资价值最大化,对于经济活力的积极释放具有直接或间接的作用。如果从生产函数的角度看,培育创新机制,相当于为生产函数增添一类新的自变量,即创新驱动力。此类生产函数的修正,对于房企投资活力的获取或扩大有积极而明显的作用。改进或调整房企投资曲线,将成为稳定经济增长的重要环节。

同时,从中央政策文件和精神来看,中央经济工作会议将供给侧改革定为2016年经济工作的重要任务或者组成部分,加强扶持创新型实体经济的“供给侧改革”,加速坏企业的出清,降低好企业的成本,是此类改革过程需要达到的目标。对于房企来说,通过自我创新的途径,能够有效增强投资能力、改进投资效率,进而为所处行业或城市的经济发展提供新动力。此类创新应该包括公司所有制改革、商业模式创新、技术创新等内容。

7.4.1 所有制改革

房企投资决策的制定、决策思路的改变、决策方式的效率变化,都和其背后的制度特征密切相关。而在各类制度中,公司所有制的变动是非常重要的因素。若处于约束少、效率高的所有制环境中,房企的投资策略总体上会富有进取心,进而在投资层面会有较好表现。而处于相对僵硬、效率低下的所有制环境中,房企的投资策略或表现为中规中矩且缺乏进取心的特征。实际上,从最近20多年房企投资策略的分化状态看,部分国有背景的房企之所以难以做大规模,就在于其背后所有制改革的节奏是比较慢的,所以在土地储备、项目投资等方面,相比民营类型的房企,其实是缺乏效率的。

因此,要改变部分国有背景房企的投资效率,加快此类企业所有制改革进程是最基本的路径。自党的十八届三中全会吹响国企改革的号角以来,中央及各地政府相继出台了众多国企改革方案,部分国企亦先行试点改革方案。国企改革是培育和释放市场活力、优化资源配置的重要举措,将继续贯穿"十三五"时期。反映在房地产市场领域,也会有类似的逻辑,必须将此类内容和释放投资活力紧密结合在一起。

当然,从实际案例看,包括中建系、保利系、招商系等国企背景的房企,已经积极在企业内部资源重组、机构投资资金导入、公司组织架构调整等方面有新动作,符合目前国企所有制改革的试点精神。当然,受改革背后经济利益的羁绊,在国有类型房企的创新方面,部分房企的改革节奏依然迟缓,改革无成效,后续应该继续出台富有实质性的、有变革意义的各类政策。2016 年作为"十三五"开局之年,在鼓励国有类型房企制度改革、鞭策其改变投资策略等方面,预计会有新的政策配套出台,同时也会出现新的优秀企业案例。总体上看,让此类国有资本和社会资本紧密结合,培育出一套富有效率和执行力的投资体系,是供给侧改革思路下值得探索的内容。

7.4.2 商业模式创新

商业模式创新,通过各类商业策略的调整,能够让房企在投资过程中具备更高效率的资源整合能力。房企投资作为经济人行为,需要综合考虑背后的现金流模式。过去房企商业模式和投资模式的确立,很大程度上是受商品房预售制度的影响,进而形成了一套相对固定的操盘或投资模式。但随着房地产金融市场和制度的不断变革,新的商业模式在不断出现,这对于房企现金流模式的改变,以及商业模式的快速调整,都有积极意义。比如包括购租并举模式、资产证券化模式等创新,就为房企转变现金流模式、改变投资策略等提供了较好的条件。

购租并举市场的发展,将成为后续中国住房制度改革的重要体现。从现有的模式看,房企投资主要集中在一级市场和二级市场上,即土地出让市场和一手房销售市场。而在 2015 年 12 月中央经济工作会议的精神指导下,后续房地产市场将鼓励培育购租并举的市场。对于目前房企来说,这也意味着后续将形成房地产第四级市场(二手住宅销售或租赁市场为三级市场,但主要和房东的策略有较大关联,和房企本身的直接关联是不大的)。对于此类房企来说，后续围绕新市场、搭建新模式，成为策略调整下必须经历的内容。比如说，若要真正打通购房和租赁市场的通道，那么部分房企去库存的压力就会得到较大释放。通过租赁形式能够快速去库存，而资金快速回笼则利好房地产投资节奏的加快。通过建立"购租并举模式的建立——房企商业模式的创新——投资节奏的加快"的传导机制，能够真正提振房企的投资情绪。

另一种商业模式的创新，则和资产证券化的思路有关。2015年房企资产证券化的节奏在加快，源于国家层面给予了较好的支持和指导。资产证券化商业模式的确立，将成为目前房企加快存量资产变现、加快现金流回收、改变经营思路的重要途径。部分房企已经针对房贷收入、应收账款、物业费收入、租金收入等资产类项目进行创新，对此类资产进行打包、证券发行等，以求较好较快地对此类未来潜在收入进行变现。而一旦完成了资金回笼的过程，那么此类房企就有更充裕的资金进行新一轮投资。这对于房企加快投资节奏、实现高周转的投资模式将是富有激励效应的。

7.4.3 技术创新

技术创新应该成为房企变革投资模式、创新思维的重要手段。通过技术创新，能够促使房企更高效地利用企业资源，提高产品研发和市场营销的效率。这也是一种加快现金流回收的模式。从房企投资的角度看，未来技术创新应该是企业增强竞争力的重要手段。一个有意识去积极进行技术变革的房企，在投资领域也势必会保持较好的活跃度。在技术创新领域，包括容积率的改变、住宅工业化的尝试等，都成为目前房企降低投资成本、提高投资效率的重要途径。

之所以要考虑对房地产土地项目容积率的调整或调高，和部分房企拿地成本过高、投资厌恶情绪滋生的特征是有关系的。而且从后续土地市场的改革节奏看，集约节约型用地模式将成为主导。房企若要形成一波更大规模的投资，靠简单的土地扩张模式并不可持续。而通过土地项目容积率的提升，能够实现土地开发价值的最大化。对于房企来说，尝试此类技术调整策略，在投资成本相对固定的情况下，能够快速提升房企销售业绩或经营业绩。房企若适应此类技术变革，那么在新项目拓展和开发方面就会具备更大的活跃度。

住宅工业化或住宅产业化的技术变革,也将成为房企提升生产效率的重要渠道。住宅产业的概念和内容决定了住宅产业化的研究范围。对于住宅产业的理解,目前提法较多但争论较少,一般将其定义为以生产和经营住宅为最终产品的产业,包括住宅的规划和设计,住宅部品、构件的研发和生产,住宅的建造以及住宅的经营、维修、管理和服务等内容(刘美霞、刘晓,2010)。通过住宅产业化的技术尝试,能够鼓励房企用流水线的思维、产品组合的模式来进行房地产项目的生产。此类技术创新,若能够在房地产各领域进行全方位推广,那么对于改变房地产项目的生产方式、提高生产效率等将有积极的促进作用。目前包括万科在内的部分房企,在此类技术的运用上相对成熟。后续应该鼓励其他房企积极尝试此类新的项目生产技术。

7.5 构建"稳投资"到"稳增长"的传导机制

房企层面的各类创新,无论形式如何,本质上都是在改变生产或投资函数。这是促使投资规模提升或投资结构改善的重要方式。但需要意识到一点,仅仅是投资层面的变革是远远不够的,或者说只完成了一半任务。只有搭建一个"稳投资"到"稳增长"的传导机制,才能真正把房地产市场的投资正能量传导到宏观经济的运行过程中,进而利好经济下行压力的释放,以及稳定或刺激经济增长。

7.5.1 有序把控房地产投资节奏

从房地产稳投资到宏观经济稳增长的跳跃,需要建立在政府有能力把控房地产投资节奏的前提基础上。在 2015 年 12 月中央经济工作会议上,明确"要取消过时的限制性措施"。虽然该表述并没有特指具体内容,但从实际情况看,应该就是针对房企未来投资层面的各类政策调整。这也利好政府层面对房企投资节奏的把控。

相关政策调整此前也已经有很多。国家层面看,比如在 2015 年 9 月国务院发布的《关于调整和完善固定资产投资项目资本金制度的通知》中,就对房地产开发项目资本金的要求进行了规定:保障性住房和普通商品住房项目维持 20％不变,其他项目由 30％调整为 25％。此类政策使得非普通商品住房的投资门槛降低,从侧面也反映了政府在有意识地调整投资结构。

地方层面的政策也有很多。2015 年 12 月,北京市发布了《关于加强本市商品房预售资金使用管理的通知》。该通知明确,在保证预售资金用于工程建设的前提下,商品房预售项目网上签约面积不足该预售许可证许可面积的一半时,房地产开发企业可自行支取专用账户内的资金用于工程建设。

把控房地产市场的投资节奏,也可以通过土地市场的改革来进行。考虑到目前房企土地扩张的财务压力在增加,所以应该鼓励房企积极通过其他方式进入土地市场,包括:参与旧改和进行土地一二级市场的联动开发,通过并购其他房企项目来间接获取土地储备,通过轻资产模式让合作方来承担拿地成本等。同时,在改变土地出让的用地性质、鼓励土地进行转性、培育土地市场全生命周期管理模式等政策上,都能够充分调动房企的投资积极性。各级政府有意识地把控房企投资节奏,是促使房地产业和其他产业联动发展的重要前提。

7.5.2 搭建各产业之间的沟通机制

宏观经济这盘棋要盘活,仅仅靠房地产市场的投资拉动显然是不完备的,甚至是有风险的。只有各个产业部门协调运作、信息沟通,才能够真正传递源于投资层面的各类信息,并为稳定经济增长提供各类保障。

比如说,从目前国民经济固定资产投资的层面看,房地产投资和基础设施投资是其中两个较为重要的板块。过去两个领域的投资总体是孤立运行的,是分割作战的模式。后续则需要建立一个更为密切、步调一致的联系机制。比如在城市开发方面,相应产业运行部门、监管部门都应该积极进行协调。只有这样,相应的投资项目才会更贴近市场需求。在当前新常态经济模式的探索过程中,最缺失的就是多个产业协调的能力。

快速建立投资领域的预警机制,可以为宏观经济相关部门打好预防针。房地产投资的影响面较大,一旦此类指标发生变动,非房地产领域的指标也会随之发生大波动。比如说,房企投资萎缩后,钢材市场、电梯行业等生产销售就会受到较大的冲击。这其实就反映了房地产投资下滑后,其他产业部门的应对能力是非常脆弱的,自然地,这也会干扰宏观经济的稳定运行。后续的对策思路是清晰的,即需要建立房地产投资领域的预警机制,通过数据监测和风险评估,为其他产业发展提供预警信息,这也有利于其他产业快速调整投资策略,进而熨平宏观经济的波动。此类预警机制的建立,需要具备动态、可持续和长效的特征。

在传统房地产投资概念逐渐模糊化的背景下,房地产业和其他产业的结合在不断加强。比如目前很多房企在积极尝试"房地产+"的创新和变革,这样一个环节的打造,其实是需要多个产业部门进行协调的。而根据很多房企的创新经历看,由于缺乏多产业的协调,最后发现创新的成本会非常高。相关政府管理部门需要进行各产业之间的协调,找准行业痛点,通过给予相应的政策优惠,促进房地产业和其他产业的发展具备协调性和匹配性。在这样一个模式下,房企过剩产能的导出,恰好能够构成其他产业快速发展的新动力。经济稳增长也将具备更坚实的产业基础。

7.5.3　国民经济关联产业的改革应融为一体

过去在产业政策的制定方面,各个产业的改革其实是孤立运行的。而宏观经济的全面健康发展,需要有一个组合拳出击的模式,并真正把各个产业的改革融为一体。

比如在 2015 年降准降息政策的实施方面,就已经有一个较好的思路。通过定向降准的做法,实际上为各个产业的发展提供了有差异化的扶持政策,这是国家积极发展实体经济、适当规范虚拟经济的重要体现。对于处于转型期的房企来说,受此类政策的引导,将主动调整投资方向、改变投资策略,比如积极参与农村市场。这样一来,房地产业和其他非房产业的发展就能够有较好的结合,相应政策也发挥了一石二鸟的积极作用。

将国民经济多个产业的改革融为一体,实际上还有很多类似可供借鉴的案例。比如,在 2014 被称为保险新"国十条"的《国务院关于加快发展现代保险服务业的若干意见》中,就对险资投资不动产政策进行了放宽。实际上,此类政策较好地把金融改革和房地产市场发展进行了结合,对于这两个产业的发展将有积极的作用。从房地产角度看,投资层面获得了更广泛的资金。从保险行业来看,也能够和房地产业合作形成更大的接触面。若其他产业和房地产业也能够具备这样一个效应,那么整个产业经济就能够全面盘活。

后续在新常态经济模式和供给侧改革的思路下,必须具备视野更宽阔的政府治理模式。要真正让房地产投资成为实体经济发展的重要基石,而非虚拟经济框架下自娱自乐的模式。对房地产投资,应该是不孤立、不盲目崇拜、不一惊一乍的态度,同时应该有明确提振、鼓励和其他产业相结合的思路。唯有这样,才能真正发挥房地产业在宏观经济中的内核作用,这也将利好国民经济稳增长、促改革、调结构、惠民生、防风险目标的实现。

7.6 本章小结

本章通过围绕新常态下房地产投资和稳增长的关系表述,以及结合产业、企业、政府管理等方面的各层次分析,得出如下几方面的结论:

第一,房地产投资应成为拉动经济增长的重要手段。在宏观经济下行压力增大的背景下,房地产投资的经济引擎作用更应该受到重视。尤其是需要和其他产业发展进行紧密配合,从而为稳定经济增长提供坚定的基础。

第二,投资增速放缓,是挤泡沫和去产能的体现。当前房地产投资增速放缓,实际上是经济结构调整的必然反映,也是国家层面有意而为之的,其积极效应在于挤泡沫和去产能。预计通过此类挤泡沫的做法,能够为2016年甚至更长周期培育出更为健康的投资模式。

第三,投资结构的调整,比总量调整更显重要。房地产市场分化的特征愈加明显,相对应地,投资层面的调整也需要吻合此类分化的特点,更加注重结构调整。通过结构调整,能够为房地产市场的投资创造更大的价值。

第四,从稳投资到稳增长,需要政府积极做协调。房地产业要发挥宏观经济的内核作用,同时也需要和其他产业保持较好的沟通机制。当然,搭建此类沟通的桥梁,应由相关政府通过政策制定和协调等来实现。

8　环保投资与中国经济增长：
供给侧创新与新增长空间

　　进入 2016 年后，中国经济面临着更加严峻的下行压力，国际与国内经济发展环境错综复杂，产业结构正处于深度调整的关键时期。伴随着以美国为主导的跨太平洋伙伴关系协定（TPP）谈判的尘埃落定，中国或将面对被边缘化于 21 世纪新全球贸易协定之外的风险，尽管"一带一路"与"亚投行"的建设为中国的经济发展创造了新的国际空间，但是中东的战云密布与南海的复杂形势均增加了对外经济战略实现的不确定性。同时，2015 年的中国经济增速创下了 6 年来的新低，伴随着宏观经济结构的战略性调整，中高速增长将成为未来一段时期内的常态，中国经济有可能再也回不到过去 30 年的连续高速增长阶段。供给侧改革的启动，也预示着未来 3—5 年将会成为中国传统行业最为艰困的寒冬。一方面，需要看到改革的重点还是在于实体经济，无论是美国的"再工业化"，德国的"工业 4.0"，还是中国的"中国制造 2025"计划，均将下一轮经济增长的重心放到了抢占制定未来工业标准的主导权之争上；另一方面，要切实改变旧有的经济增长方式，解决好经济发展与环境保护的矛盾，培育全新的绿色增长方式，加快中国环保产业的发展，努力使其成为中国新的经济增长点。

8.1　环保投资及环保产业发展的新机遇

　　随着经济发展过程中节能减排压力的日益加大，当前及未来很长一段时期，作为一类新兴的朝阳产业，中国的环保产业将迎来快速发展的良好契机，较高的资本回报率将吸引更多的资本流入相关产业。从国际大环境来看，在过去的十几年间,新兴经济体国家对于全球经济增长作出了重要的贡献,但目前普遍遇到了各自的发展瓶颈,未来发展的动力显得不足,需要发掘新的经济增长潜力。就国内发展形势而言,中国经济进入新常态后,经济增长的质量和效率被赋予了更多的关注和期望,优化经济结构、推行绿色 GDP 已经成为新阶段经济发展转型的客观需要,而促进环保产业发展和增加环保投资,无疑有利于解决能源、环境与经济之间的矛盾,有利于实现节能减排与经济发展的"双赢"。

8.1.1 新兴经济体国家:凛冬将至

在最近的 20 年间,包括金砖国家在内的新兴经济体国家已成为全球经济增长的重要支柱力量,尤其是在 2008 年全球经济危机时期,新兴经济体国家的高速增长对当时的全球经济止衰做出了巨大贡献,提升了国际市场资源配置的整体效率。但是,2010 年以后新兴经济体国家的经济增速也开始持续放缓,并产生了较为明显的外溢效果,拖累了全球经济的复苏,包括中国在内的新兴经济体国家正面临着异常艰困的经济下行环境。

在博鳌亚洲论坛的会议文件《新兴经济体发展 2010 年度报告》中,首次定义了世界新兴经济体的代表性国家(E11)[①],实际上,这些国家过去的经济快速成长主要得益于三方面的原因:一是其自身具有丰富的资源优势,有些国家还可以通过出售资源而获利,最为典型的是沙特和俄罗斯;二是拥有大量国际投资的涌入,推动了其经济增长;三是这些国家自身所具有的广大市场、人口红利和经济活力等优势。这些优势在支撑新兴经济体国家快速发展的背后,也隐藏了较大的风险与不确定性,而在已经过去的 2015 年,国际经济政治局势的变化加快了新兴经济体国家经济衰退的趋势。国际大宗商品的价格波动,尤其是石油价格的持续走低,严重拖累了新兴经济体国家的经济增长。同时,伴随着美联储的持续升息政策,热钱纷纷回流美国,其他经济回暖的发达国家也成为相对于新兴市场更为安全的国际投资理想目标。再加上新兴经济体自身出现的经济周期调整、结构性改革、通胀和债务风险、信贷增长过快等

[①] 具体包括阿根廷、巴西、中国、印度、印度尼西亚、韩国、墨西哥、俄罗斯、沙特、南非和土耳其。

一系列错综复杂的问题,新兴经济体的传统优势变得不再明显,很可能连续第六年出现增长下滑。

根据国际货币基金组织 2015 年 10 月发布的《世界经济展望》的预测,新兴经济体所面临的经济下行风险已经提升,对于多数新兴市场经济体而言,外部条件正变得更加困难。[①]新兴经济体最为艰困的生存环境时期即将到来,而新兴市场之间的经济互补性又非常强,中国经济难以独善其身,需要做好未来一段时期内过苦日子的准备,并尽快完成经济增长方式的转型、实现可持续发展。

8.1.2 中国经济的转型发展:绿色增长

中国经济步入新常态阶段,是中国对于未来发展的一次主动的战略性调整。尽管 2015 年宏观经济整体保持在经济运行的合理区间内,但是经济下行压力已经显现,全年经济增长保持在 6.9％左右,属于近年来新低。新常态的思想释放出了明确的改革信号,过去那种以牺牲资源环境为代价,密集使用资源和依赖简单技术跟随的经济增长方式已经不再适用,中国未来需要走依靠节能环保、科技创新为主要支撑的新型经济发展道路。同时,由于这种转变将会是"常态"的,从而为传统行业的调整升级或盘存退出预留了一定的时间。今后,中国将更加注重资源分配的优先顺序,逐渐释放过剩的产能,加强需求侧管理和供给侧改革,提高全要素生产率,走创新驱动与绿色增长的可持续发展道路。

资源环境约束是中国实现可持续发展的一个关键难题,也是当前中国经济社会发展的突出矛盾和改革重点。为了解决这个问题,亟需提高资源利用效率,加大环保投资的力度。2013 年公布的《国务院关于加快发展节能环保产业的意见》中就已明确提出:"加快发展节能环保产业,拉动投资和消费,形成新的经济增长点,推动产业升级和发展方式转变,促进节能减排和民生改善。"[②]近年来,中国国家领导人在多个重要国际会议和双边会谈中,主动提出自己的节能减排计划和绿色发展之路,彰显出中国应对全球气候变化和走可

---

① http://www.mofcom.gov.cn/article/i/dxfw/gzzd/201510/20151001130292.shtml。

② http://www.gov.cn/zwgk/2013-08/11/content_2464241.htm。

持续发展道路的坚决意志。《"十三五"规划建议》已经确定了"创新、协调、绿色、开放、共享"的发展理念,有学者认为"十三五"规划将是一份典型的绿色发展规划[1]。2016 年作为"十三五"规划的开局之年,政府需要充分落实对于绿色清洁生产的支持,加快推进传统制造业绿色改造,发挥政府的引导作用,扩大节能环保产品的消费市场,提升节能环保产业的投资发展水平。

按照中科院《2015 世界可持续发展年度报告》的估算(见表 8.1),作为全球最大的发展中国家,中国进入可持续发展门槛的时间为 2079 年(距今 63 年),

表 8.1　世界代表性国家实现可持续发展时间表

国家类型	国家名称	人均 GDP	GDP	碳排放	人类发展指数	人均预期寿命	贫困人口比例	实现可持续发展年份
发达国家	美　国	2013	2052	2068	2013	2020	2027	2068
	挪　威	2013	2013	2040	2015	2013	2025	2040
	德　国	2015	2013	2061	2013	2013	2029	2061
	日　本	2054	2047	2069	2018	2013	2030	2069
	澳大利亚	2013	2020	2064	2013	2013	2026	2064
新兴经济体国家	中　国	2027	2032	2076	2079	2050	2036	2079
	墨西哥	2055	2070	2079	2071	2025	2052	2079
	阿根廷	2027	2065	2073	2060	2035	2045	2073
	巴　西	2029	2062	2023	2074	2040	2040	2074
	南　非	2041	2032	2076	2089	2090	2045	2090
发展中国家	印度尼西亚	2036	2070	2010	2086	2065	2043	2086
	伊　朗	2038	2090	2088	2073	2035	2031	2090
	土耳其	2031	2037	2080	2072	2030	2030	2080
	委内瑞拉	2026	2042	2080	2071	2045	2037	2080
	智　利	2026	2067	2085	2053	2015	2020	2085
最不发达国家	尼日利亚	2029	2022	2010	2119	2100	2039	2119
	肯尼亚	2055	2040	2010	2114	2100	2045	2114
	喀麦隆	2121	2045	2010	2117	2100	2042	2121
	莫桑比克	2070	2042	2010	2141	2100	2041	2141
	阿尔及利亚	2037	2118	2068	2080	2095	2041	2118

资料来源:作者根据《2015 世界可持续发展年度报告》数据整理而得。

---

① 胡鞍钢:《"十三五"规划——最典型的绿色发展规划》,《光明日报》2016 年 1 月 8 日。

与其他世界代表性国家相比,属于中等水平。[①]与挪威、德国等许多主要指标已经达到绿色发展门槛的发达国家相比,中国未来走可持续发展道路的任务还很艰巨。

8.2 中国环保投资的现状与潜力

对于环保产业的投资水平,在很大程度上可以反映出中国实施可持续发展的政策力度和执行状况。环保产业投资的内容涉及经济、社会和福利等多个方面,本章选取以下较有代表性的五个方面予以重点论述:水资源管理、垃圾处理、清洁能源、建筑节能和绿色交通。

8.2.1 水资源管理

中国水资源丰富,水系发达,为生产生活提供了有利条件,但也不利于集中管理。有些需要大量用水的企业修建在沿江沿河附近,用水和排污同时进行,严重危害了流域内的水质。近年来,中央和地方纷纷出台各项措施,加大对于水污染的治理力度,取得了一定的成效,但仍存在不少问题,有些监督与管理制度还需要更加进一步完善。

1998 年颁布的《水法》确定了"国家对水资源实行统一管理与分级、分部门管理相结合的制度",该法案确立的执法主体较多,结构较为复杂,使得在一段时期内形成了对城乡水资源、地表和地下水资源的多部门管理局面,不利于水资源的合理开发和综合治理。污染排放存在较强的外部性,有些省份对于沿江沿河的污染排放,可能危害的是下游的省份,这些上游地区出于自身的经济发展利益考量,可能并不会非常积极主动地进行水资源的污染监管,而上级主管部门的监督也不容易到位,致使之后的十几年间水污染问题依旧非常严峻。2002 年新颁布施行的《水法》,建立了流域管理与行政区域管理相结合的水资源管理体制,从一定程度上缓解了水资源使用外部性所导致的以邻为壑的监管不到位问题,但是中央与地方的职责划分仍然不够清晰。同时,由于多

---

① 《世界可持续发展年度报告》研究组:《2015 世界可持续发展年度报告》,科学出版社 2015 年版。

部门统一管理的难度较大,给基层执法部门有效行使监管权力增加了困难。

图 8.1 显示了最近 10 年中国城市排水建设投资的变化情况。2014 年的城市排水建设投资额为 1 196.1 亿元,与 2005 年的 368 亿元相比,增长了 2 倍多。2006 年以后中国的城市排水建设投资快速增长,至 2010 年开始有所回落,而 2012 年以后又呈现出增长趋势。整体来看,中国近 10 年的城市排水建设投资具有较为明显的增长,总量变化显著,但是各年的投资额变化并不稳定,存在一定的起伏。

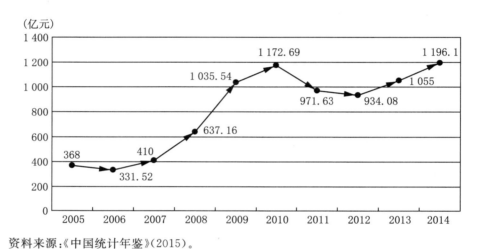

资料来源:《中国统计年鉴》(2015)。

图 8.1　中国城市排水建设投资演变趋势

国务院于 2013 年发布了《国务院办公厅关于印发实行最严格水资源管理制度考核办法的通知》,规定了最严格水资源管理制度目标完成、制度建设和措施落实情况。该考核办法指出,由国务院对各省、自治区、直辖市落实最严格水资源管理制度情况进行考核,由水利部会同发展改革委、工业和信息化部、监察部、财政部、国土资源部、环境保护部、住房城乡建设部、农业部、审计署、统计局等部门组成考核工作组,负责具体考核工作的组织实施。[①]各省、自治区、直辖市应根据国家的五年规划、产业政策,结合自身的经济发展规划,落实最严格水资源管理制度考核办法,尽早实现用水效率控制目标。表 8.2 给出了各省、自治区、直辖市的水质达标控制预期目标。

---

① 　http://www.gov.cn/zwgk/2013-01/06/content_2305762.htm。

表 8.2 各省、自治区、直辖市重要江河湖泊水功能区水质达标率控制目标

地 区	2015	2020	2030	地 区	2015	2020	2030
北 京	50%	77%	95%	湖 北	78%	85%	95%
天 津	27%	61%	95%	湖 南	85%	91%	95%
河 北	55%	75%	95%	广 东	68%	83%	95%
山 西	53%	73%	95%	广 西	86%	90%	95%
内蒙古	52%	71%	95%	海 南	89%	95%	95%
辽 宁	50%	78%	95%	重 庆	78%	85%	95%
吉 林	41%	69%	95%	四 川	77%	83%	95%
黑龙江	38%	70%	95%	贵 州	77%	85%	95%
上 海	53%	78%	95%	云 南	75%	87%	95%
江 苏	62%	82%	95%	西 藏	90%	95%	95%
浙 江	62%	78%	95%	陕 西	69%	82%	95%
安 徽	71%	80%	95%	甘 肃	65%	82%	95%
福 建	81%	88%	95%	青 海	74%	88%	95%
江 西	88%	91%	95%	宁 夏	62%	79%	95%
山 东	59%	78%	95%	新 疆	60%	80%	95%
河 南	56%	75%	95%				

资料来源:《中国环境年鉴》(2014)。

8.2.2 垃圾处理

随着中国经济社会的快速发展,越来越需要加强治理由垃圾废弃物所引起的环境污染问题。通常而言,垃圾的概念范畴包括生活垃圾、工业垃圾、电子垃圾、建筑垃圾、医疗垃圾等。2010 年全国"两会"期间,相关工作报告中就多次提及垃圾处理及其环保投资的内容,这不仅是因为其与居民生活环境和生活质量息息相关,也是因为垃圾处理正成为一个能够带来较为显著社会经济效益的产业。

据统计,中国每年由于垃圾而造成的损失高达 300 亿元,将这些垃圾有效回收利用可创造 2 500 亿元的直接经济效益。"十一五"期间中国固体废弃物治理投资达 2 100 亿元左右,年均增长率达 18.5%。据环境保护部中国环境规划院统计,"十二五"期间中国固体废弃物处理产业规模达到 8 000 亿元,整个环保产业规模则达到 3.1 万亿元左右。[①]

---

① 数据来自中投顾问产业研究中心:《2010—2015 年中国垃圾处理行业调研及投资前景预测报告》,中投顾问出版,2009。

垃圾处理行业的发展具有一定的周期性,根据环保行业知名机构 EBJ(Environment Business Journal)的划分,可将垃圾处理行业的发展分为 4 个阶段(如图 8.2 所示):市场初级发展阶段(起步期)、环保基础设施发展阶段(快速发展期)、加强监管阶段(监管规范期)和成熟稳定阶段(成熟稳定期)。中国尚处于第二阶段,加大垃圾处理行业的投资力度是符合本发展阶段特点的客观需要。

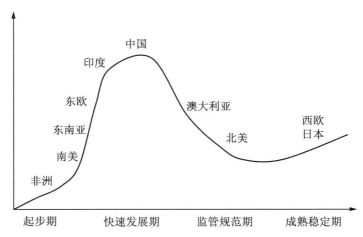

资料来源:EBJ。

图 8.2　垃圾处理行业生命周期图

从图 8.3 中可以看出,中国各省、自治区、直辖市 2013 年的生活垃圾清运量大致呈现出区域化特征,其中长三角地区和中部地区的清运量较多且大致

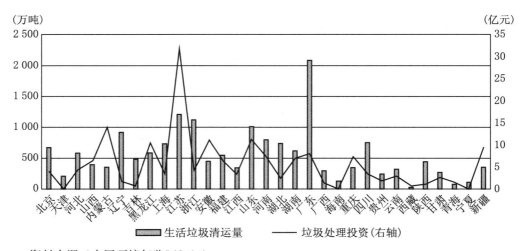

资料来源:《中国环境年鉴》(2014)。

图 8.3　2013 年中国各省、自治区、直辖市生活垃圾清运与垃圾处理投资情况

处于相同的数值水平,环渤海地区次之,西部地区的数值最低。在各省区中,西藏的投资水平最低,而广东则最高。这大体上反映出中国各地区经济发展与垃圾清运量之间的正向关联,也表明中国垃圾处理产业具有很大的发展前景。从各地区的垃圾处理投资额来看,其区域分布并未表现出明显的规律,其中江苏的投资量最大,为 31.79 亿元,大部分地区的垃圾处理投资仍具有较大的上升空间。

根据环境保护部发布的《2014 年全国大、中城市固体废物污染环境防治年报》显示:"2013 年,全国共有 261 个大、中城市向社会发布了固体废物污染环境防治信息,其中环境保护重点城市 60 个,环境保护模范城市 47 个,自愿发布信息城市 154 个。经统计,此次发布信息的大、中城市一般工业固体废物产生量为 238 306.23 万吨,工业危险废物产生量为 2 937.05 万吨,医疗废物产生量约为 54.75 万吨,生活垃圾产生量约为 16 148.81 万吨"①。其中,一般工业固体废物产生量所占比例为 92.57%,构成了城市固体废物污染的主要组成部分,因此也将成为未来城市污染物治理中的重点和主要的环保投资对象。从图 8.4 中可以看出,在 261 个大、中城市的一般工业固体废物产生量中,综合利用量、处置量、倾倒丢弃量和贮存量分别占到利用处置总量的 61.79%、29.86%、0.02%和 8.33%,综合利用仍然是一般工业固体废物的主要处理方式,应当成为环保投资的重点领域。

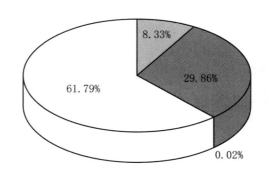

资料来源:《2014 年全国大、中城市固体废物污染环境防治年报》。

图 8.4　2013 年中国大、中城市一般固体废弃物的利用和处置情况

① http://www.cenews.com.cn/xwzx2013/hjyw/201501/t20150105_785992.html.

8.2.3 清洁能源

尽管目前中国的能源消费仍以煤炭、石油、天然气等化石能源为主,但从长远来看低碳清洁能源将成为未来能源消费的增长主力。一方面,中国清洁能源的储量非常丰富,多种清洁能源均具有每年数亿吨标准煤的蓄能潜力,且可以循环利用,投资开发潜力巨大;但另一方面,清洁能源的发展仍然存在不少问题,如清洁能源资源地区分布不均衡、研发成本较高、市场推广难度大、投资回报期较长、存在规模化生产瓶颈、相关法规不够完备等。

1. 风能

陆上风能资源:20 世纪 80 年代中国气象局第二次全国风能资源普查结果显示,中国陆上离地 10 米高度风能资源储量为 32.26 亿千瓦时,2004—2005 年第三次普查结果为 43.5 亿千瓦时。根据联合国环境署的数值模拟评估结果,中国陆上离地 50 米高度(不包括新疆、青海、西藏和台湾地区)风能可开发量约为 14 亿千瓦时[①]。中国陆上风能资源储量丰富,但是投资门槛较高,蓄存相对困难,目前大多由一些实力雄厚的国有能源企业从事投资开发。

海上风能资源:中国海上风能资源储存量也非常丰富,但是开发难度更大,且海上风能资源的不确定性较多,不同的检测机构,如中国气象局、中国科学院及联合国环境署等对其测算的结果差距较大,估测结果显示其存储量在 1—20 亿千瓦时之间。

2. 太阳能

中国太阳能资源分布广泛,按其丰富程度大致可以分为四类(如表 8.3 所示):一是太阳能最丰富的地区,其太阳能辐射量在 1 750 kWh/($m^2 \cdot a$)以上,主要包括西藏、青海、新疆南部、甘肃和内蒙古西部等地区。二是太阳能很丰富的地区,其太阳能辐射量在 1 400—1 750 kWh/($m^2 \cdot a$),主要包括新疆北部、青海和甘肃东部、内蒙古东部、东北和华北、四川西部以及东南沿海等地区。三是太阳能较丰富的地区,其太阳能辐射量在 1 050—1 400 kWh/($m^2 \cdot a$),主要包括四川、广西和贵州的部分地区、汉水流域,以及东南丘陵等地区。四是

[①] 中国可再生能源学会:《中国新能源与可再生能源年鉴 2010》。

太阳能禀赋一般的地区,其太阳能辐射量在 1 050 kWh/(m² · a)以下,这类地区占国土面积较小,如在四川南部的川黔交界地区。尽管中国的太阳能资源尚未得到非常有效的开发和利用,但是重复投资和过度竞争的问题已经出现,这在光伏产业的发展中表现得尤为突出,各省份无论是否具备了良好的市场推广前景,纷纷上马光伏产业,造成了一定程度的资源错配和产能过剩。

表 8.3   中国太阳能资源分区表

名 称	资源符号	指 标	占国土面积比重
最丰富地区	Ⅰ	≥1 750 kWh/(m² · a)	17.4%
很丰富地区	Ⅱ	1 400—1 750 kWh/(m² · a)	42.7%
较丰富地区	Ⅲ	1 050—1 400 kWh/(m² · a)	36.2%
一般地区	Ⅳ	≤1 050 kWh/(m² · a)	3.7%

资料来源:中国农村能源行业协会太阳能热利用专委会。

3. 生物质能

中国生物质能种类多样,包括农作物秸秆、禽畜粪便、林业生物质、工业有机废弃物、城市有机生活垃圾及废弃油脂等。由于中国生物质能源种类较多且较为分散,同时存在市场化结构不健全、产业体系薄弱、不便集中开发等特点,使得生物质能的环保投资和产业发展遇到了一定的困难。但是,通过"十一五"期间的大力建设,中国的生物质能在发电、燃料、燃气等多方面已经得到了广泛的应用,截止到 2010 年,中国的生物质能使用量约为 2400 万吨标准煤。2012 年国家能源局颁布了《生物质能发展"十二五"规划》,详细列举了各项具体生物质能来源的可利用资源量、已利用资源量和剩余可利用资源量(见表 8.4),为更好地开展生物质能的环保投资和产业发展提供了有力的数据支持。

4. 海洋能

中国海洋能资源丰富,包括温差能、潮流能、潮汐能和波浪能等。根据中国可再生能源发展战略研究项目组 2008 年的调研数据显示,在中国各类海洋能资源中,海洋温差能的蕴藏量最丰富,在技术水平可及的情况下,可开发蕴藏量为 13.2—14.8 亿千瓦时;沿海潮流能的可开发蕴藏量次之,为 1.4 亿千瓦时;潮汐能的可开发蕴藏量为 1.1 亿千瓦时;沿海波浪能蕴藏量理论量为

表 8.4　中国生物质能利用潜力(万吨)

资源来源	可利用资源量		已利用资源量		剩余可利用资源量	
	实物量	折合标准煤量	实物量	折合标准煤量	实物量	折合标准煤量
农作物秸秆	34 000	17 000	800	400	33 200	16 600
农产品加工剩余物	6 000	3 000	200	100	5 800	2 900
林业木质剩余物	35 000	20 000	300	170	347 000	19 830
畜禽粪便	84 000	2 800	30 000	1 000	54 000	1 800
城市生活垃圾	7 500	1 200	2 800	500	4 700	700
有机废水	435 000	1 600	2 700	10	432 300	1 590
有机废渣	95 000	400	4 800	20	90 200	380
合　计	—	46 000	—	2 200	—	43 800

资料来源:《生物质能发展"十二五"规划》。

1 285 万千瓦时,以台湾省沿岸为最高,东南沿海省份也比较丰富。[1]

5. 地热能

中国地热资源储量丰富,其较为集中分布于为喜马拉雅山高温地热带,沿带主要省份包括西藏、四川和云南,其中准高原地热蕴藏量为 304 万千瓦时。中国的中低温地热资源储量也很丰富,已发现可利用的地热点有 2 900 多处。地热资源除了可以被用来发电以外,还可以用于农业生产以及温泉医疗等方面,具有较高的投资收益。

截至 2009 年底,中国地热资源直接利用总装机容量达 3 688 兆瓦,居世界第一,而利用常规地暖集中供暖面积达 $3\,020 \times 10^4$ 平方米[2],其中以天津市的地暖投资最大,其地暖面积约占到全国的一半左右,其他城市如北京、大庆、鞍山、郑州、德州等也在积极投资大规模的地暖工程。

6. 水能

中国是水电装机总量全球第一的国家,也是综合利用水能较为成熟的国家。三峡工程的建成,成为全球最大的综合水电枢纽建设工程,南水北调工程极大地缓解了北方缺水地区的居民生活和工业生产问题。近年来,中国对于水能的开发利用投资一直在稳步提升,水力发电量整体上升明显(如图 8.5 所

---

[1]　数据来自中国可再生能源学会:《中国新能源与可再生能源年鉴 2010》。
[2]　数据来自黄立君:《向北欧学习绿色环保产业》,广州出版社 2015 年版。

示)。中央对于水能的投入力度很大,乌东德水电站是"十三五"时期开工建设的首座世界级水电工程,其投资额超过 9 亿元,预示着中国未来将进一步提高清洁能源在能源消费结构中的比重。

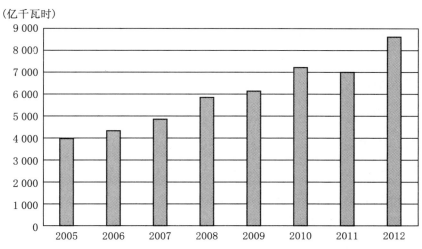

资料来源:《中国统计年鉴》(2015)。

图 8.5 中国近年来水力发电量变化趋势

7. 核能

核能发电一般主要指利用核反应堆中核裂变所释放出的热能进行发电的方式。由于发电过程不产生废气,核电已经成为发展清洁能源的一个重要选项。中国核电发展主要经历了起步阶段、适度发展阶段、积极发展阶段和安全高效发展阶段四个阶段。2013 年,中国商运核电机组额定功率达 14 745.99 兆瓦,截至 2013 年 12 月,中国内地共有 17 台核电机组投入商业运行,分别是浙江秦山核电站一期、浙江秦山核电站二期、浙江秦山核电站三期、广东大亚湾核电站、广东岭澳核电站一期、江苏田湾核电站一期、广东岭澳核电站二期、浙江秦山核电站二期扩建工程、福建宁德核电站 1 号机组及辽宁红沿河核电站 1 号机组,正在建设的核电机组有 30 台。[①]中国已经成为核能发电开发利用的大国,未来也将加大对核能发电行业的投资力度。

8. 氢能

目前,中国氢能的可能来源主要有两个途径:一是利用高炉、焦炉冶炼尾

---

① 资料来自上海市核电办公室,http://www.shhdb.gov.cn/zghd.htm。

气中的副产氢的回收。目前除了宝钢、武钢等部分企业基本实现了零空排以外，多数大型钢铁联合企业还没有采用完全处理废气的技术。二是利用水力发电的剩余能量，以水为原料制氢。理论上讲，中国水资源丰富，氢能的原料是不会衰竭的。氢能是完全清洁的能源，所提供的能值较高，但是技术要求和成本也均较高，尚存在很大的实际应用空间与开发潜力。

8.2.4 建筑节能

1986 年中国发布了《民用建筑节能设计标准（采暖居住建筑部分）》，规范了建筑热工设计、采暖设计等民用建筑中的节能设计标准，揭开了中国民用建筑节能时代的序幕。2008 年 4 月实行的《节约能源法》和 2008 年 10 月执行的《民用建筑节能条例》进一步从法律法规的角度强化了建筑节能的实质性内容。

中国建筑节能领域发展起步较晚，具有非常巨大的发展和投资空间。罗马俱乐部共同主席魏伯乐（2010）提出了让现有资源利用效率提升 5 倍的大胆想法，在他列举的很多支持这一构想的例子中，建筑节能是突出的代表，通过建筑选址、被动式住宅和高效能设备等组合，能够让房屋"呼吸"和产生能量"代谢"。中国在使用新材料达到建筑节能方面已有了长足的发展。如图 8.6 所示，沈阳建筑大学节能示范楼一二层南墙无窗处，外挂太阳能光伏板幕墙，充分利用太阳能提供部分生活用电，为中国寒冷地区的节能设计提供了建筑节能经验。

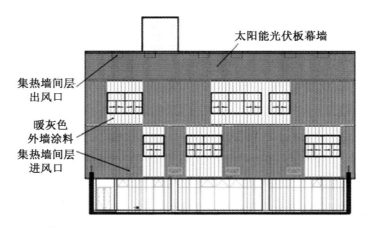

资料来源：张晓明等（2015）。

图 8.6 沈阳建筑大学节能示范楼光伏板幕墙结构图

在世界银行提供的《中国促进建筑节能的契机》报告中指出，2000—2015年是中国民用建筑发展鼎盛期的中后期，该报告预测到 2015 年中国的民用建筑保有量中的一半是 2000 年以后新建的。[①]因此，在未来中国的民用建筑市场，新型节能材料的使用将会拥有广阔的市场空间，政府应该制定相关的政策法规，加强市场的引导工作，加大对于建筑节能领域的投资力度。

"三同时"制度是在中国出台最早的一项环境管理制度。1972 年 6 月，在国务院批准的《国家计委、国家建委关于官厅水库污染情况和解决意见的报告》中第一次提出了"工厂建设和三废利用工程要同时设计、同时施工、同时投产"的要求。2015 年 1 月开始施行的《环境保护法》第 41 条规定再次强化了"三同时"的要求。相关研究显示，2010 年建设项目"三同时"环保投资为 2 033 亿元，占环境污染治理投资总额的比重为 30.6％，占全社会固定资产投资总额的比重为 0.7％，占建设项目投资总额的比重为 4.1 ％。与 2001 年相比，建设项目"三同时"环保投资增加了 504.3％。2001 年中国建设项目"三同时"环保投资占环境污染治理投资总额的比重为 30.4％，占全社会固定资产总额的 0.9％，占建设项目投资总额的 3.6％。可见，尽管 2010 年建设项目"三同时"环保投资取得了很大的增长，但是在占环境污染治理投资总额的比重、占全社会固定资产投资总额的比重、占建设项目投资总额的比重上变化均很小（胡绍雨，2013）。因此，中国建筑节能领域的环保投资上升空间还很巨大。

8.2.5 绿色交通

近年来，世界各地都出现了绿色出行的风潮，尤其是在西方发达国家，选择少排放的交通工具或者搭乘公共交通，已经成为这些发达国家国民综合素质的重要体现。步行、自行车成为了最优先选择的交通方式，其次是公共交通、地铁、出租车等公共交通，最后选择的才是排放较多的私家车辆。

目前，中国绿色交通的发展还不尽如人意，呈现出两种不同的发展状态。如图 8.7 所示，一方面，以铁路营业里程比例来看，国家铁路电气化铁路里程营业里程比重不断提升，从 2005 年的 31.2％上升到 2014 年的 55.0％，国家铁

---

① 世界银行，《中国促进建筑节能的契机》，2001。

路内燃牵引里程占营业里程比重不断下降,从 2005 年的 68.8% 下降到 2014 年的 45.0%。两种类型的铁路里程比例在 2010 年前后出现经营主导权交叉变化,2010 年以前高碳能源的内燃牵引里程占营业里程的份额较高,2010 年以后低碳能源的电气化铁路里程占营业里程的份额更高,说明从国家投资的角度来看,绿色铁路交通的公共投资得到了大力推进。另一方面,随着中国经济的不断发展,居民收入水平显著提高,以及汽车价格的稳步降低,民用汽车拥有量及新注册民用汽车拥有量逐年快速增加,其中民用汽车拥有量从 2005 年的 3 159.66 万辆上涨到 2014 年的 14 598.11 万辆,增长了 3 倍多,而新注册民用汽车数量也从 2005 年的 528.63 万辆上涨到 2014 年的 2 205.19 万辆,增长了将近 3 倍,说明有越来越多的民众选择拥有私人车辆,这与西方的绿色出行风潮形成了鲜明的反差。虽然这与中国经济社会所处的发展阶段密切相关,但在一定程度上也源于居民现代社会责任感与义务观的缺失。中国绿色交通的推广与形成,仍需要一定的缓冲时间。

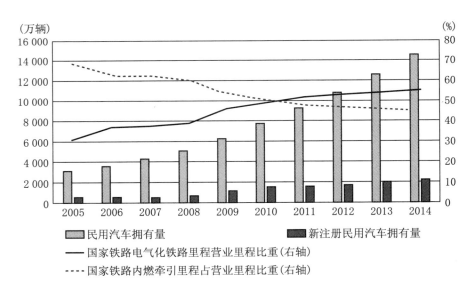

资料来源:《中国统计年鉴》(2015)。

图 8.7 中国绿色交通建设演变趋势比较

从以上分析可知,真正要构建起中国的绿色交通体系,仅仅依靠政府投资和市场自发的经济行为还是难以顺利实现的。有鉴于此,一方面需要加大对于城市公共交通、轨道交通的投资力度;另一方面也需要树立绿色出行的社会公共意识,并大力发展与推广新能源汽车,同时适当采取限制传统能源私家汽车使用的绿色交通管理措施。

8.3 中国环保投资新盈利模式与经济增长新潜力

环境污染具有明显的外部性,传统的环保投资主要由政府来承担,但是随着中国经济的发展,环保投资的需求量快速增长,融资压力日益增大,仅靠政府的投资显然不足以支撑其巨大需求。同时,各级地方政府部门间的权责不清,政府与企业之间权责不明等问题,也会造成环保投资效率低下。因此,应当开展相应的环保投资融资改革,将环保投资的风险与收益内部化,培育环保投资的新盈利模式及其对经济增长的新潜力。

8.3.1 完善环保投资的融资渠道

目前中国的环保投资在很大程度上仍然依靠政府财政拨款,这种单一的融资方式难以满足环保需求的快速增长,并存在一定的协调不畅与低效率问题,无法完全释放市场的投资能力。因此,应当更加细化环保投资市场,开拓环保投资的融资渠道,鼓励多主体参与,促进环保技术创新。图8.8构建了新型环保投资的融资结构。

如果能够按照图8.8所示的新型环保投资的融资结构促进环保投资,那么中国的环保产业未来将发生巨大变化,环保投资的融资压力可以得到有效解决,环保产业的活力也可以得到明显提升,从而为经济增长和环境保护提供有力的投资和产业支持。从融资角度来看,通过制定适当的政策激励措施,改变过去单一的过度依靠政府财政支出的环保投资状况,可以吸引非金融企业、金融企业、公益投资和风险投资等多方社会资金,推动环保产业的快速发展。同时,通过政府的财政政策和资本市场的多种投资方式的相互配合,提升资本的使用效率,使各类资本积极主动地配置于具有较好环境效益与经济效益的环保投资领域,进而鼓励与引领新兴科技和环保产业的快速发展。

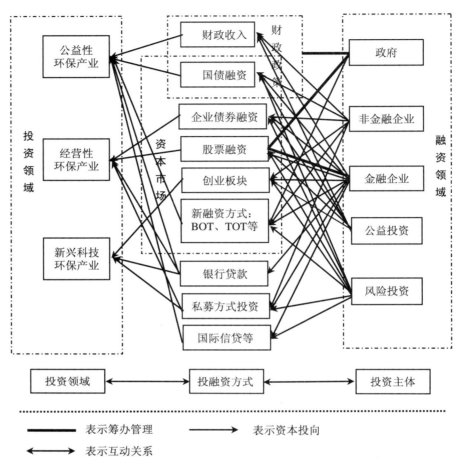

資料来源:作者根据《2014年中国城市环保行业投资分析报告》(http://www.docin.com/
p-865285519.html)修改绘制。

图 8.8　新型环保投资融资方式网络结构

8.3.2　构建环保投资新盈利模式

除了传统的由政府财政拨款进行环保投资并由政府获取环保投资收益的
盈利模式外,还可以尝试在新建的大型环保投资以及新型环保投资项目中,大
胆启用新兴的环保投资融资方式,大力实践环保投资的新盈利模式。其中,最
主要的就是将社会资本,通过适当的机制,在符合基本公共服务原则的条件
下,健康有序地纳入环保产业投资中,形成公私合作(Public-Private-
Partnership,PPP)的投资盈利模式。一般来讲,广义的PPP泛指公共部门与

私人部门为提供公共产品或服务而建立的各种合作关系,而狭义的 PPP 可以理解为一系列公共部门与私人部门共同参与的项目融资模式的总称。在一些具有较强投资回报预期的环境保护项目中,可以采用政府投资与社会资金投资合资兴建的方式,明确政府的主导地位,按照合同协议的持股比例,使政府与社会资金共享环境保护项目的收益,以提高环境保护项目的管理透明度和运营效率。具体来讲,可以尝试在中国环保投资领域应用的 PPP 模式主要包括以下四种。

1. ABS 模式

即资产支撑证券化(Asset-Backed Securitization)的投资盈利模式,是 20 世纪 80 年代兴起于美国的一种投融资工具,它可以将沉淀的资产变为可流动的资产,实现套现。ABS 模式是以项目所属的资产作为支撑的证券化融资方式,即以项目所拥有的资产为基础,以项目资产可以带来的预期收益为保证,通过在资本市场发行债券来募集资金的一种项目融资方式。ABS 模式可以吸纳来源较为丰富的社会资本,具有较高的安全性和灵活性。城市建设和社会环保投资项目通常是具有政府信誉的公共项目,并且按照市场经济的规则运作,往往具有较高的投资价值。1998 年,中国第一个以获得国际融资为目的的 ABS 融资方案在重庆市推行,取得了一定的预期效果。可以预期,基于 ABS 的环保投资项目融资模式,将拥有较大的运行空间和效益回报。

2. BOT 模式

即建造—经营—转让(Build-Operate-Transfer)的投资盈利模式,是国家或地方政府部门通过特许权协议,授予签约方投资企业拥有公共性环境保护项目的融资、建造、经营和维护权;在协议规定的特许期限内,项目公司拥有投资建造设施的所有权,允许向设施使用者收取适当的费用,由此回收项目投资、经营和维护成本并获得合理的回报;特许期满后,项目公司将设施无偿移交给签约方的政府部门。上海市逸仙路高架首次采用了无政府任何回报率承诺的公共交通设施投资收益模式,是中国 BOT 项目实践中的一次重要突破。

3. DBFO 模式

即设计—建设—融资—经营(Design-Build-Finance-Operate)的投资盈利模式,是指从项目的设计起就特许给某一机构开展实施,直到项目经营期收回投资和取得投资效益,相当于最初就对项目整体服务进行采购的一种政府政策,该模式会对服务结果和绩效标准作出明确要求。DBFO这个术语是由英国高速公路局提出,用来描述依据私人主动融资模式制定的基于特许经营的公路计划。①其合同期限一般较长,约为25年或30年。对于环保投资的DBFO模式,需要特别注意可能出现的道德风险。这是由于从设计项目起整个项目就是由社会资本进行投资实施的,可能不会像公共部门那样从社会效益最大化的角度去实施项目,在项目的建材使用、特殊服务对象的便利倾向、长期维护的造价和设备部件的指定供应等方面,均有可能为项目承办方加以利用。因此,在采用该模式前需要谨慎论证项目实施过程中的各种潜在风险。

4. TOT模式

即转让—经营—转让(Transfer-Operate-Transfer)的投资盈利模式,是通过政府出售现有环保投资资产以获得增量资金进行新建环保项目融资的一种新型融资盈利模式。在这种模式下,社会资金的持有者首先需要购买某项环保建设资产的全部或部分产权或经营权,然后由社会资金的持有者对项目进行进一步的开发和建设,在约定时间内通过项目经营收回全部投资并取得合理的回报,特许期结束后,将所得到的产权或经营权无偿移交给政府。

8.3.3　环保投资对经济增长的潜在贡献

当前,在全球经济新一轮的结构调整中,环保产业成为发展绿色经济和实现可持续发展的重要支撑点,同时也成为了一个重要的经济增长新潜力。

发达国家在发展环保产业、促进经济转型方面起步较早,其经验显示,环保产业的发展可以成为一国经济增长的重要推动力量。早在20世纪90年代,美国就已经形成了超过1 300亿美元规模的环保产业,甚至超过了计算机、塑料和制药等重要行业的规模;加拿大通过实施"环保工业战略"有力地推动了环保产业的快速发展,1994年加拿大联邦政府承诺,将1/4的联邦研究与开发经费,用在环保产业的研究与开发上,这一举措促使环保产业成为了加拿大的第五大产业,而多伦多的环保产业则上升为该市的第三大产

---

① 参见达霖·格里姆赛、莫文·刘易斯,《公私合作伙伴关系:基础设施供给和项目融资的全球革命》,中国人民大学出版社2008年版。

业；20 世纪 90 年代的日本经济整体陷入低迷，但环保产业的发展速度却在各产业中处于第二位；德国的环保产业已经成为其最大的出口产业，与环保产业相关的出口份额大约占到其出口总额的 40％，形成了 100 亿美元的贸易顺差。①

近年来，环保产业发展与各国经济增长的关系更加紧密。奥巴马政府将绿色标准作为重塑美国国家竞争力、提振美国经济，尤其是复兴制造业的重要政策工具。尽管美国两党在参众两院各踞主场，但是针对美国政府提出的"绿色贸易"法案则罕见地达成一致意见。2012 年，美国推出了"绿色按钮"计划，通过大数据挖掘技术，促进国营公共事业机构和私营企业提高能源效率、降低能源消费。欧盟国家在政府采购中也强化了主动性环境采购措施，其平均公共采购中的绿色采购份额约为 19％，其中德国为 30％，丹麦为 40％，奥地利为 28％，瑞典则高达50％。②

随着中国经济的稳步增长，环境污染问题日益突出，除了传统的水污染、大气污染、噪声污染、垃圾污染外，近年来又出现了雾霾污染、极端天气等新的环境问题。要想有效解决这些新老环境问题，就需要大量的环保投资，同时也为推进环保相关行业部门的发展创造了条件，如对污水处理技术与装备制造业、除尘技术和装备制造业、电厂脱硫技术及其成套装备制造业、噪声衰减材料及设备制造业、垃圾焚烧装备制造业、机动车尾气净化和消声设备制造业等行业的需求，将会提升相关产业的生产能力和技术升级改造动力，并促进环保产品市场的进一步扩张发展。另外，增加环保投资还将有利于环保科技产业、节能工程产业、环保服务业、环境规划和咨询、环境风险评估等相关新兴产业的发展。发达国家的相关产业发展早已起步，并且在经济发展中已居于重要地位，例如加拿大的环保科技咨询业就占到该国环保产业 1/3 的份额，而环保产业已经成为其第五大产业。无疑，中国在这些新兴环保产业发展方面还存在很大的投资空间和上升潜力，完全有望成为中国未来经济增长的新动力。

---

① 数据来自吕淑萍：《环保产业——上海 21 世纪新的经济增长点》，《上海环境科学》1997 年第 6 期。
② 数据来自黄立君：《向北欧学习绿色环保产业》，广州出版社 2015 年版。

8.4 中国环保产业的发展前景

中国环保产业的发展,虽然在规模上不断扩大,但是其发展速度与经济增长的速度并不匹配。当前中国经济进入新常态阶段,经济发展的重心已经向重视经济增长的质量上调整,绿色技术进步和提高环境绩效的需求日益加大,从而为今后中国环保产业的发展提供了有利的基础条件。

8.4.1 中国环保产业发展的现状与机遇

目前中国与环保产业投资相关的具体统计资料尚处于缺失状态,社会资金对于环保产业的投资额还未被纳入官方统计数据中,这在很大程度上限制了相关学术研究的开展。据相关非官方报告数据显示(见图8.9),经过四五十年的发展,尤其改革开放以后的最近三十多年间,中国环保产业的投资规模发生了翻天覆地的变化,而且在每个五年计划/规划周期内,对环保产业的投资均维持在较高的增长率水平上。"八五"计划到"十五"计划期间,环保投资率虽然有所下降,但仍维持在85%以上的增速水平,远远超过了同期GDP的增长速度。从总量上来看,环保投资更是呈现出迅猛增长的态势。以"十一五"

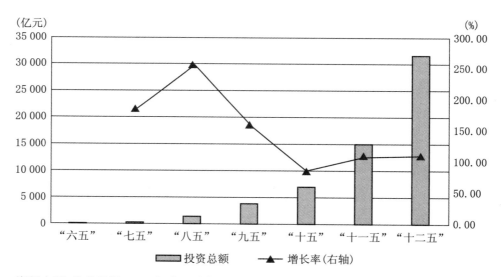

资料来源:作者根据《2014年中国城市环保行业投资分析报告》补充校正数据后绘制。

图8.9 中国"五年计划/规划"各时期环保产业投资规模变化

为例,中国环保产业的投资规模达 1.53 万亿元,同比增长了一倍多。然而,虽然中国环保产业投资规模在不断提升,但是由于投资主体相对较少,主要依靠政府财政拨款,相对于中国整体经济规模而言,其体量还比较有限。虽然其增速超过了 GDP 增速,但是并没有有效解决中国所面临的各种环境问题。因此,还必须发挥市场的主导作用,加大环保产业的市场融资力度。

近年来中国经济增长速度放缓,为深度调整经济结构、发展绿色低碳经济提供了有利的社会条件。中国政府在许多重要国际场合都展现了坚决发展绿色低碳经济的决心。2010 年国家发展改革委员会公布了《节能环保产业发展规划》;2014 年 11 月中美两国政府发表联合声明,承诺各自在气候变化问题上履行自身的责任;2015 年 12 月,中国及世界上大多数国家在法国巴黎签署了《巴黎协议》。并且中国计划于 2017 年启动全国的碳排放交易体系,同时将应对气候变化的行动列入"十三五"发展规划中。伴随着供给侧改革的启动,预计在未来五年间,中国将会进一步优化产业结构,并出台一系列有利于绿色发展的环境与经济发展政策,推动环保产业的快速健康发展。

8.4.2 中国环保产业发展的重点内容

在未来 5—10 年内,中国环保产业的发展可能主要集中体现在以下几个方面。

1. 环境污染治理

主要反映于对各项环境污染治理的资金投入、设备更新和技术进步等方面。比如,针对水污染问题,需要开发和应用对于重金属、氨氮污染的检测设备,对于污染严重的化工和造纸产业实现技术升级,实现污染物的低排放甚至零排放;通过生物分解和生态恢复,改善周边生态环境;加强对于 CO_2、SO_2、NO_x、PM2.5 等大气污染的检测和防治;增加城市垃圾焚化设备的购置,推广垃圾分类回收,加强工业垃圾、医疗垃圾的专业处理;加强农村饮用水保护,切实解决农村环境污染的检测和防治的难题。

2. 环境保护服务业

除了传统环保产业外,中国在环保服务业方面的投资潜力更加巨大。环保服务业在某些发达国家已经成为环保产业的新支柱。未来中国应该进一步建立健全环境服务业体系，加快环境测评、环境咨询服务、环保新闻与环保新材料、技术推广服务业的发展步伐；推动实现中国环保产业从以传统的环保设备制造业和环保工程建筑为主，转变为以环境保护综合服务业为主的产业结构调整。一方面，可以通过对环保相关产品、技术和设备的跟踪服务，扩大环保产业的市场需求；另一方面，还可以通过环保服务业的发展促进环保产品、技术和设备质量的提升，进而推动整个环保产业的发展。

3. 环保产业的融资与就业

开放社会多元融资主体进入环保产业的投资领域后，可以通过市场机制与资本市场的金融创新，将融资资金用于社会急需的大型公共环境保护项目以及新兴的环境科技产业的发展，并通过适当的盈利模式使各方投资主体均能从对环保产业的投资中获益，形成产业的良性发展方式。此外，由于环保产业所涉及的行业众多，在各层次人才方面均具有较强的就业吸纳能力，环保人才在各相关领域的进出弹性也较大，具有很强的动态就业调整能力，未来绿色经济在成为重要的潜在经济增长点的同时，也将进一步增加对于环保人才的就业需求。

8.4.3　环境保护相关法制保障

环保产业的健康发展需要有相应的法律法规作为保障。早在 20 世纪 70 年代，中国就参加了联合国人类环境会议并签署《人类环境宣言》；1973 年国务院通过了"全面规划、合理布局、综合利用、化害为利、依靠群众、大家动手、保护环境、造福人民"的环境保护 32 字方针和中国首部环境保护文件——《关于保护和改善环境的若干规定》；1978 年国务院环境保护领导小组发布《环境保护工作汇报要点》；1984 年国务院颁布《关于环境保护工作的决定》；"八五"期间，中国在全球首个提出了《环境与发展十大对策》(1992 年)，制定了《中国 21 世纪议程》(1992 年) 和《中国环境保护行动计划》(1994 年) 等纲领文件；"九五"期间国务院发布了《关于环境保护若干问题的决定》(1996 年)，《污染物排放总量控制计划》(1996 年) 和《跨世纪绿色工程规划》(1996 年)，开始实施对淮河、海河、辽河的污染治理工作，全国人大常委会制定和修改了《大气污染防治法》(2000 年修订)；"十五"期间，颁布了中国第一部循环经济法——

《清洁生产促进法》（2002 年），并通过了《防沙治沙法》（2001 年）、《水法》（2002 年修订）、《草原法》（2002 年修订）、《可再生能源法》（2005 年），通过法制手段加强环境保护工作的执行力度；"十一五"期间，国家进一步加强了对环境保护工作的监督力度，通过了《环境监测管理办法》（2009 年）、《环境行政处罚办法》（2010 年）；"十二五"期间国家印发了《"十二五"节能减排综合性工作方案》（2011 年）、《国务院关于加强环境保护重点工作的意见》（2011 年），将环境治理工作纳入政府工作的重要议程。

伴随着中国经济进入新常态，"十三五"期间及今后的一段时期内，中国的环境保护工作和环保投资必将迎来一个新的快速发展时期。相应地，通过立法手段促进环保工作长期健康开展的进程也将出现新的机遇。相关法律法规的出台，需要注重环境保护工作的自身特点，比如时效性与区域性等，注重中央与地方的协调。同时，需要抓住全球发展绿色经济的契机，释放市场活力，制定与完善鼓励环保投资新的融资手段与盈利模式的相关法律规则，推动中国环保产业尽快发展为新的经济增长点。

8.5 本章小结

本章通过分析环保投资及环保产业发展的国际国内现实背景、中国环保投资的现状与潜力、中国环保投资新盈利模式与经济增长新潜力、中国环保产业的发展前景等问题，深入讨论了中国环保投资及环保产业发展的现状与未来的发展方向，并结合新常态和供给侧改革的现实背景，得到以下结论和政策建议。

第一，加大环保投资力度和推进绿色经济发展是未来中国经济改革的重要内容。面对全球日益突出的气候变化与生态环境问题，中国需要发挥自身的作用，积极参与到全球气候变化治理工作中来。同时，伴随着中国经济增速放缓，调整经济结构、释放多余产能、减少能源消费的有利时机已经到来，因而应该大力推动环保科技进步、提升环保效率、提倡绿色 GDP，以期同时实现经济与环境的可持续发展。

第二，尽管近年来中国环保产业取得了长足的发展，但仍存在较多的问题。比如,环保标准化体系还不健全,中央和地方在资源管理上权责还不够明晰,法律制度不够健全,科技实力还有待提升,部分地区政府的生态意识较为淡薄等。因此,应该下大力气制定环保产业的整体发展政策,改善环保产业的发展条件,进一步加大其投资力度。对于传统的水污染、大气污染、噪声污染、垃圾污染等环境问题,需要采用先进技术与处理设备,提升环境保护工作的运行效率。同时,对新爆发的雾霾污染和极端天气等环境问题,需要进行监测和预防工作。采用最高的行业标准,加速中国环保产业的发展。

第三,过去中国的环保产业投资主要依靠政府财政拨款,从长期看应该丰富环保投资的融资模式和盈利模式。未来应该通过政策激励与资本市场的金融创新,将政府政策与市场运作相结合的办法,使通过政府、企业、公益团体、风险投资所募集到的资本能够有效地被用于社会急需大型公共环保项目的兴建及新型环保创新产业的发展,形成良好的投资融资与盈利循环模式。

第四,环境保护没有回头路,必须坚定发展绿色经济,让环保产业为经济增长和人才就业添砖加瓦。注重环保产业的经济效益,立足于国际最前沿的环保标准和技术水平,通过积极参与国际新型工业制造标准的争夺战,提升中国制造业的整体水平,进而为实现更高环保标准的环保产业发展提供有力的工业支撑,通过环保产业的发展带动经济增长并创造更多的就业机会。

第五,应该建立健全与环保产业相关的法律法规体系。环保产业已经由最初以保护生态环境为主要目标的单一发展功能,发展成为现今的一个新的潜在经济增长方向,但与其发展地位尚不相匹配的是,中国还没有覆盖全部环保行业的法律体系。因此,应对相关法律法规予以补充和完善,从而为同时实现环保产业的环境效益与经济效益提供必要的法制保障。

9 对外开放新环境与中国经济增长：
新规则和新动力重塑

在经过多年的多方博弈之后，由美国中途加入并着手主持、包括 12 个国家在内的"跨太平洋伙伴关系协定"（TPP）达成。这个代表了高标准的国际经贸规则在达成的时刻便成为各界关注的焦点。相对于沉寂多年的多哈谈判，TPP 协定最终能够达成离不开美国在其中的主导作用，但更多的是因为由传统 WTO 规则所规划的世界经贸安排已经不能适应风云变幻的全球经济发展。如今货物贸易的关税已降至低位，服务贸易与投资部门空前繁荣，负面清单管理模式成为新秀，全面投资市场准入成为主题，全球化的重点已经从早期的货物贸易转向服务贸易和投资部门。在这样的全球化变革大背景之下，在客观上要求各国在经济管理政策和体制方面进行协调，在经济与社会各个层面和多个维度上开展合作，让经济资源以更自由的方式进行配置。TPP 的提出为在开放环境下，研究中国经济及其对世界经济的交互影响提供了一个新的视角。

9.1 TPP 对中国投资贸易的转移效应及其应对

9.1.1 TPP 的内涵与特征

与传统的全球贸易规则 WTO、FTAs 以及美式 BIT 相比，以 TPP 规则为代表的新一代特惠贸易投资协定在深度和广度上都有所延展，可以概括为以下十个特征：投资要求超越贸易要求，透明要求超越优惠要求，制度存在超越国内政策，服务贸易超越货物贸易，新兴产业超越传统产业，公平要求超越自由要求，环境可持续超越片面追求发展，国境内超越国境上，综合承诺超越单项开放,规则挑战超越市场互惠。具体见表 9.1。

表 9.1 国际重大经贸投资规则比较

	WTO	FTAs	美式 BIT	TPP/TTIP
涵盖领域	货物贸易、服务贸易、知识产权与争端解决	贸易便利化与边境合作	投资保护与争端解决	货物贸易、服务贸易、竞争中立、知识产权与环境、劳工标准与争端解决
基本原则	非歧视、互惠、贸易自由化与发展	边境便利化与货物贸易互惠	准入前国民待遇、准入后公平竞争、透明性与公平性	深层次的贸易自由化、便利化与透明化、约束与公平
货物贸易	关税削减	关税减让与特殊安排		关税削减与取消
	贸易便利化	通关快捷便利		从配额纳入约束
	非关税壁垒	原产地规则		非关税壁垒、技术标准
服务贸易	正面清单	自然人流动便利	负面清单	负面清单
	准入后国民待遇	项目合作	准入前国民待遇、补偿	准入前国民待遇、反垄断、国有企业、知识产权、环境与劳工等
	投资措施、本地成分与业绩要求		公平、环境、劳工、知识产权等	资本项目管制与金融服务业开放
	金融服务安排		投资争端解决	投资争端解决

在这样一个以 TPP 协定为代表的全新经贸投资规则之下,未来的全球经济或许受到如下几点影响:其一,TPP 协定为全面、平衡、先进、高水平的 FTAs 提供了重要模板;其二,TPP 协定将削减边境内壁垒与规则一体化的深层结构性问题真正提到了议程上,并强调跨政府部门之间的立法与决策的协调统一;其三,TPP 协定为实现全球的公平竞争确立更严苛的约束标准;其四,TPP 协定对 WTO 多哈回合谈判产生压力、动力以及借鉴;其五,TPP 协定会对类似于 RECP 这样的其他区域合作谈判产生竞争性影响;其六,TPP 协定在客观上会强化美国对于亚太地区乃至全球经济的影响力。

毋庸置疑,美国主导的 TPP 框架符合其重返亚太的战略布局,也符合其他发达国家的根本利益。美国正在以 TPP 和 TTIP 为两翼,意图构筑 21 世纪的国际贸易新格局——向西拉拢亚太国家,形成了以美国、日本为代表的 TPP

协定;向东笼络欧盟,形成以美国、欧盟为主体的 TTIP 协定。TPP 与 TTIP 的目标都是区域贸易自由化,但 TTIP 涉及的议题更为广泛,并且更容易达成。但是全球化并不是一场零和博弈,参与的多方都会或多或少从这套规则中受益,并且分享全球化带来的经贸投资溢出。在这场新规则的制定与执行过程中,TPP 将会对各国全球化红利分配格局带来一场深刻的调整。

9.1.2 TPP 规则对于中国投资贸易的转移效应

贸易投资转移(trade and investment diversion)是指形成了特定经贸伙伴协定之后,由于取消了伙伴国之间的经贸投资壁垒,但这一优惠并不对非伙伴国实施,从而导致贸易投资转向伙伴国的一种现象。

虽说 TPP 十二国占据了约 40% 的全球 GDP 总额,覆盖了约 13% 的人口,但是由于其苛刻的标准,作为世界第二大经济体、进出口总额最大的国家,中国却暂时未列其中。TPP 一旦达成实质性协定,势必会对中国形成巨大的投资贸易转移效应。

单从降低关税的角度而言,未来 TPP 协定之下成员国之间的经贸往来基本上会实现零关税,而这一点是比现有的 WTO 框架下的贸易自由化程度要高的。近年来中国外贸虽然一直致力于改变外贸模式、努力攀升价值链的高端、提升出口产品的复杂度和附加值,但从中国出口产品的国际分工来看,目前依旧是处于价值链的低端。全球价值链一经形成,再追赶确实需要时间和投入。现阶段中国有将近一半的外贸都采取加工贸易的方式,两头在外,附加值低,对于廉价劳动力有极大的依赖。在这种情况下,低价仍旧是出口的制胜因素,即使在为数不多的高端领域,低价依旧是中国产品具备竞争力的重要因素。当 TPP 协定成功落地后,成员国内部会获得零关税的优惠待遇,成本大幅度降低,因而大幅削弱中国出口的价格优势。目前,中国的传统廉价劳动力优势正在加速消失,新的竞争优势却迟迟未能跟上,因而 TPP 所带来的贸易转移效应会形成一定的冲击。具体而言,TPP 对于中国对外投资与贸易的影响有如下几个方面的特点:

1. TPP 规则的出现将切实改变加工出口订单流向

TPP 协定的零关税政策将使得成员国之间约为 2 万种的商品货物出口成

本大幅度降低,而与此同时非关税壁垒及服务项目的便利化、自由化措施会将发达国家的订单由中国转移到与中国具有替代关系的 TPP 成员国,比如越南。事实上越南的一些产业在要素上与中国具有很大的相似性,在纺织服装等行业对中国构成竞争。而中国近年来要素成本上升太快,原先的廉价劳动力优势不断被削弱。因此,这些 TPP 成员国很有可能占据原本属于中国的外贸订单流,成为新的外贸加工基地。

2. TPP 规则的出现将产生投资和产业的转移

一旦 TPP 落地,来自发达国家的对外直接投资为了配合产业链的需要,或获取贸易自由化与投资优惠的好处,会将大量资金投向 TPP 成员国,将产业转移到发展程度相对较低的国家,原本投向中国的这部分外资也会被抽走,从而导致外资的下降和转移。

3. TPP 规则的出现将改变投资与贸易的规则

TPP 规则不仅大大承袭了 WTO 规则在贸易自由化方面的要求,还在诸多方面进行超越。例如劳工保护、环境保护、知识产权界定、竞争中立原则、透明原则等等,都是全球价值链运行的新规则。中国目前暂时不能满足全部条款,也就意味着暂时不能在新规则之下进行升级。

4. TPP 规则的出现将迫使外贸向外转移

若无 TPP 规则的"横空出世",中国目前的外贸发展形势是将低端产业逐渐转移向内地,而在东部沿海地区建设较为高端的产业群,形成东部向西部、沿海向内陆的梯度转移。但 TPP 规则将迫使这部分产业由东部地区转向国外,而不是转向内陆,这将会迫使产业加速升级。

5. TPP 规则的出现将改变出口的所有制结构

在所有制体系方面,国有控股企业占比高达 40% 左右,就业人数则占到10% 左右,这在所有制体系中的地位举足轻重。但正是得益于地位的超然,国有控股企业往往会在税收、金融等方面获得多项优惠先行政策,若离开了这些具有明显导向的政策支持,部分国企凭借自身的生产效率并不具备显著的市场竞争力。TPP 规则的出现会对这些国企的未来发展提出严峻的考验。

总的来说,现阶段 TPP 对中国带来的转移效应暂时还不会出现,至少不会非常显著。毕竟,TPP 对中国的贸易转移压力暂时还是局部的。况且,TPP 的生效还要在 12 个国家走一遍批准程序,不排除存在变数的可能性。即使 TPP 生效后,12 个国家要做到全部履行承诺也还有待时日。

但是,若从长远角度来看,TPP 带来的压力也还有加码的可能。一方面,现在测算 TPP 成员国在劳动密集型产品上对中国的替代还是立足于现有的存量产能,而随着中国制造业出现向外再转移的趋势,未来从中国转移到这些国家的产能还会进一步加大,这些 TPP 成员国对中国的替代机会也还会增加。另一方面,迄今为止 TPP 的成员国虽然只有 12 个,但 TPP 并没有关闭大门,韩国、中国台湾、印度尼西亚、菲律宾等国家和地区目前也正在着手进行或准备加入 TPP 的谈判,因而将来很可能会有更多国家和地区在 TPP 框架下对中国构成压力。

9.1.3 中国的应对方式

毋庸置疑,TPP 规则的实施对于中国而言意味着外部压力增大、竞争效应加强,自身也被倒逼改革。中国自加入世界贸易组织之后,十多年来已经成为世界第一贸易大国,TPP 的出现的确可能削减中国目前所得的贸易红利。但是事实上,任何一个区域经济合作协定的出现都有可能带来投资创造以及贸易的转移效应,而投资贸易的区内红利势必导致区外国家的压力倍增。这并不是 TPP 规则所独有的现象。

TPP 带来的压力虽大,但中方发言人认为 TPP 是"当前亚太地区重要的自贸协定之一",同时对此"持开放态度"。这种表态恰恰证明中国对于外界的经贸规则变动是有所准备的。

由于国际规则面临重塑,国际治理体系面临重构,新的历史机遇初步展现。处于转型中的发展中经济体若要在新的历史背景之下寻求立足之地和发展之势,则应当顺应新趋势,通过进一步推行自贸区等方式与国际主流规则进行呼应和对接。对于中国而言,只有在自贸区建设的进程中不断提高开放水平,加快服务业开放步伐,加快实施投资注入前国民待遇和负面清单管理制度,加快推进促进公平贸易和可持续发展领域的新议题规则制定,才可能争取到更多话语权。

从周边区域自贸区到"一带一路"自贸区再到全球自贸区,中国构建自贸区的步伐分为三个阶段。在中韩、中澳自贸协定生效后,中国下一步正在推进多个双边和多边自贸区谈判,包括《区域全面经济伙伴关系协定》、中国—海湾合作委员会自贸区、中国—挪威自贸区、中日韩自贸区、中国—斯里兰卡自贸区和中国—马尔代夫自贸区等。此外,中国还在推进中国—新加坡自贸区升级谈判、中国—巴基斯坦自贸区第二阶段谈判和《海峡两岸经济合作框架协议》后续谈判。

2015 年以来中国进出口同比下降约 8%,外贸增长动力不足。这当中既有外需不足、大宗商品价格探底的原因,也有中国处于贸易转型青黄不接的原因。在这样一个外有压力、内有动力的新时期,若要消除内外环境带来的不利影响,中国必须通过更加积极主动的对外开放来倒逼国内改革,并通过参与构建全球治理体系来争取更多市场空间、进行资源优化配置。

加快实施自贸区战略,正是应对 TPP 等新规则的方法和抓手。在自贸区平台上,通过降低关税和非关税壁垒,货物贸易自由化和便利化水平将不断提升,出口带动制造业发展、进口带动消费发展的作用将进一步发挥。进一步地,也有利于中国拓展新的外贸空间,与自贸伙伴构筑新的全球供应链和生产网络,进而减少 TPP 所带来的负面影响。

9.2 "一带一路"为中国经济稳定增长提供新动力

"一带一路"倡议的提出旨在促进经济要素有序自由流动、资源高效配置和市场深度融合,推动沿线各国实现经济政策协调,开展更大范围、更高水平、更深层次的区域合作,共同打造开放、包容、均衡、普惠的区域经济合作架构。当今世界正发生复杂深刻的变化,国际金融危机深层次影响继续显现,世界经济缓慢复苏、发展分化,国际投资贸易格局和多边投资贸易规则酝酿深刻调整,各国面临的发展问题依然严峻。"一带一路"倡议的提出顺应了全球价值链,秉持开放的区域合作精神,致力于维护全球自由贸易体系和开放型世界经济。"一带一路"倡议符合国际社会的根本利益,是国际合作以及全球治理新模式的积极探索,将为世界和平发展增添新的正能量。

9.2.1 "一带一路"倡议为经济增长提供的现实基础

2015 年的 3 月 28 日,中国政府特制定并发布《推动共建丝绸之路经济带和 21 世纪海上丝绸之路的愿景与行动》。根据"一带一路"走向,"一带一路"沿线国家在陆上将依托国际大通道,以沿线中心城市为支撑,以重点经贸产业园区为合作平台,共同打造新亚欧大陆桥、中蒙俄、中国—中亚—西亚、中国—中南半岛等国际经济合作走廊;在海上将以重点港口为节点,共同建设通畅安全高效的运输大通道。中巴、孟中印缅两个经济走廊与推进"一带一路"建设关联紧密,要进一步推动合作,取得更大进展。

1. 共商基础

"一带一路"建设是沿线各国开放合作的宏大经济愿景,需各国携手努力,朝着互利互惠、共同安全的目标相向而行。努力实现区域基础设施更加完善,安全高效的陆海空通道网络基本形成,互联互通达到新水平;投资贸易便利化水平进一步提升,高标准自由贸易区网络基本形成,经济联系更加紧密,政治互信更加深入;人文交流更加广泛深入,不同文明互鉴共荣,各国人民相知相交、和平友好。

"一带一路"倡议的共商原则主要是指政策沟通。加强政策沟通是"一带一路"建设的重要保障。加强政府间合作,积极构建多层次政府间宏观政策沟通交流机制,深化利益融合,促进政治互信,达成合作新共识。沿线各国可以就经济发展战略和对策进行充分交流对接,共同制定推进区域合作的规划和措施,协商解决合作中的问题,共同为务实合作及大型项目实施提供政策支持。

2. 共建基础

沿线各国资源禀赋各异,经济互补性较强,彼此合作潜力和空间很大。基础设施的共建是"一带一路"倡议的抓手。基础设施互联互通是"一带一路"建设的优先领域。在尊重相关国家主权和安全关切的基础上,沿线国家宜加强基础设施建设规划、技术标准体系的对接,共同推进国际骨干通道建设,逐步形成连接亚洲各次区域以及亚欧非之间的基础设施网络。强化基础设施绿色低碳化建设和运营管理,在建设中充分考虑气候变化影响。

第一，交通基础设施是"一带一路"倡议的首要共建任务。交通基础设施的关键通道、关键节点和重点工程，优先打通缺失路段，畅通瓶颈路段，配套完善道路安全防护设施和交通管理设施设备，提升道路通达水平。推进建立统一的全程运输协调机制，促进国际通关、换装、多式联运有机衔接，逐步形成兼容规范的运输规则，实现国际运输便利化。推动口岸基础设施建设，畅通陆水联运通道，推进港口合作建设，增加海上航线和班次，加强海上物流信息化合作。拓展建立民航全面合作的平台和机制，加快提升航空基础设施水平。

第二，能源基础设施是"一带一路"共建的必要条件。"一带一路"倡议应该强调互联互通合作，共同维护输油、输气管道等运输通道安全，推进跨境电力与输电通道建设，积极开展区域电网升级改造合作。

第三，通信基础设施是"一带一路"共建的发展前提。沿线各国应共同推进跨境光缆等通信干线网络建设，提高国际通信互联互通水平，畅通信息丝绸之路。加快推进双边跨境光缆等建设，规划建设洲际海底光缆项目，完善空中（卫星）信息通道，扩大信息交流与合作。

3. 共享基础

"一带一路"的发展成果必然为沿线国家共享。"一带一路"贯穿亚欧非大陆，一头是活跃的东亚经济圈，一头是发达的欧洲经济圈，中间广大腹地国家经济发展潜力巨大。丝绸之路经济带重点畅通中国经中亚、俄罗斯至欧洲（波罗的海）；中国经中亚、西亚至波斯湾、地中海；中国至东南亚、南亚、印度洋。21世纪海上丝绸之路重点方向是从中国沿海港口过南海到印度洋，延伸至欧洲；从中国沿海港口过南海到南太平洋。

"一带一路"是促进共同发展、实现共同繁荣的合作共赢之路，是增进理解信任、加强全方位交流的和平友谊之路。中国政府倡议，秉持和平合作、开放包容、互学互鉴、互利共赢的理念，全方位推进务实合作，打造政治互信、经济融合、文化包容的利益共同体、命运共同体和责任共同体。

9.2.2 "一带一路"驱动区域经济增长的三大领域

1. 加强贸易领域合作

投资贸易合作是"一带一路"建设的重点内容。宜着力研究解决投资贸易便利化问题,消除投资和贸易壁垒,构建区域内和各国良好的营商环境,积极同沿线国家和地区共同商建自由贸易区,激发释放合作潜力,做大做好合作"蛋糕"。

沿线国家应该加强信息互换、监管互认、执法互助的海关合作。具体而言,一方面可以从检验检疫、认证认可、标准计量、统计信息等方面的双多边合作入手,推动世界贸易组织《贸易便利化协定》生效和实施;另一方面,沿线国家还可改善边境口岸通关设施条件,加快边境口岸"单一窗口"建设,降低通关成本,提升通关能力。在全球化的时代背景下,加强供应链安全与便利化合作,推进跨境监管程序协调,推动检验检疫证书国际互联网核查,开展"经认证的经营者"(AEO)互认,也是贸易自由化的重要部分。降低非关税壁垒,共同提高技术性贸易措施透明度,提高贸易自由化便利化水平。

沿线国家拓宽贸易领域、优化贸易结构、挖掘贸易新增长点是当前应对世界经济下滑的关键。促进贸易平衡,创新贸易方式,发展跨境电子商务等新的商业业态;建立健全服务贸易促进体系,巩固和扩大传统贸易,大力发展现代服务贸易;把投资和贸易有机结合起来,以投资带动贸易发展。

2. 加强投资领域合作

"一带一路"沿线国家应该拓展相互投资领域,加快投资便利化进程,消除投资壁垒。加强双边投资保护协定、避免双重征税协定磋商,保护投资者的合法权益。

"一带一路"沿线国家应该进一步进行负面清单管理。开展农林牧渔业、农机及农产品生产加工等领域深度合作,积极推进海水养殖、远洋渔业、水产品加工、海水淡化、海洋生物制药、海洋工程技术、环保产业和海上旅游等领域合作。与此同时,"一带一路"国家还应加大煤炭、油气、金属矿产等传统能源资源勘探开发合作,积极推动水电、核电、风电、太阳能等清洁、可再生能源合作,推进能源资源就地就近加工转化合作,形成能源资源合作上下游一体化产业链。加强能源资源深加工技术、装备与工程服务合作。

沿线国家应加强在新一代信息技术、生物、新能源、新材料等新兴产业领域的深入合作,推动建立创业投资合作机制。优化产业链分工布局,推动上下游产业链和关联产业协同发展,鼓励建立研发、生产和营销体系,提升区域产业配套能力和综合竞争力。扩大服务业相互开放,推动区域服务业加快发展。探索投资合作新模式,鼓励合作建设境外经贸合作区、跨境经济合作区等各类产业园区,促进产业集群发展。在投资贸易中突出生态文明理念,加强生态环境、生物多样性和应对气候变化合作,共建绿色丝绸之路。

3. 加强金融领域合作

金融合作是"一带一路"建设的重要支撑。深化金融合作,"一带一路"沿线国家应推进亚洲货币稳定体系、投融资体系和信用体系建设。扩大沿线国家双边本币互换、结算的范围和规模。推动亚洲债券市场的开放和发展。共同推进亚洲基础设施投资银行、金砖国家开发银行筹建,有关各方就建立上海合作组织融资机构开展磋商。加快丝路基金组建运营。深化中国—东盟银行联合体、上合组织银行联合体务实合作,以银团贷款、银行授信等方式开展多边金融合作。支持沿线国家政府和信用等级较高的企业以及金融机构在中国境内发行人民币债券。符合条件的中国境内金融机构和企业可以在境外发行人民币债券和外币债券,鼓励沿线国家使用所筹资金。

与此同时,"一带一路"沿线国家还应加强金融监管合作,推动签署双边监管合作谅解备忘录,逐步在区域内建立高效监管协调机制。完善风险应对和危机处置制度安排,构建区域性金融风险预警系统,形成应对跨境风险和危机处置的交流合作机制。加强征信管理部门、征信机构和评级机构之间的跨境交流与合作。充分发挥丝路基金以及各国主权基金作用,引导商业性股权投资基金和社会资金共同参与"一带一路"重点项目建设。

9.2.3 "一带一路"倡议与国内经济发展的对接

"一带一路"倡议的推进离不开中国国内各省份的对接和配合,这个配合不仅仅充分发挥国内各地区比较优势,实行更加积极主动的开放战略,而且要加强东中西互动合作,全面提升开放型经济水平。

1. 沿海地区经济发展的对接

沿海地区是中国经济增长的先行者,是中国经济增长的主要驱动力量,调动好沿海地区的活力将是"一带一路"倡议顺利进行的关键。"一带一路"倡议应充分利用长三角、珠三角、海峡西岸、环渤海等经济区开放程度高、经济实力强、辐射带动作用大的优势。东南沿海地区充分发挥深圳前海、广州南沙、珠海横琴、福建平潭等开放合作区作用,深化与港澳台合作,打造粤港澳大湾区。

为了配套"一带一路"倡议,在港口建设方面,沿海地区应加强上海、天津、宁波—舟山、广州、深圳、湛江、汕头、青岛、烟台、大连、福州、厦门、泉州、海口、三亚等沿海城市港口建设,强化上海、广州等国际枢纽机场功能。沿海地区应成为"一带一路"特别是21世纪海上丝绸之路建设的排头兵和主力军。

2. 西北、东北地区经济发展的对接

西北地区应发挥新疆独特的区位优势和向西开放重要窗口作用,深化与中亚、南亚、西亚等国家交流合作,形成丝绸之路经济带上重要的交通枢纽、商贸物流和文化科教中心,打造丝绸之路经济带核心区。还应重点发挥陕西、甘肃综合经济文化和宁夏、青海民族人文优势,打造西安内陆型改革开放新高地,加快兰州、西宁开发开放,推进宁夏内陆开放型经济试验区建设,形成面向中亚、南亚、西亚国家的通道、商贸物流枢纽、重要产业和人文交流基地。东北地区应发挥内蒙古联通俄蒙的区位优势,完善黑龙江对俄铁路通道和区域铁路网,以及黑龙江、吉林、辽宁与俄远东地区陆海联运合作,推进构建北京—莫斯科欧亚高速运输走廊,建设向北开放的重要窗口。

3. 西南地区经济发展的对接

西南地区应发挥广西与东盟国家陆海相邻的独特优势,加快北部湾经济区和珠江—西江经济带开放发展,构建面向东盟区域的国际通道,打造西南、中南地区开放发展新的战略支点,形成21世纪海上丝绸之路与丝绸之路经济带有机衔接的重要门户。发挥云南区位优势,推进与周边国家的国际运输通道建设。打造大湄公河次区域经济合作新高地,建设成为面向南亚、东南亚的辐射中心。推进西藏与尼泊尔等国家边境贸易和旅游文化合作。

4. 内陆地区经济发展的对接

内陆地区应利用内陆纵深广阔、人力资源丰富、产业基础较好优势,依托长江中游城市群、成渝城市群、中原城市群、呼包鄂榆城市群、哈长城市群等重点区域,推动区域互动合作和产业集聚发展,打造重庆西部开发开放重要支撑和成都、郑州、武汉、长沙、南昌、合肥等内陆开放型经济高地。内陆地区将加快推动长江中上游地区和俄罗斯伏尔加河沿岸联邦区的合作。建立中欧通道铁路运输、口岸通关协调机制，打造"中欧班列"品牌，建设沟通境内外、连接东中西的运输通道。支持郑州、西安等内陆城市建设航空港、国际陆港，加强内陆口岸与沿海、沿边口岸通关合作，开展跨境贸易电子商务服务试点。优化海关特殊监管区域布局，创新加工贸易模式，深化与沿线国家的产业合作。

9.2.4 "一带一路"倡议驱动区域经济增长的展望

当前，世界经济融合加速发展，区域合作方兴未艾。沿线国家加强双边合作，开展多层次、多渠道沟通磋商将有利于推动"一带一路"沿线国家关系全面发展。充分利用"一带一路"倡议是各国经济发展的契机，是各国经济发展的新方向。沿线国家积极利用现有双多边合作机制，推动"一带一路"建设，是各国经济走出经济泥潭的重要战略选择。

一年多来，中国政府积极推动"一带一路"建设，加强与沿线国家的沟通磋商，推动与沿线国家的务实合作，实施了一系列政策措施，努力收获早期成果。习近平主席、李克强总理等国家领导人先后出访 20 多个国家，出席加强互联互通伙伴关系对话会、中阿合作论坛第六届部长级会议，就双边关系和地区发展问题，多次与有关国家元首和政府首脑进行会晤，深入阐释"一带一路"的深刻内涵和积极意义，就共建"一带一路"达成了广泛共识。

中巴经济走廊建设大步推进。拉合尔轨道交通橙线项目签约，这是"一带一路"战略框架下中巴经济走廊首个正式启动的交通基础设施项目。喀喇昆仑公路二期、瓜达尔港东湾快速路、卡拉奇—拉合尔高速路等项目也陆续签约。北方工业、中交建、中国建筑工程总公司等企业在多年跟踪、推动基础上获得了项目建设权。

此外，泛亚铁路网建设取得重要突破。2015 年底，中老铁路开工奠基、中泰铁路正式启动，中国铁路装备和技术标准整体"走出去"，为东南亚互联互通交通网打造了雏形。印度尼西亚雅万高铁项目于 2016 年 1 月 22 日开工建设，成为"一带一路"的重要里程碑。

此外，境外产业园区效果显现，作为"一带一路"的标志性工程，中马"两国双园"项目已经从"打基础"迈入"产业开发"阶段，对打造中国与东盟合作新典范具有重要意义。此外，由中工国际联合中白两国企业合作建设的"中白工业园一期"项目已初具规模。

据中国对外承包工程商会提供的数据,2015 年中国企业在"一带一路"相关的 60 个国家新签对外承包工程项目合同 3 987 份,新签合同额 926.4 亿美元,占同期中国对外承包工程新签合同额的 44.1%,同比增长 7.4%;完成营业额 692.6 亿美元,占同期总额的 45%,同比增长 7.6%。

中国政府必然会统筹国内各种资源,强化政策支持。通过推动亚洲基础设施投资银行筹建,发起设立丝路基金,强化中国—欧亚经济合作基金投资功能,进一步支持"一带一路"倡议的顺利进行。

9.3 本章小结

全球化的重点已经从早期的货物贸易转向服务贸易和投资部门。美国主导的 TPP 规则无疑加大了发展中国家包括中国的外部压力,加强了国际贸易和国际投资的竞争效应。处于转型中的发展中经济体包括中国,需要在新的历史背景之下寻求立足之地和发展之势,通过进一步推行自贸区等方式与国际主流规则进行呼应和对接。包括在自贸区建设的进程中不断提高开放水平,加快服务业开放步伐,加快实施投资注入前国民待遇和负面清单管理制度,加快推进促进公平贸易和可持续发展领域的新议题规则制定等。在此背景下,中国提出的"一带一路"倡议,旨在促进经济要素有序自由流动、资源高效配置和市场深度融合,推动沿线各国实现经济政策协调,开展更大范围、更高水平、更深层次的区域合作,共同打造开放、包容、均衡、普惠的区域经济合作架构。当今世界正发生复杂深刻的变化,国际金融危机深层次影响继续显现,世界经济缓慢复苏、发展分化,国际投资贸易格局和多边投资贸易规则酝酿深刻调整,各国面临的发展问题依然严峻。"一带一路"倡议的提出顺应了全球价值链,秉持开放的区域合作精神,致力于维护全球自由贸易体系和开放型世界经济。"一带一路"倡议符合国际社会的根本利益,是国际合作以及全球治理新模式的积极探索,将为世界和平发展增添新的正能量。

参考文献

Abel, A.B., 1990, "Asset Prices under Habit Formation and Catching up with the Jones", *American Economic Review*, 80(1):38—42.

Aghion, P. and E.Kharroubi, 2007, "Cyclical macro policy and industry growth: the effect of countercyclical fiscal policy", WP Harvard University .

Baily, Martin Neil and Douglas J.Elliott, 2013, "The Role of Finance in the Economy: Implications for Structural Reform of the Financial Sector", The Brookings Institution, July 11.

Barro, R.J., 1979, "On the determination of the public debt", *The Journal of Political Economy*, 940—971.

Bourdieu, P., 1984, *Distinction: A Social Critique of the Judgment of Taste*, London: Routiedge.

Brown, Ian, 2013, "How Will Surveillance and Privacy Technologies Impact on the Psychological Notions of Identity?", Social Science Electronic Publishing.

Burnside, C., M.Eichenbaum and S. Rebelo, 2001, "Hedging and financial fragility in fixed exchange rate regimes", *European Economic Review*, 45(7): 1151—1193.

Caballero, R.J., T. Hoshi and A.K.Kashyap, 2006, "Zombie lending and depressed restructuring in Japan", National Bureau of Economic Research.

Campbell, J.Y, and A.S.Deaton, 1989, "Why is Consumption So Smooth?", *Review of Economic Studies*, 56(3):357—374.

Campbell, J.Y. and N.G. Mankiw, 1990, "Permanent Income Current Income, and Consumption", *Journal of Business Economics and Stratistics*, 9(3):265—279.

Carlin, Wendy and David Soskise, 2008, "German Economic Performance: Disentangling the Role of Supply-Side Reforms, Macro-economic Policy and Coordinated Economic Institutions", Working Paper June.

Cecchetti, S.G., M.S., Mohanty and F.Zampolli, 2011, "The real effects of debt".

Chudik, A., K., Mohaddes, M.H.Pesaran, et al., 2015, "Is there a debt-threshold effect on output growth?", USC-INET Research Paper, 15—18.

Dwenger, Nadja, Frank M. Fossen and Martin Simmler, 2015, "From Financial to Real Economic Crisis: Evidence from Individual Firm-Bank Relationships in Germany", Social Science Research Network, http://papers.ssrn.com.

Dynan, K.E., 1993, "How Prudent Are Consumers?", *Journal of Political Economy*, 101(6): 1104—1113.

Égert, B., 2015, "Public debt, economic growth and nonlinear effects: myth or reality?", *Journal of Macroeconomics*, 43:226—238.

Elmendorf, D. W. and N. G. Mankiw, 1999, "Government debt", *Handbook of Macroeconomics*,

1:1615—1669.

Feldstein, Martin, 1986, "Supply Side Economics: Old Truths and New Claims", NBER Working Paper No.1792, January.

Flavin, M. A., 1981, "The Adjustment of Consumption to Changing Expectations about Future Income", *Journal of Political Economy*, 89(5):974—1009.

Friedman, M., 1957, *A Theory of the Consumption Function*, N.J.: Princeton University Press.

Gros, Daniel and Cinzia Alcidi, 2010, "The Impact of the Crisis on the Real Economy", *CEPS Policy Brief*, No.201/January.

Hall, R.E., 1978, "Stochastic Implications of the Life Cycle-Permanent Income Hypothesis: Theory and Evidence", *Journal of Political Economy*, 86(6):971—987.

Hemming, A. W., A. I. Reed, R. J. Howard, et al., 2003, "Preoperative portal vein embolization for extended hepatectomy", *Annals of Surgery*, 237(5):686.

Jesus, Fernandez-Villaverde, Pablo A. Guerron-Quintana, Juan Rubio-Ramirez, 2011, "Supply-Side Policies and the Zero Lower Bound", NBER Working Paper 17543, October.

Kalecki, M., 1971, *Selected Essays on the Dynamics of the Capitalist Economy*, Cambridge University Press.

Keynes, J.M., 1936, *The General Theory of Employment*, *Interest and Money*, London: Macmillan.

Koen, Vincent, Richard Herd and Sam Hill, 2013, "China's March to Prosperity: Reforms to Avoid the Middle-Income Trap", OECD Economics Department Working Papers No.1093.

Kuznets, S., 1942, "Use of National Income in Peace and War", NBER Working Paper.

Li, H.B. and L.A.Zhou, 2005, "Political Turnover and Economic Performance: The Incentive Role of Personnel Control in China", *Journal of Public Economics*, 89:1743—1762.

Mian, A.R., A.Sufi and E.Verner, 2015, "Household Debt and Business Cycles Worldwide", National Bureau of Economic Research.

Mian, A.R. and A.Sufi, 2008, "The Consequences of Mortgage Credit Expansion: Evidence from the U.S. Mortgage Default Crisis", NBER Working Paper No. 13936, April, and *Quarterly Journal of Economics*, 124:1449—1496.

Mian, A.R., A.Sufi, and F. Trebbi, 2010, "The Political Economy of the U.S. Mortgage Default Crisis", NBER Working Paper No.16107, June, and *American Economic Review*, 100: 1967—1998.

Modigliani, F. and R.Brumberg, 1954, "Uitlity Analysis and the Consumption Function: An Interpretation of Cross-Section Data", in *Post-Keynesian Economics*, edited by K.K. Kruihara, New Brunswick, N.J.: Rutgers University Press.

Nishimura, K.G., T.Nakajima and K. Kiyota, 2005, "Does the natural selection mechanism still work in severe recessions? Examination of the Japanese economy in the 1990s", *Journal of Economic Behavior & Organization*, 58(1):53—78.

Peter, N. Ireland, 1994, "Supply-side Economics and Endogenous Growth", *Journal of Monetary Economics*, 33:559—571.

Reinhart, C.M. and K.S.Rogoff, 2010, "Growth in a Time of Debt (Digest Summary)", *American

Economic Review，100（2）：573—578.

Shea，J.，1995，"Myopia，Liquidity Constraints，and Aggregate Consumption：A Simple Test"，*Journal of Money，Credit and Banking*，27（3）：798—805.

Shih，V.，2010，"Local Government Debt：Big Rock-Candy Mountain"，*China Economic Quarterly*，2：26—32.

Tanaka，T.A.，2006，"Lost Decade Revisited：Zombie Firms and Inefficient Labor Allocation".

Tatom，John A.，1981，"We are All Supply-siders Now!"，Federal Reserve Bank of St. Louis，May，18—30.

Weber，Max，1968，*Economic and Society*，Berkley：University of California Press，Vol.1.

Woo，J. and M.S.Kumar，2015，"Public debt and growth"，*Economica*.

Yu，Dianfan and Yajun Zhang，2015，"China's industrial transformation and the 'new normal'"，*Third World Quarterly*，Volume 36，Issue 11.

Zeldes，S.，1989a，"Consumption and Liquidity Constraint：An Empirical Investigation"，*Journal of Political Economy*，97（2）：305—346.

Zeldes，S.，1989b，"Optimal Consumption with Stochastic Income：Deviations from Certainty Equivalence"，*Quarterly Journal of Economics*，104（2）：275—298.

陈斌开等：《理解中国消费不足：基于文献的评述》，《世界经济》2014 年第 7 期。

程仲鸣、夏新平、余明桂：《政府干预、金字塔结构与地方国有上市公司投资》，《管理世界》2008 年第 9 期。

杜森贝里：《所得、储蓄与消费者行为之理论》，台湾银行经济研究室 1968 年版。

凡伯伦：《有闲阶级论》，商务印书馆 1964 年版。

弗罗恩：《宏观经济学：理论与政策》，中国人民大学出版社 2011 年版。

格里姆赛、刘易斯：《公私合作伙伴关系：基础设施供给和项目融资的全球革命》，中国人民大学出版社 2008 年版。

国务院发展研究中心、《进一步化解产能过剩的政策研究》课题组：《当前我国产能过剩的特征、风险及对策研究——基于实地调研及微观数据的分析》，《管理世界》2015 年第 2 期。

国务院发展研究中心：《中国产能过剩的特征、风险及对策研究——基于实地调研及微观数据的分析》，《管理世界》2015 年第 4 期。

韩国高、高铁梅、王立国、齐鹰飞、王晓姝：《中国制造业产能过剩的测度、波动及成因研究》，《经济研究》2011 年第 12 期。

胡鞍钢：《"十三五"规划——最典型的绿色发展规划》，《光明日报》2016 年 1 月 8 日。

胡绍雨：《促进我国环保投资发展的财政政策研究》，《中国国情国力》2013 年第 10 期。

黄立君：《向北欧学习绿色环保产业》，广州出版社 2015 年版。

金烨、李宏彬、吴斌珍：《收入差距与社会地位寻求：一个高储蓄率的原因》，《经济学（季刊）》2011 年第 3 期。

李凌、王翔：《隐性合同、内生信任和人力资本》，《上海经济研究》2008 年第 12 期。

李凌、王翔：《中国城乡居民消费过度敏感性的理论分析和实证检验》，《经济科学》2009 年第 6 期。

李扬、张晓晶：《"新常态"：经济发展的逻辑与前景》，《经济研究》2015 年第 5 期。

林白鹏、臧旭恒等：《良性循环的枢纽》，南开大学出版社 1994 年版。

林毅夫等:《"潮涌现象"与产能过剩的形成机制》,《经济研究》2010 年第 10 期。

刘美霞、刘晓:《住宅产业化概念辨析》,《住宅产业》2010 年 9 月。

陆铭、欧海军:《高增长与低就业:政府干预与就业弹性的经验研究》,《世界经济》2011 年第 12 期。

吕淑萍:《环保产业——上海 21 世纪新的经济增长点》,《上海环境科学》1997 年第 6 期。

孟慧霞、陈启杰:《系统观视阈下的消费结构升级》,《上海财经大学学报》2011 年第 2 期。

唐雪松、周晓苏、马如静:《政府干预、GDP 增长与地方国企过度投资》,《金融研究》2010 年第 8 期。

汪伟、郭新强:《收入不平等与中国高储蓄率:基于目标性消费视角的理论与实证研究》,《管理世界》
    2011 年第 9 期。

魏伯乐:《五倍级》,格致出版社 2010 年版。

《世界可持续发展年度报告》研究组:《2015 世界可持续发展年度报告》,科学出版社 2015 年版。

宿景祥:《美国经济统计手册》,时事出版社 1992 年版。

叶云海:《试论流动性约束、短视行为与我国消费需求疲软的关系》,《经济研究》2000 年第 11 期。

余典范:《2015 中国产业发展报告:新常态与新战略》,上海财经大学出版社 2015 年版。

余永定、李军:《中国居民消费函数的理论与验证》,《中国社会科学》2000 年第 1 期。

袁富华:《长期增长过程的"结构性加速"与"结构性减速":一种解释》,《经济研究》2012 年第 3 期。

袁志刚、宋铮:《高级宏观经济学》,复旦大学出版社 2001 年版。

张军、周黎安:《为增长而竞争:中国增长的政治经济学》,格致出版社、上海人民出版社 2008 年版。

张晓明、路世翔、高姗、郑涵之:《可再生能源在节能建筑中的应用》,《可再生能源》2015 年第 8 期。

赵卫华:《地位与消费》,社会科学文献出版社 2007 年版。

中国经济增长前言课题组:《中国经济转型的结构性特征、风险与效率提升路径》,《经济研究》2013
    年第 10 期。

周建、杨秀祯:《我国农村消费行为变迁及城乡联动机制研究》,《经济研究》2009 年第 1 期。

周劲:《产能过剩的概念、判断指标及其在部分行业测算中的应用》,《宏观经济研究》2007 年第 9 期。

后　记

2015 年,全球经济复苏分化,增长仍旧乏力;中国经济下行压力进一步加大,结构性矛盾更加突出。但是与此同时,经济转型升级和创新驱动发展也出现了许多积极的信号和特征:消费开始逐渐成为经济增长的重要动力,第三产业发展也已经超过第二产业,创新驱动发展的新动力正在得到培育,全面深化改革和制度红利正在进一步释放。中国经济增长积极向好发展的基本面没有改变。

2016 年是中国经济社会发展第十三个五年规划的开局之年。面对新的发展环境、新的发展目标和新的发展蓝图,如何为"十三五"发展开好头、起好步,无疑对最终全面建成小康社会具有十分重要的作用。这构成了我们开展中国经济分析的重大背景和宏观变量。

在过去的一年中,沪上经济学界同仁更加关注新常态下中国经济运行的特征与趋势。随着中国经济不断走向新常态,同样也产生了一系列关于中国经济长期增长趋势、宏观调控模式创新等思辨与追问,诸如中国经济新常态与经济下行的关系问题、结构性产能过剩问题、需求管理政策的有效性问题、供给侧管理与经济稳定增长问题、金融风险问题、房地产发展去库存问题、通货紧缩问题、科技创新与全要素生产率问题、全球经济贸易规则与开放型经济发展问题、企业生产经营成本问题等等。尤其是,中央经济工作会议提出了供给侧结构性改革这一重大议题之后,在经济学界引起了热烈的讨论和反响。从中国经济新常态出发,加大对供给侧结构性改革的力度,无疑是中国经济宏观调控思路和模式的重大创新,具有鲜明的中国特色社会主义政治经济学的理论创新价值和实践指导意义。

本书由上海市人民政府发展研究中心前主任周振华研究员、上海市人民政府发展研究中心主任肖林研究员、上海社会科学院世界经济研究所权衡研究员组织部分沪上知名学者进行研究和撰写。参与本书研究大纲讨论的专家学者有周振华、肖林、权衡、丁建平、殷醒民、张永岳、陈宪、孙立行等。本书初稿写作分工如下：导论由周振华、肖林、权衡(上海发展战略研究所、上海市人民政府发展研究中心、上海社会科学院世界经济研究所)执笔；第1章由肖林、周国平、权衡(上海市人民政府发展研究中心、上海社会科学院世界经济研究所)执笔；第2章由丁建平(上海财经大学)执笔；第3章由干春晖、余典范(上海海关学院、上海财经大学)执笔；第4章由殷醒民(复旦大学)执笔；第5章由张军、刘贯春、赵达、张慧慧、石硕(复旦大学)执笔；第6章由李凌(上海社会科学院)执笔；第7章由张永岳、严跃进(上海易居房地产研究院)执笔；第8章由邵帅、李程宇(上海财经大学)执笔；第9章由陈陶然、周琢(上海社会科学院世界经济研究所)执笔。

在课题研究和初稿写作过程中，上海社会科学院世界经济研究所副所长权衡研究员负责项目研究的组织和协调工作，上海市人民政府发展研究中心科研处处长吴苏贵也做了大量协调工作。上海社会科学院世界经济研究所周大鹏博士为本书稿的作者联系及协调等也做了大量工作。初稿完成后，由周振华研究员、肖林研究员、权衡研究员对本书进行了全面修改和统稿，对部分内容章节内容作了调整和修改，以便使全书内容更加系统，逻辑关系更加顺畅。

《中国经济分析》系列报告已经坚持20多年了。借助这样一个合作与交流的平台和机制，沪上一批著名的经济学人经常能够聚集在一起，就本年度内全球经济和中国经济增长的趋势性问题、宏观问题、热点难点问题等进行深度的思想讨论和交流碰撞，形成了问题导向、中长期导向、政策导向等鲜明特色的中国经济分析报告，也彰显了沪上经济学人一贯坚持的开放、务实、求真的思想观点、分析方法和分析范式。本书编者对大家的辛勤付出表示敬意和感谢！

由于本年度经济运行情况变化较大、变量较多，本书也是几经易稿，最后定稿的时间比较仓促，难免会在观点及编辑中存在若干不足和问题，作者期待学界同仁对本书提出指正和批评。

周振华　肖林　权衡

2016年4月于上海

图书在版编目(CIP)数据

供给侧结构性改革与宏观调控创新:中国经济分析:
2015～2016/周振华等著.—上海:格致出版社:上
海人民出版社,2016
　　ISBN 978-7-5432-2609-8

　　Ⅰ.①供…　Ⅱ.①周…　Ⅲ.①中国经济-经济改革-
研究　Ⅳ.①F12

　　中国版本图书馆 CIP 数据核字(2016)第 054371 号

责任编辑　忻雁翔
装帧设计　人马艺术设计·储平

供给侧结构性改革与宏观调控创新
——中国经济分析 2015—2016

周振华　肖林　权衡 等著

出　版	世纪出版股份有限公司　格致出版社	印　刷	上海商务联西印刷有限公司
	世纪出版集团　上海人民出版社	开　本	787×1092　1/16
	(200001　上海福建中路 193 号　www.ewen.co)	印　张	15.25
	编辑部热线　021-63914988	插　页	3
	市场部热线　021-63914081	字　数	232,000
	www.hibooks.cn	版　次	2016 年 5 月第 1 版
发　行	上海世纪出版股份有限公司发行中心	印　次	2016 年 5 月第 1 次印刷

ISBN 978-7-5432-2609-8/F·920　　　　　　　　　　　　　　　　　　定价:55.00 元